U1019055

上市公司董办工作
最佳实践案例

中国上市公司协会　编

中国财经出版传媒集团
中国财政经济出版社

图书在版编目（CIP）数据

上市公司董办工作最佳实践案例 / 中国上市公司协会编. --北京：中国财政经济出版社，2022.2
ISBN 978-7-5223-1082-4

Ⅰ.①上… Ⅱ.①中… Ⅲ.①上市公司-监事会-管理体制-案例-中国 Ⅳ.①F279.246

中国版本图书馆 CIP 数据核字（2022）第 009514 号

责任编辑：付克华 孙 琛　　　责任校对：张 凡
封面设计：北京兰卡绘世

上市公司董办工作最佳实践案例
SHANGSHI GONGSI DONGBAN GONGZUO ZUIJIA SHIJIAN ANLI

中国财政经济出版社 出版
URL：http：//www.cfeph.cn
E-mail：cfeph@cfeph.cn
（版权所有 翻印必究）
社址：北京市海淀区阜成路甲 28 号 邮政编码：100142
营销中心电话：010-88191522
天猫网店：中国财政经济出版社旗舰店
网址：https：//zgczjjcbs.tmall.com
北京时捷印刷有限公司印刷 各地新华书店经销
成品尺寸：170mm×240mm 16 开 21.25 印张 305 000 字
2022 年 2 月第 1 版 2022 年 2 月北京第 1 次印刷
定价：78.00 元
ISBN 978-7-5223-1082-4
（图书出现印装问题，本社负责调换，电话：010-88190548）
本社质量投诉电话：010-88190744
打击盗版举报热线：010-88191661 QQ：2242791300

本书编委会

主　　编：柳　磊

副 主 编：何龙灿

编委会成员：陈贺新　高燕楠　校　磊　常晓明　田瑞龙

王定娟　庄金涛　廖明梅

序 言

中国的公司治理发端于国有企业改革，在国有企业建立现代企业制度的过程中逐步发展，并随着资本市场发展和上市公司群体的壮大而不断完善。高水平的公司治理决定着上市公司的质量，有利于防范金融风险，是保障资本市场长期稳定健康发展的重要基础。同时，资本市场的健康稳定发展推动着公司治理水平的提升，良好的公司治理和健康的资本市场互为前提。公司治理从最初一个概念的引进发展到制度安排，从制度安排发展到实践倡导和必然选择，已经成为我国公司文化的一个重要组成部分。

在公司治理架构中，董事会办公室是上市公司日常运作的核心部门。对内，肩负着内部沟通协调的职责；对外，承担了与投资者、机构、媒体沟通的责任。作为上市公司董事会的职能支撑，董事会办公室工作的能力和水平在一定程度上决定了公司的规范治理水平。总体而言，上市公司董事会办公室在公司治理中扮演的角色，可以概括为以下几个方面：一是担当“三会”的筹备者和组织者。董办团队负责组织筹备董事会会议和股东大会，参加股东大会、董事会会议、监事会会议及高级管理人员相关会议。推动建立完善适合上市公司自身的法人治理结构，维护股东大会为权力中心、董事会为决策中心、经理层为执行中心、监事会为监督中心、党委会为领导核心的有中国特色的现代法人治理合规运作，积极协调各治理主体间的关系并充分发挥其治理功能，保证公司治理的健康运行。二是担当信息披露的传递者。董办团队负责公司信息披露事务，协调公司信息披露工作，协助组织制定公司信息披露事务管理制度，督促公司及相关信息披露义务人遵守信息披露相关规定。同时，在做好强制信息披露的基础上，积极拓宽自愿信息披露的信息量，坚守上市公司信息披露合规底线；传递资本市场关切，传递社会责任。三是上市公司价值的传播者和维护者。董办团队负责公司投资者关系管理工作，是投资者与上市公司之间的桥梁；作为上市公司和资本市场内外沟通的窗口，努力传递投资价值。此外，还要协调公司与证券监管机构、股东及实际控制人、保荐人、证券服务机构、媒体等之间的信息沟通。四是董事会日常运行和董监事履职的服务者。董办团队组织董事、监事和高级管理人员进行证券法律法规及相关规定的培训，协助董监高人员了解各自在信息披露中的权利和义务。督促董监高人员遵守法律、法规、规章、规范性文件及公司章程，切实履行其所作出的承诺。五是资本运作的参谋者。董办团队积极开展创新研究，进行系统性课题研究和培训，努力建立市值管理理念和体系等。可以说，董事会办公室的工作是保障上市公司规范运作、促进公司长远发展的重要基础。

为进一步引导上市公司董办团队提高执业素养和专业能力水平，展示董办人风采，中国上市公司协会于2021年10月，在职务会员范围内开展了“上市公司董办最佳实践案例”评选活动，35家上市公司获得“董办最佳实践案例”，43家上市公司获得“董办优秀实践案例”。此次活动，受到了上市公司，特别是董办工作人员的热烈欢迎和社会各界的广泛关注，是中国上市公司协会在倡导会员自律，不断提升上市公司治理水平方面的一次有益尝试和探索。

为充分利用评选结果，倡导董办最佳实践，我们对获奖公司董办履职特色进行了梳理、归纳，发现当中有很多可以相互学习和借鉴的经验和亮点。例如，有的公司董办将党建有机融入公司治理，形成“1+3+N”的治理制度体系和完善的运行机制，为各治理主体规范运作、高效运行、有效制衡、科学决策奠定了坚实基础；有的公司董办通过构建独立董事库供董事会提名委员会甄选，从而更好地发挥独立董事在公司运作及治理方面的价值，助理三会稳健运作；有的公司董办践行数字化转型，创新沟通形式，借助云视频和电话会议的高效优势，重点强化以线上方式与投资者沟通，强化积极有为的投资者关系管理；等等，一些好的做法和实践非常值得推广和分享。

近年来，中国上市公司协会在中国证监会党委的坚强领导下，在证监会相关业务部门的大力支持下，积极发挥贴近企业、贴近市场的优势，以上市公司高质量发展需求为导向，通过各种方式，推动上市公司不断提高规范治理水平。同时，立足“解决上市公司实际问题”，不断优化、精准会员服务的模式与路径。此次出版《上市公司董办工作最佳实践案例》，是中国上市公司协会为促进健全和完善上市公司董秘、证券事务代表和董办团队工作人员规范履职、倡导和树立行业标杆、发挥优秀上市公司引领作用的又一实际举措。希望大家携手同行，共同推进中国公司治理制度改革和完善，为多层次资本市场的健康持续发展不懈努力。

中国上市公司协会执行副会长

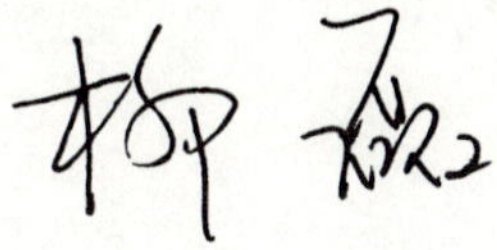

2022年1月

目　录

1. 工商银行：

构建科学高效董事会　谋划集团高质量发展

中国工商银行（以下简称“工行”）始终把完善公司治理作为新时期实现高质量发展的基础工程，把加强党的领导和完善公司治理相统一，持续完善中国特色现代企业制度，推进公司治理体系和治理能力现代化。董事会积极对标党中央、国务院重大决策，落实金融监管要求，统筹推进金融工作“三大任务”实施，着力提升金融服务的适应性、竞争力和普惠性。董事会办公室不断完善公司治理制度体系和运行机制，强化董事履职保障，加强信息披露和对外宣传，为董事会决策质效提升和集团高质量发展提供内在动能。

一、坚持党建与公司治理有机融合，持续推进治理体系和治理能力现代化

工行坚持“党建引领，从严治理”的工作思路，将公司治理建设作为增强核心竞争力的基础工程。一是推进党的领导与公司治理有机融合，不断完善公司治理制度体系。2017 年，工行率先在可比同业中完成“党建入章”工作，全面体现党的领导和党建工作要求，构建了包括党委会、股东大会、董事会、监事会、高级管理层的“四会一层”公司治理架构。在“党建入章”后持续推动党建与公司治理深度融合，加强公司治理制度建设，修订《董事会议事规则》《股东大会对董事会授权方案》《董事会对行长授权方案》《信息披露制度》等十余项治理规则，进一步夯实制度基础。二是持续完善治理架构，促进董事会科学决策。工行不断调整优化董事会

专门委员会架构和成员比例构成，设立社会责任与消费者权益保护委员会、美国区域机构风险委员会，率先在可比同业中构建独立董事人才库，协助董事会聚焦社会责任、消费者保护和境外风险防控等关键领域，为董事会提供人才储备，确保董事会架构依法合规、多元专业。三是注重公司治理交流，弘扬董事会文化。工行持续加强公司治理宣传交流，积极培育倡导“和而不同”的董事会文化，率先在可比同业中制定《董事会职业规范与价值准则》，进一步明确董事会的行为规范，凝聚价值认同，公司治理成果得到监管认可。在 2020 年度银保监会公司治理监管评估中评价结果居于前列，并获评银行业协会商业银行稳健发展能力“陀螺”评价体系公司治理第一名。

二、创新机制高效赋能，协助董事会有效发挥引领作用

工行持续加强董事会建设，积极发挥董事会在战略决策和公司治理中的关键作用。一是加强战略引领，切实履行国有大行的社会责任。协助董事会全面对标党的十九大、中央全会和中央经济工作会议精神，贯彻落实党中央、国务院决策部署和金融监管要求，聚焦“十四五”规划和金融工作三大任务，围绕服务实体经济和“双循环”新发展格局，以公司价值可持续增长、为客户和股东创造价值为目标，坚持稳中求进、传承创新，积极推进经营转型和结构调整，确保集团稳健经营和健康发展。二是加强战略传导，助力集团高质量发展。协助董事会聚焦全行四大战略重点，围绕深化金融改革、服务制造强国、新三年发展战略规划、年度经营计划、全面风险管理和内部控制、金融科技、乡村振兴、普惠和绿色金融等开展研究讨论，支持管理层不断提升金融服务适应性、竞争力、普惠性，夯实商业银行业务基础，完善全面稳健的资本管理体系，促进全行重点任务传导落地。三是加强战略研判，不断提升董事会运作效率。协助董事会强化议题全生命周期管理，确保董事就上会议题充分沟通交流，并组织董事围绕全行战略重点，开展专项座谈调研，切实保障董事知情权，不断提升董事履职支持效能，为董事会的高效运作和科学决策奠定基础。

三、加强信息披露管理，持续提升股东投资回报

工行不断加强信息披露管理，坚持稳定的现金分红机制，尊重和维护全体投资者的合法权益。一是全面主动做好信息披露，稳健提升集团透明度。工行严格遵守监管规定，持续完善集团信息传导机制，积极履行信息披露义务，在做好强制性信息披露的基础上，积极推进自愿性信息披露，主动对境内外投资者和资本市场重点关注事项进行披露。2020 年度，工行在上交所上市公司年度信息披露工作评价中连续 8 年获评 A（优秀）。二是坚持以稳定的分红派息回报股东，切实保障股东收益权。工行长期以来市值稳定，致力为利益相关者创造最大价值。2007 年至今，工行一直是 A 股年度分红金额最高的上市公司，累计为普通股股东创造了超万亿元人民币的现金分红回报，现金派息率均维持在 30% 以上，多次荣获“最佳股东回报奖”“最佳持续投资价值奖”“中国最佳红利分配公司”“最佳派息分红”等奖项。

四、加强投资者关系管理，进一步增强品牌市场认可度

工行董事会办公室和战略管理与投资者关系部坚持“以人民为中心、以投资者为中心”的理念和“全面、主动、协同、精准、有效”原则积极做好投资者沟通工作。一是以高标准业绩说明会传递工行声音。每年举办四次定期业绩说明会，回应投资者真实关切，传递投资价值、引导合理预期。二是开展常态化投资者关系活动。以非交易路演为契机，加深境外投资者对中国经济、金融改革发展和银行业经营转型的认知。通过反向路演、接待投资者实地调研等方式，有效增进互动交流。通过集体接待日、线上直播业绩说明会、上证 e 互动、投资者电话热线、投资者邮箱等方式畅通中小投资者信息获取渠道。三是完善投资者关系管理机制。通过针对不同投资者制订个性化管理方案，构建境内 + 境外驱动、法人 + 个人驱动、线上 + 线下三种模式，推进智慧投资者关系体系建设，实现对投资者精准画

像和有效维护，持续巩固“基数大、结构优、黏性强”的价值投资者基础。同时，积极向资本市场讲好工行故事，并及时向董事会、管理层反馈资本市场的观点和期待，促进外部约束对内部战略的支撑和修正，形成市场前瞻思维与工行发展战略的良性互动。

五、坚持科学高效资本运作，为集团战略落地提供保障

工行战略管理与投资者关系部始终坚持以科学高效的资本运作为集团高质量发展提供保障。一是资本坚实、质量较高、结构合理。工行坚持走以内源性资本补充为基础、外源性资本工具发行为补充、信贷资产证券化和风险加权资产约束为支撑的资本集约化道路，资本质量稳固。二是将资本补充作为落实战略规划的重要组成部分。工行始终坚持战略先行，以十年战略愿景为出发点和落脚点，滚动实施三年战略规划，坚持以高质量执行新战略规划，持续不断优化资本配置和计量机制，助力全行资产结构调整，为集团战略落地提供坚实的资本保障。三是资本工具发行亮点纷呈。2021 年，工行相继发行 700 亿元境内永续债、61.6 亿美元境外永续债和 300 亿元境内永续债，单次发行规模屡创年内新高。其中，境内 300 亿元永续债发行利率 3.65%、固定息差 90BP，境外 61.6 亿美元永续债发行利率 3.2%，定价水平屡创同业新低。全年资本工具发行屡次吸引境内外高质量投资者积极认购，得到了市场的广泛认可，进一步巩固了资本水平领先优势。

2. 科大讯飞：

以规范创新促高质量发展

上市公司的成长，如同种子从孕育萌芽到风雨中成长，再在资本市场的沃土中鲜花盛放。尊重市场——良好的董办工作如春之使者，让资本市场的参与者听见花开的声音，发现公司的价值；利用市场——良好的董办工作如春风化雨，让上市公司在资本市场深厚的土壤中，生生不息。

科大讯飞股份有限公司是亚太地区知名的智能语音和人工智能上市企业。公司长期从事语音及语言、自然语言理解、机器学习推理及自主学习等核心技术研究并保持了国际前沿技术水平，积极推动人工智能产品研发和行业应用落地，致力让机器“能听会说，能理解会思考”，用人工智能建设美好世界。2008 年，公司在深圳证券交易所挂牌上市（股票代码：002230）。

走进资本市场的上市公司必须“尊重市场、敬畏市场、利用市场”。科大讯飞董办秉承高度的责任心，坚持规范创新，忠实勤勉地服务公司和投资者。通过搭桥梁、健中枢、辟蹊径、筑防线、引活源五部曲，扎实做好信息披露、“三会”运作、投资者关系管理、合规治理、资本运作等工作，保障公司规范运作及长远发展，为提升信息披露水平、优化公司治理结构、推动资本市场健康发展积极贡献力量，使公司价值得到资本市场的高度认可。

一、搭桥梁：认真做好信息披露工作，搭建公司与资本市场畅通信息的桥梁

投资者作为信息披露的接受者和使用者，对披露的信息有较高的敏感度和关注度，具有充分获取信息并基于自身利益表达真实意愿的需求。科大讯飞董办将真实、及时、准确、完整、公平、有效的信息披露视为展现公司活力的命脉和开展投资者关系管理、维护广大投资者权益的重要支撑，持续提高信息披露水平。

科大讯飞上市13年来，信息披露工作连续13年被深交所评为考核优秀。深交所特别指出“科大讯飞等公司连续10年以上考核为A，起到良好的示范引领效应”。

二、健中枢：认真做好“三会”工作，助力上市公司中枢系统运作稳健

股东大会、董事会、监事会是上市公司的中枢系统，在上市公司治理中处于核心地位。作为“三会”基础工作的执行人，科大讯飞董办充分发挥在“三会”会议组织实施中的作用，认真筹备、组织“三会”，提高“三会”运作的有效性，保障“三会”决策高效运作。评价期间，科大讯飞董办共筹备、组织和实施了58次公司治理相关会议，其中，3次股东大会、8次董事会、12次董事会专门委员会、8次监事会、27次总裁办公会，协助公司董事、监事、管理层履行职责，充分保障公司规范运作。

科大讯飞董办积极跟踪公司经营层履行董事会授予的各项职责情况，在每次董事会召开时，首先就上一次董监事会的建议和意见落实情况进行报告，使公司股东大会、董事会、监事会和经营层的相互分离、相互制衡的公司治理结构得到有效运作，各层次在各自的职责、权限范围内，各司其职，各负其责，确保了公司的规范运作。

董办在“三会”运作中未雨绸缪，精心规划。例如，独立董事届满离

任前，董办积极构建对公司治理及业务战略具有重要价值的独立董事库，供董事会提名委员会甄选，以期独立董事能够有效为公司运作及治理提供真知灼见，发挥更大价值。以评价期为例，公司新聘任的赵锡军独立董事，系宏观经济金融、国际金融和资本市场方面的知名专家，国务院特殊津贴获得者，曾出版《企业成长战略》《论证券监管》《公司财务》《证券投资学》《金融市场学》等专著和教材，积极为公司发展建言献策。

三、辟蹊径：积极构建新股东文化，与时俱进为投资者关系管理和权益保护探索全新蹊径

科大讯飞董办始终坚持“投资者的期盼，就是投资者关系管理与权益保护工作的发力方向”的理念，将揭示价值、实现价值的功利目的升华为注重和谐、追求共赢的新股东文化，将投资者关系管理发展成新股东文化建设。

公司董办通过开展多元化的把投资者请进来和主动走出去拜访投资者的活动，全面提升投资者体验。2020 年，公司董办接受策略会、调研、参观等 242 场，举办了 3 次业绩说明会，真正发挥起链接上市公司与投资者、社会公众的纽带作用。根据“价值在线”进行的专业统计，2020 年科大讯飞在上市公司中受投资者关注度高居前 1%，回复率高居前 1%。

“IR 工作一块砖，哪有需要往哪搬。”为方便不同区域的投资者参与，科大讯飞董办积极为投资者参加公司活动创造条件。科大讯飞业绩说明会等重大投资者关系活动除了在科大讯飞总部合肥举办外，还将活动现场搬到了我国三大金融中心——上海、北京和深圳，这些城市分别位于我国的中部、东部、北部和南部，有效地贴近了不同区域的投资者。2021 年 4 月 20 日，科大讯飞年度业绩说明会在深圳证券交易所的大力支持下，成为首个在交易所上市大厅举办的年度业绩说明会，极大地增强了投资者“获得感”。公司董办还创新性地推出“云上体验厅”，深交所上市大厅硕大的显示屏和媒体直播界面，成为科大讯飞的产品体验展示区，在工作人员的互动操作下，与会的投资者形象地“参观”了公司产品细节和业务应用情

况。这与惯常的网络图文交流形式相比，更加直观和深刻，也更接近一场面向投资者的路演。据不完全统计，2020 年度业绩说明会观看量合计达 108.6 万，创下 A 股上市公司记录。

公司董办还与时俱进、积极主动地探索投资者关系管理和权益保护的新方式和新方法，丰富投资者沟通媒介。例如，公司结合自身的人工智能技术优势，在每次投资者关系活动中，利用语音转写的技术优势，将会议内容几乎是原汁原味地整理成调研纪要，并发布在投资者关系互动平台，从而保障了即使是不在场的投资者，也能充分、全面地了解到投资者关系活动的全部信息；对无法现场参加的投资者，公司通过讯飞听见云会议系统，使不能出席现场的投资者亦能够“面对面”地与公司实时互动；为使广大投资者均有机会参与交流活动，公司董办开创了网上实时视频直播的方式，讯飞投资者接待日活动通过全景网、证券时报、同花顺等多渠道同步进行网上视频实时直播，并通过“讯飞听见转写”为视频直播提供全程语音转写和翻译支持，有效地方便了不在现场的境内外投资者了解说明会情况。上述与时俱进的新方法更好地保障了投资者的知情权。

此前，在由中国上市公司协会、上海证券交易所、深圳证券交易所、中国证券投资者保护基金公司、中国证券业协会、中国证券投资基金业协会、中证中小投资者服务中心有限责任公司共同主办的两次“最受投资者尊重的上市公司”评选中，科大讯飞均荣膺“最受投资者尊重的上市公司”。

四、筑防线：持续学习、做好董监高培训，为上市公司规范运作构筑坚实防线

走入资本市场的上市公司必须敬畏市场，严格遵守监管部门的规范要求。科大讯飞董办把诚信规范意识的树立放在规范工作首位，有效做好上市公司规范运作的第一道防线。

纵观资本市场违规事件层出不穷的一大原因就是对相关规范的学习不足。从证监会到交易所，各种规则覆盖上市公司日常经营和整个生命周期，

只有对规则、制度和流程的熟悉与掌握，做到胸有成竹，才能够在日常工作中恰当地分析问题、处理问题。系统学习正是避免工作失误的有效手段，是规范运作的关键保障。科大讯飞董办持续强化学习，不断提高工作水平，切实遵照市场规则，避免无知违规。

公司董办还特别注重做好董监高培训工作，积极组织董监高参加监管部门组织的各种培训活动，邀请持续督导机构开展培训，并利用多种渠道和手段对董监高开展培训工作。为了及时、高效地开展学习，科大讯飞董办还通过“董事会”“监事会（飞翔助力团）”“高级管理人员（飞得更高）”三个专门工作群，第一时间以“群公告”的方式分享学习内容。此外，董办还按年度要求董监高填写调查表，使合规意识深入人心。

五、引活源：积极推动资本运作，为公司做大做强引流源泉活水

产业与资本双轮驱动是企业发展的有力助推器。科大讯飞董办始终坚持“敬畏市场、尊重市场、利用市场”的理念，积极借助资本力量，为公司持续创造价值。

近年来，科大讯飞董办推动公司实施了 6 次再融资，募集资金 100 亿元。借助资本市场的融资平台，一方面，加大了核心技术研究和产业化布局的投入，募集资金对于加快智能语音和人工智能技术的研究和技术产业化，拓展新的利润增长点起到了至关重要的作用；另一方面，通过资本市场更好地整合了产业上下游资源。

此外，科大讯飞董办积极推动实施与产业竞争激烈程度相匹配的股权激励，通过资本平台有效地将股东利益、公司利益与高端人才及骨干员工利益结合在一起。运用激励机制调动人才的主动性，加快人工智能的行业布局和应用落地，共同创业、持续发展的理念持续深入，为股东谋求长远回报。股权激励的实施，对稳定骨干团队起到了积极的促进作用，激励对象离职率远低于人工智能行业平均水平，获授 10 万股以上的重要骨干员工未出现一人离职，公司在激烈的人才竞争中继续保持了高端人才的稳定性。

资本市场的强大支持使科大讯飞如虎添翼。2018—2021 年，科大讯飞

共夺得 37 项国际人工智能核心技术赛事冠军。在人工智能发展史上，科大讯飞树立起一座座里程碑，标注中国人工智能行业发展的新刻度；公司在教育、医疗、消费者等重点赛道，源头技术驱动的战略布局成果与应用示范验证持续显现；讯飞开放平台聚集超过 271 万开发者团队，以科大讯飞为中心的人工智能产业生态持续构建。科大讯飞董办的规范运作能力得到业界的高度认可，在公司董办的敬业、专业的辛勤工作下，科大讯飞在资本市场持续荣获"最佳上市公司""最佳董事会""最佳资本运作""杰出 IR 企业""最佳 IR 董事长""金牌董秘""优秀 IR 团队""中小投资者关系互动奖""机构友好沟通奖""最佳投资者关系"等一系列荣誉。

3. 中国联通：

持续推动混改多元化董事会高质量建设

作为唯一一家集团整体混改单位，中国联通董事会办公室坚决贯彻落实习近平总书记坚持“两个一以贯之”、建设中国特色现代企业制度的重要论述，持续推动混改多元化董事会高质量建设，在联通混改的“深水区”“无人区”积极探索中国特色现代企业制度“新治理”模式，治理能力持续提升，合规性充分保障，各治理主体职责边界清晰，促进了公司治理与中国国情更加契合、与市场经济更加融合的新格局。2020 年，公司实现主营业务收入 2758 亿元，利润总额 160 亿元，分别较 2016 年增加 348 亿元、154 亿元；资产负债率由 2016 年年底的 62. 6% 下降至 2021 年 6 月底的 38. 8%；过去 4 年半累计创造自由现金流超过 1800 亿元。

过去一年，公司荣获多项嘉许，其中包括：

1. 董事会考核优秀，位列央企前十，且连续 4 年信息披露获上交所最高等级（A 级）评价；入选中国上市公司协会评选的“业绩说明会最佳案例”，排名全国前 1. 2%，是通信业及北京非金融央企集团唯一代表。

2. 主要控股子公司被《机构投资者》连续 6 年评为“亚洲最受尊崇电信企业”第一名，并被评为“亚洲最佳 ESG 公司（电信业）”“亚洲最佳投资者关系团队（电信业）”；被《金融亚洲》评为“亚洲最佳电信公司”第一名、“中国最佳管理上市公司”第一名、“中国最佳投资者关系”第一名；被《亚洲公司治理》杂志评为“亚洲最佳公司—ESG 典范”“ESG 具影响力企业”；被《财资》评为“卓越管治、环境保护及企业社会责任金奖”；被《IR 杂志》评为“最佳投资者关系公司（大型企业）”“通信行业最佳公司”。

3. 公司荣获全景网“杰出 IR 企业奖”“最佳新媒体运营奖”；《证券时报》中国上市公司投资者关系“天马奖”；卓越 IR 峰会“2020—2021 年度最佳数字化投资者关系奖”。

一、“三会”运作方面，坚决贯彻两个“一以贯之”，推动建立健全混合所有制公司治理机制，持续完善公司治理体系，有效发挥多元化董事会治理优势

（一）主要成效

1. 顺利完成混改后第二届多元化董事会和监事会换届选举，持续完善公司运行机制，根据《关于中央企业在完善公司治理中加强党的领导的意见》、“将国企改革三年行动重点要求纳入公司章程等制度体系”、建立董事履职考核制度等监管要求，适时修订优化治理制度及办法。将党建有机融入公司治理，形成“1＋3＋N”的治理制度体系和完善的运行机制，为各治理主体规范运作、高效运行、有效制衡、科学决策奠定了坚实基础。

2. 保障董事会规范协调运转，促进多元化董事会充分发挥“定战略、作决策、防风险”作用。自 2020 年 9 月至今，公司董事会及专门委员会、监事会及股东大会共召开会议 41 次，决策重要事项 66 项。所有会议决策程序规范，各治理主体权责界面清晰，董事会决策权得到有效落实；董事会积极引领公司科学制定发展战略；内部控制有效，有效防控风险。

3. 强化董事履职服务支撑，为董事高质量履职和董事赋能公司发展提供有力保障。通过全面梳理治理和运作机制、坚持董事会战略研讨会机制、组织管理层与董事深度沟通、以董事为交互界面推进战略合作、组织董事调研培训等工作，为董事勤勉履职提供高质量服务支撑，为董事赋能公司数字化转型提供机制平台和措施保障。公司全体董事勤勉尽责，忠实履职，积极出席会议，认真审阅会议文件并参与审议事项讨论，为公司改革发展积极建言献策，为公司重大事项决策科学把关，为公司风险防控筑牢防线。战投董事（即董事会战略投资委员会董事）积极参与董事会事务，发挥自身优势引领战略合作不断深入，为公司改革发展作出重要贡献。独立董事

依规履职，定期以报告方式向全体股东报告工作，切实维护全体股东尤其是中小股东的利益。

（二）创新亮点

1. 立足“四最一中枢”定位，坚决做到四个服务。深入贯彻落实习近平总书记对办公厅工作的要求，我们认为，董事会办公室作为董事会的办事机构，处于为董事会服务最直接、联系各部门最广泛、保障董事会工作最关键、支撑董事会运转最核心，居于公司治理承上启下、协调左右的中枢位置。

我们坚决落实“四个服务”，一是高质量合规服务，为董事会当好合规专家；二是高质量参谋服务，当好董事履职的参谋助手，促进董事作用发挥；三是高质量协调服务，始终坚持极端负责的工作作风，发挥牵头和协调各方的中枢作用，做董事会运转的协调员；四是高质量日常服务，以无怨无悔的奉献精神履行基础支撑服务职责，做好董事履职和董事会运转的服务员。

2. 科学构建治理架构和完善治理制度。一是提高站位，深刻领会建立健全混合所有制治理机制工作的重大意义，明确目标定位。二是把确保合规性放在首位，在治理制度修订前，对公司治理有关法律法规和监管规则要求进行全面系统深入学习。三是积极探索创新，结合公司混改实际，积极探索治理机制创新，落实董事会授权，为多元化董事会优势得以充分发挥提供制度保障。

3. 保障董事会规范协调运转、促进董事高质量履职。围绕发挥董事会“定战略、作决策、防风险”作用，一是有效保障董事会充分落实决策职权。持续强化董事会决策的独立性，严格执行各项治理制度，确保重大事项党组前置把关权、董事会充分行使决策权均得到不折不扣的落实。二是持续落实董事会战略研讨、党组复议、专门委员会会议及董事沟通等机制，促进董事为公司战略发展和数字化转型赋能。坚持提前发送议案文件、重大事项事前沟通、董事会前组织专门委员会讨论沟通、安排审计师单独沟通、管理层与董事单独沟通等机制，保障董事充分发挥话语权。以战略投资董事为媒介推动战略投资资源赋能公司数字化转型，就战略合作进展、规范公司治理运作等事项，安排多种形式征询董事意见，促进公司治理优化、科学决策和有效风险防控。三是高质量服务董事履职，为董事勤勉履职提供支撑保障。加强董事培训，利用线上线下多种手段向董事提供培训信息、宣传最新法律制度要求，组织落实培训工作。持续加大董监高培训力度，服务支撑工作细致周密，得到董事广泛好评。强化落实董监事调研机制，多次组织外部董监事深入一线，开展以产业互联网发展等为主题的调研活动。四是不断完善基础工作：做好会议通知、议案收集、会议决议和会议记录等基础工作，做好董事会及各专门委员会工作报告撰写工作，做好董监高履职台账及培训记录、披露和报备信息日常维护等工作，确保全体董事合规履职。

4. 协调保障董事会等各类会议顺利召开。一是坚持会议计划机制。统筹全年工作，尽可能将可预见的工作事项纳入定期会议计划，提升会议安排的可控性。二是做好预案管理。针对临时会议及定期会议可能出现的变化，分类工作场景，提前制定预案，做到灵活应对，保障各类会议顺利召开。三是创新方法手段。积极利用公司技术优势，以线上线下多种方式保障董事高效高质参与公司治理。建立联通独有“董事会文库”APP，首创“董事信息”板块，通过在便携式电子设备安装董事会文库应用软件，在确保信息安全的同时，提高董事审阅材料的效率及便携性。四是持续精进细节。通过重大会议后复盘分析，以表格固化流程标准和细节等方式，实现支撑服务能力不断精进，提升会议体验和会议效果。

二、信息披露方面，连续多年获上交所最高等级评价，不断丰富创新工具箱，确保高质量信息披露

（一）主要成效

依法合规组织完成各类信息披露工作，每年统筹两地上市公司发布近300份披露文件，内容真实准确完整，披露及时，合规有效，以不断追求更高标准为目标，持续提升披露透明度，做高质量信息披露的践行者，树立良好资本市场形象。

（二）创新亮点

1. 完善制度流程，明确规范标准。结合证券法规更新，持续完善公司信息披露管理办法及相关流程制度，夯实制度基础。

2. 统筹计划，分类管理。统筹全年工作，将可预见事项纳入定期信息披露计划，明确关键时间节点，提早确定分阶段目标任务并细化分工，提升前瞻性和可控性；对于临时类事项，通过建立部门联系人制度、收集需求、深入参与项目过程评估等机制，提升响应能力，保障重大事项及时决策和合规披露。

3. 强化预案管理。前瞻评估各类风险，制定事前、事中、事后应对预案，提升危机应对能力。

4. 加强学习，提升专业能力。持续加强法律法规学习，不断增加案例积累和总结，提升对复杂事项处理的专业能力。

三、投资者关系方面，强化积极有为的投资者关系管理，争当资本市场尊重投资者的典范，持续提升公司和股东价值

（一）主要成效

积极践行全面数字化转型要求，借助数字化、新媒体等高效便捷方式强化投资者沟通，持续提升投资者关系水平。通过组织业绩发布会、投资者沟通交流会及多种投资者关系数字化平台，实现向资本市场积极的战略传递，有效提振投资者信心。管理层及董办会见投资者超过 300 人，通过投资者关系网站、微信公众号、热线电话、邮箱、上交所 e 互动平台等多种线上方式，积极与投资者沟通。

2021 年 3 月，成功组织公司近年来首场通过在线直播与包括中小投资者、机构投资者在内的全球投资者交流互动的年度业绩说明会。通过会前公告征集问题、会中与全球投资者多方式互动交流并在 3 个平台设置收听入口、会后提供发布会回放内容等途径，方便更多投资者的参与；同时特别制作了业绩推介短视频，帮助投资者以更为生动和便捷的形式理解公司业绩。整个活动得到中小投资者和机构投资者的踊跃参加，取得非常好的

效果。公司因此入选中国上市公司协会评选的“业绩说明会最佳案例”，排名全国前1.2%，是通信业及北京非金融央企集团唯一代表。

（二）创新亮点

1. 公司战略是投资者关系的核心要素。公司股价受多种复杂内外部因素的影响，但核心是公司的基本面和发展前景。基本面为客观事实，而发展前景则与投资者对公司战略的看法紧密相关。因此，投资者关系工作的首要目标就是通过对公司运营亮点和战略的持续传递，增进投资者对公司基本面的理解和对公司发展前景的信心，进而提升其对公司投资价值的认同。

2. 紧紧围绕投资者需求提升沟通有效性。由于公司多地上市，不同市场投资者的投资风格、逻辑、喜好存在很大差异，需要充分理解投资者的类型特点和关注重点，针对不同需求实施精准沟通，达到传递有效信息、化解担忧、提升投资者对公司价值认同的目标。

3. 高度重视保护全体投资者，尤其是中小投资者权益。对照《证券法》新要求，以信息公平、通俗易懂为沟通原则，对中小投资者耐心服务和风险提示，积极参加中小投资者保护宣传活动，通过微信公众号、公司官网宣传投资者教育知识，提升投资者自我保护意识，积极维护中小投资者合法权益。

4. 践行数字化转型，创新沟通形式。借助云视频和电话会议的高效优势，重点强化以线上方式与投资者沟通。持续优化面向投资者的数字化媒介呈现形式，开设服务于投资者的中国联通投资者关系微信公众号，搭建投资者数字化高效信息查询平台，创新推出“一图读懂”业绩发布和移动端预览新方式，提升传播效果。

5. 认真倾听各类投资者声音，积极发挥桥梁作用，推动公司高质量发展。公司多措并举及时向管理层传递资本市场声音，发挥公司与资本市场之间的桥梁作用，强化对市场动向及主要关注点的监测和分析，摸清市场脉搏，为经营决策提供高质、高效的资本市场信息支持与反馈。一是每日闭市后向管理层发送《资本市场监测日报》，累计发送900余期，追踪公司及行业日常资本市场表现。二是从投资者视角全面分析相关重大事项对公司价值的潜在影响，不定期为管理层及相关部门发送快报，累计发送200余期。三是为方便董事及时了解公司经营情况和监管政策变化，每月定期发送《董事简报》《董事专报》，保障董事合规高效履职，累计发送30多期。四是不定期组织业务部门参加投资者交流活动，帮助其理解投资者关系工作和公司股东诉求，以第一视角感受市场对公司的关注；并在业绩发布后组织会议向各业务条线结合市场关注的热点问题部署工作，将投资者的诉求直达经营层面，辅助公司科学治理。五是高度重视投资者意见和建议，建立内部机制和渠道，分类回应和解决。强化与投资者的日常沟通，积极采纳合理意见。

四、协助董监高合规履职方面，持续强化高质量服务，为董事合规履职和高效决策提供有力支撑

（一）主要成效

董监高是公司治理的关键主体。保障公司董事会、监事会和管理层在合规框架下高效运作是董事会办公室的重要职责之一。中国联通上市以来，公司董事、监事及高级管理人员合规高效履职，从未发生违规事项。

（二）创新亮点

1. 多维度培训。一是就职培训。安排律师为公司董监高进行履职主题培训，对于董事会秘书和独立董事等第一时间安排上交所组织的董事会秘书资格与独立董事资格培训，内容涉及公司治理、上市公司规则、董监高增减持股份规则、内幕信息防范等。二是定期培训。组织上市公司董监高以线上线下方式参加国资委、中上协、北上协等举办的培训。统计期内，安排董监高参加董事会建设、直接融资等主题培训共26人次，人员范围涵盖公司董事长、总经理、战略投资者董事、独立董事及监事等。三是专项培训。根据最新监管要求、市场关注重点，安排专项培训。例如，组织新《证券法》专项培训，及时传达监管关注重点。

2. 多番次提示。根据不同时期、不同事件，对董监高进行多番次提示，规避出现不知情情况下的误操作。例如，在定期报告或重大交易期间，

通过邮件、签署内幕知情人承诺等方式强调监管要求；定期组织签署关联人及关联方情况统计表以及持有公司股份情况等。

3. 多方面促进。为保障董事、监事、高级管理人员合法权益，促进相关责任人员充分行使权利、履行职责、实现董监高权责利匹配，推动公司持续健康发展，2021 年 3 月，经董事会、监事会和股东大会审议通过，公司为全体董监高购买履职责任保险。

五、资本运作方面，稳步实施 A 股最大规模之一的限制性股票解锁工作，组织上市以来首次二级市场回购、首次中期分红，配合发行融资券，稳妥推进战略投资股份解禁，为混改持续深化做好支撑

（一）主要成效

1. 面对 A 股规模最大之一、复杂度空前的限制性股票解锁工作，顺利实施完成两次股份解锁工作。2020 年年底，顺利实施完成战略投资股份解禁流通工作，战略投资股东持股保持稳定。

2. 基于对公司持续发展信心，为维护广大投资者利益，进一步健全公司长效激励机制，紧密连接员工、股东与公司利益，为股东创造长远持续的价值，结合公司股票二级市场表现、经营及财务状况，2021 年 3 月，组织实施公司上市以来首次集中竞价回购，截至目前，共回购约 5.13 亿股。

3. 高度重视股东回报，考虑公司的良好经营发展和强劲自由现金流，组织上市以来的首次中期派息。

4. 过去一年，配合财务部门累计发行近 150 亿元的超短期融资券，助力公司改革发展。

（二）创新亮点

1. 公司限制性股票激励工作难度在 A 股罕见：7000 多激励对象的股票解锁，人数在 A 股规模是最大之一，且交织着回购注销以及不同对象不同解锁比例的复杂情形。面对罕见难度，我们认真筹划，与监管机构深入沟通，积极提出合理化建议；面向内部，通过周密安排，顺利完成股份解锁

工作。

2. 面对战略投资股份解禁，我们提前着手，深度研究监管要求，制定预案并组织实施，取得良好实效。

3. 二级市场回购工作，我们周密制定回购方案，全流程做好信息保密，积极回购，传递公司对未来发展的信心。

未来，中国联通董事会办公室将坚决贯彻落实习近平总书记关于坚持“两个一以贯之”、建设中国特色现代企业制度的重要论述，坚决贯彻落实中央关于国有企业改革三年行动方案的有关精神和《国务院关于进一步提高上市公司质量的意见》，坚定落实上级部门要求，坚持以推动高质量发展为主题，以改革创新为根本动力，在稳健经营创造价值的同时，凝心聚力推进形成更加成熟更加定型的中国特色现代企业制度，推动董事会运作更加专业尽责、规范高效，强化合规有效的信息披露和积极有为的投资者关系管理，争当资本市场尊重投资者的典范，推动公司治理能力现代化，持续提升公司和股东价值，为我国资本市场健康发展作出应有贡献。

4. 中国银行：

推动公司治理切实发挥效能
建设全球一流现代银行集团

2020 年 9 月 1 日至 2021 年 8 月 31 日评价期内，中国银行（以下简称“中行”）董事会秘书部坚决贯彻全行整体工作部署，认真落实中国上市公司协会工作要求，认真做好公司治理、投资者关系、信息披露等方面的工作，圆满完成各项工作任务。

一、公司治理高效有序，制度机制持续完善

（一）全力增强董事会运作与公司治理质效，圆满组织董事会和股东大会，决策机制合规高效

一是全力增强董事会运作与公司治理质效，每年年初根据监管规则拟定全年应提交董事会审议的事项清单，有效提升董事会议案提交的计划性和前瞻性。评价期内，中行董事会秘书部成功组织召开董事会会议 14 次，共审议研究议题 140 项。

二是着力加强应提交董事会审议事项的督办力度，及时跟进议题提交董事会审议情况，通过向有关单位发送提示函等多种形式，确保落实到位。持续促进议案高效审批，保证董事会对重大事项的及时有效决策。

三是积极探索开会方式转型，利用电子邮件、电话会议、视频会议等各种线上远程办公方式，持续提升董事会议事议案沟通决策效率。中行股东大会以往在京港两地的 7 个会场以视频连线方式召开，充分保障 A 股和 H 股东行使参会表决权。新冠肺炎疫情暴发后，中行董事会秘书部切实做

好疫情防控，采取了一系列卓有成效的措施，及时发布提示性公告，建议委托投票或网络投票，合理安排会场并做好备选方案，确保内地和香港两地股东有序地现场或视频参会，经受住监管合规和会场疫情防控的双重考验，圆满召开年度股东大会和临时股东大会，有力保障股东的知情权和表决权。

（二）持续夯实董事会与管理层沟通反馈机制，强化和完善对管理层落实董事会决策的跟进和监督

持续完善董事会沟通反馈机制。每次董事会前就董事会议题专门召开沟通会，就重点议案进行一对一沟通，评价期内，组织上百次沟通会；在董事会上增加管理层工作报告环节和报备事项，听取管理层报告董事会跟进事项的进展以及行内重大经营管理情况；强化和完善对管理层落实董事会决策的跟进和监督。

除董事会议案沟通和决议跟进事项之外，中行董事会秘书部还针对董事关心的议题增开专题会、沟通会、座谈会，通过多种形式加强董事会与管理层的沟通。评价期内，召开两次董监高座谈会、一次董事长与独董座谈会，董监事结合自身的专业背景、工作经历和调研情况进行深入探讨，贡献了大量富有价值的意见和建议。董事相关意见建议经梳理分解后，及时转发行内相关部门，积极跟进落实，有效形成专项跟进、定期汇报、及时反馈的闭环，推动中行向更高层次、更高质量发展。

（三）强化董事履职保障，提升董事服务水平

一是全力发挥中行全球化、综合化优势，协调海内外机构与综合经营公司合力支持董事调研。中行董事会秘书部协助董事紧密围绕中行发展战略、重点工作以及重大经济金融问题开展研究，评价期内协助董事完成课题报告15篇，董事课题报告得到管理层的高度重视，为管理层提供了具有参考性和实践性的研究成果。管理层将调研报告批转相关部门，研究落实报告中的意见和建议，调研成果对中行深化体制机制改革，推进战略纵深发展，起到了积极作用。同时，中行董事会秘书部全力支持财政部及汇金公司股东单位课题调研，积极贡献中行经验和智慧。

二是积极创新董事培训形式，成功组织高水平董事培训。授课讲师来自国内外知名高等学府、商会组织、研究机构等，培训内容从宏观到微观点面结合，学术理论与实战案例兼备，充分体现了中行兼容并包的学术氛围和全球化的办行特色。例如，就“疫情之下的经济走向”主题举办的一次董事会培训中，成功邀请到哈佛大学、新加坡国立大学和中国欧盟商会等知名专家学者授课，与会者来自美洲、欧洲、东南亚以及中国北京、香港、澳门等多个地方，培训内容涉及国内外经济金融热点问题，获得了与会人员的一致好评。董事对培训给予高度评价，认为主题有特色、内容有质量、方式有创新、成果有意义，能够有效协助董事会拓展国际视野，增进决策信息，提升履职能力，有助于增进与会者对新形势的了解、对新挑战的研判、对新趋势的探索。

（四）持续完善公司治理制度流程，高度重视董监高公司治理合规

一是持续完善公司治理制度流程。充分落实资本市场监管要求，坚持“孰严”原则，持续跟进梳理法律法规、监管规则、行内制度对股东大会和董事会的履职要求。评价期内，对十余年来法律法规、监管规则对董事会的履职要求进行全面梳理，涵盖 95 份文件、366 项条款，逐条跟进管理层落实，同时对总行公司章程进行逐条梳理和全面重检，进一步提升公司治理的计划性和前瞻性。

二是高度重视董监高公司治理合规，持续加强董事履职信息支持保障，根据监管要求或合规需要等，向董事发送各类履职所需信息。评价期内，共向董事发送董事会情况通报 33 期、呈阅公告 30 期，以董事会情况通报形式呈送《银行保险机构董事监事履职评价办法》《银行保险机构公司治理准则》等监管文件，切实保障“三会一层”合规稳健运行。

二、深化投资者关系管理，加强资本市场沟通

中行董秘部持续深化投资者关系管理，加强资本市场沟通力度，圆满完成各项工作任务。评价期内，中行荣获《证券时报》第十二届中国上市公司投资者关系天马奖“最佳投资者关系公司奖”“最佳投资者关系董秘奖”和“投资者关系最佳董事会奖”。被中国上市公司协会评选为上市公

司现金分红优秀实践代表，新华网、人民网以及《证券日报》《上海证券报》等业内权威媒体相继进行宣传报道。

（一）圆满举办2020年度业绩发布会及线上路演

中行通过手机银行“中银直播间”在线视频直播及电话连线方式，圆满举办2020年年度业绩发布会，参会机构数和人数近5000人次。在业绩发布会前发布正式业绩说明会公告，并通过邮件形式广泛征集投资者关注问题。同时，创新增设“中银直播间”聊天专区，支持实时提问与互动功能。

（二）深化市场研究分析

重点跟踪宏观经济与月度信贷数据、银行业与中行业绩情况、资本市场走势和评级公司观点，专题研究重要行业政策和市场热点事件，结合政策解读、分析师观点等进行多层次、多维度分析。

（三）强化内向信息传导

强化内向信息传导。积极将资本市场对中行的关注及期望向中行领导和相关部门报告。业绩发布前后，及时向中行领导汇报市场预测和反馈，协助中行领导及时掌握市场动态。向主要业务管理部门分析和传递内部信息产品，推动在全行形成更加关注市场表现、更加重视价值创造的氛围。

（四）加大重点机构投资者沟通维护力度

积极应对疫情防控带来的挑战，通过线上线下相结合的方式持续加大与投资者开展市场沟通的力度。深化投资者分层维护机制，主动与多家大型境内外机构投资者召开会议，宣传中行整体业绩增长和长期投资价值。评价期内，开展各种形式的交流活动逾百场，主动拜访社保基金等重点投资者。密切跟踪市场资金流向、投资风格和持股变化，主动挖掘与中行股票特性相匹配的目标投资者，确定看重高股息率的中长线保险资金、退休基金等为重点沟通对象。

（五）持续做好中小投资者沟通维护工作

高度重视中小投资者沟通和维护工作，及时通过中行投资者热线和邮箱、上证e互动平台等方式回答问询，组织参加全国投资者保护宣传日、北京辖区投资者集体接待日等活动，在官网“投资者保护”专栏和“上证

e 互动平台”发布投资者保护宣传日活动信息。

三、抓创新促优化，不断提升信息披露工作质效

（一）规范完备的信息披露管理制度

中行已经建立涵盖信息披露政策、管理办法、操作手册 3 个层次的一套规范、完备的管理制度体系，并建立了定期报告、内幕信息知情人管理、暂缓与豁免信息披露管理等专项工作制度。密切跟进监管要求，定期重检并持续修订完善信息披露各项规章制度。根据新《证券法》《上市公司信息披露管理办法》，中行 2021 年率先完成了信息披露政策的修订，并经董事会审议后对外披露。

（二）建立覆盖全辖的信息员队伍

明确各部门、机构的负责人是本部门、机构信息报告事项的第一责任人，各机构指定专人作为信息员，负责日常联络和沟通。目前，全辖信息员共有 241 人，覆盖所有境内外分支机构及附属公司，在集团层面的信息归集与披露管理中发挥出重要作用。

（三）集团母子公司的管理与协调

中行目前共有中银集团、中银香港和中银航空租赁 3 家上市公司，还有中银证券一家参股上市公司。上市地分属上海和香港，公司所在地涉及中国内地、中国香港和新加坡。面对复杂的治理架构和多重的监管要求，中行既注重加强集团不同层面上市公司的规范与管理，又注重相互的合作与交流，从而既确保 4 家上市公司的依法合规，同时加强集团资源的协调共享。在不同公司涉及相同事项的信息披露时，进行公告内容及发布时间的精准协调，切实保障投资者的利益。

（四）充分保障两地投资者的合法权益

中行探索并坚持实行诸多领先市场的信息披露管理实践。例如，每年 3 月底前将 H 股年度报告与业绩公告同时披露，与 A 股年度报告披露信息匹配，切实保障 H 股投资者获取信息的权利；在两地发布股东大会通知时，大幅早于监管要求的时限同步披露股东大会会议资料（A 股），切实

保障A股投资者获取信息的权利；A股和H股公告文字尽量协调一致，照顾两地投资者的语言习惯；两地公告尽量精确同步，确保两地投资者获取信息的权益。

（五）打造中行定期报告精品

坚持“真实、准确、完整、简明清晰，通俗易懂”的披露原则，以中行发展战略为主线，主动丰富定期报告内容，提高披露效果，更加清晰、有效地展示中行良好市场形象，进一步突出投资者需求导向。注重增强定期报告的可读性和易读性。首创在年报中增加专栏，并突出图文并茂，受到市场好评和同业的积极效仿。中行定期报告历年均获得多项国内国际大奖。

（六）积极探索自愿性披露

在合规高效开展强制性信息披露工作的同时，中行持续创新，不断探索加大自愿性信息披露力度。围绕中行战略，进一步提升了中行信息披露的透明度，为投资者提供全面而有效的信息。具体案例包括：自愿披露中行参股公司中银证券上市；基于县域金融发展布局，自愿披露控股子公司中银富登业务整合安排；基于综合化发展，自愿披露投资中银三星人寿；结合中行坚持科技引领的战略内涵，主动披露中银金融科技有限公司开业公告；响应国家“一带一路”倡议，优化中行海外布局，自愿披露东南亚分支机构重组；根据疫情，自愿发布股东大会疫情防控提示公告；积极响应国家政策，率先主动披露《关于获准存托凭证试点存托人资格的公告》等。

（七）进一步提升价值贡献

结合市场实践及银行所在行业监管的特殊性，中行结合具体案例，与上交所、北京证监局积极沟通，有利促成证监会2021年3月修订《上市公司信息披露管理办法》时，就“行政处罚”进一步明确。即中国证监会的立案调查和行政处罚需要披露，其他有关机关的重大行政处罚才需要披露。进一步提高资本市场信息披露的规范性。

5. 中国建筑：

完善公司治理体系　提升规范运作水平

2020年以来，中国建筑股份有限公司董事会办公室坚持深入学习贯彻落实习近平总书记关于国有企业改革发展和党的建设的一系列重要论述，以在公司治理中全面加强党的领导为引领，紧紧围绕集团“一创五强”战略目标，聚焦决策服务、治理合规、价值创造，高效推进公司治理、董事会建设、信息披露、投资者关系、资本运作等工作，不断引领企业提升整体治理能力和价值创造能力，实现高质量发展。

一、完善公司治理体系，提升规范运作水平和治理效能

（一）加强党的领导

2020—2021年，根据有关要求，研究落实把党的领导融入公司治理各环节，将党建工作要求和党组织前置程序写入公司《章程》《董事会议事规则》，明确党组织在公司治理结构中的法定地位和职能。坚决执行董事会决策重大经营管理事项应当事先经过党组织前置审议的规定，确保党组织发挥“把方向、管大局、促落实”的作用。

（二）明确权责边界

全面梳理、科学界定公司各治理主体职责及运作机制，2020—2021年间，逐步修订完善董事会议事规则、总经理办公会议事规则，编制并持续更新党组前置研究讨论事项清单、董事会决策事项权责清单、经理层决策事项清单，进一步厘清董事会与党组织、经理层的权责边界，推动公司形成权责法定、权责透明、协调运转、有效制衡的治理机制。

（三）推进制度建设

经过多年努力，逐步建立起一套由30余项制度组成的内容合规、体系完备的公司治理制度体系；自2020年至今，历时两年，统筹协调8个部门对《公司章程》《董事会议事规则》等26项制度进行修订，着力提升公司治理制度的先进性和适用性。

（四）开展专项治理

2021年，在中国证监会的统一部署下，组织开展公司上市以来首次公司治理专项行动，针对公司组织机构的运行和决策、上市公司独立性、关联交易、资金往来、对外担保、内部控制规范体系建设等10个方面、119项治理事项进行深入自查，制定整改措施，推进立行立改、边查边改，为防范系统风险夯实基础。坚决贯彻落实党中央、国务院关于全面深化改革的重要部署，深入落实国企改革三年行动，进一步完善国有控股企业治理体系。

二、推进董事会建设，发挥“定战略、作决策、防风险”职能作用

（一）助力董事会发挥重要作用

在定战略方面，公司董事会以五年发展规划为主线，指导企业在服务大局、改革创新、结构优化等方面积极作为、持续发力。在作决策方面，以重大经营管理事项为核心，加强事前合规审核沟通、事中充分研讨、事后定期监督，保障董事会决策的科学性、有效性。在防风险方面，以高质量发展为目标，充分发挥第三方专业机构和专业平台的作用，及时对诉讼、担保等可能涉及重大风险的事项进行讨论、审议和对外披露。同时，为充分保障董事会职权发挥，董事会下设4个专门委员会（战略与投资委员会、提名委员会、薪酬与考核委员会、审计与风险委员会），为董事会提供专业意见。

（二）保障董事会合规高效运行

根据《公司法》和《公司章程》的规定，董事会办公室认真组织召开股东大会、董事会和董事会专门委员会会议，细致落实各项决议，保证了

董事会运作的规范、高效。2020 年 9 月 1 日至 2021 年 8 月 31 日期间，累计召开股东大会 3 次，董事会 15 次，专门委员会 19 次。其中，董事会审议内容包含公司治理、财务管理、股权激励、董事会运作、人事管理、关联交易、审计与内部控制、投资管理、对外担保、募集资金管理等事项。董事会专门委员会共召开会议 19 次，其中，战略委员会召开会议 2 次，审计委员会召开会议 8 次，人事与薪酬委员会召开会议 9 次。董事会办公室负责协调组织上述会议的召开，全年确保各项会议的顺利召开。

（三）增强议案合规性审核

董事会办公室高度重视对董事会相关议案的合规性审核，不断完善议案编制和提交程序，指导协调有关议案编制部门提升标准化和合规性，2021 年，起草《中国建筑董事会提案管理办法》，目前正在征求律师意见阶段。董事会办公室将监管机构相关公告指引要求的必备内容提前落实到董事会议案的编制过程中，促进董事会议案与对外公告的有机衔接，服务保障董事会科学决策。

（四）加强独立董事履职保障

公司坚持独立董事占多数的董事会成员结构，审计与风险委员会、薪酬与考核委员会全部由独立董事组成，为做好决策提供多元视角，凝聚多方智慧。2021 年，董事会办公室组织制定《独立董事履职服务保障实施管理办法》，从独立董事履职信息保障、独立董事决策沟通和调研机制保障、独立董事培训和办公服务保障、独立董事津贴及其他费用等方面进行了明确。明确公司每季度召开独立董事专题汇报会，明确会前沟通机制，组织经理层向独立董事汇报重要事项进展，协助独立董事通过查阅内部资料、参加重要会议、赴基层调研等方式深入了解公司经营管理实际情况。充分发挥第三方专业机构和专业平台的作用，积极推进“董责险”续签，提升董事履职整体风险管理水平。组织公司董监高参加国资委、上交所、中上协、北上协等上级机构的各类培训，提升“关键少数”对相关要义和要求的理解深度。

（五）规范董事会授权机制

2021 年，董事会办公室梳理公司近 3 年董事会审议事项情况，对标十余家中央企业研究优秀经验做法，在确定授权范围的基础上，根据各类事项的风险大小、重要程度、发生概率分层确定授权标准，编制出公司首个董事会向经理层授权决策专项方案和授权管理制度，为公司授权管理的规范性运作提供制度参考和依据。充分吸收国资委最新授权指引文件的要求，在授权方案中补充了对授权、行权的原则性规定，与授权管理制度形成衔接，明确授权事项以及授权负面清单的具体定义和范围，保障制度的有效落地。并正根据授权管理制度逐步修订《公司章程》《董事会议事规则》等制度文件。

三、提升信息披露管理，打造“合规合法、透明公开”的对外窗口

（一）增强信息披露自主性

为进一步向资本市场展示公司价值，自2010年起，董事会办公室编制的定期报告除披露法定要求内容外，逐渐增加披露有助于投资者作出价值判断和投资决策的信息。总结提炼并披露公司在科技创新、业态优化、绿色发展、履行社会责任等方面的发展情况，并以投资者需求为导向，持续披露持有型物业、PPP项目运营、装配式建筑业务发展等内容，不断扩大披露的范围和内容。

（二）增强信息披露国际化

董事会办公室于2020年首次编制并发布英文版年度报告和中期报告，并一直延续至今；同时，自2020年年初，全部公告在公司网站上均发布了英文版，2020年9月至2021年8月，累计发布90余项；在公司英文官网，以及脸书、推特等海外官方媒体平台发布公司业绩及业务简讯，覆盖76.4万粉丝和关注者，满足国际投资者、合作方的需要，持续增强公司信息国际化水平，提升公司国际化形象。

（三）保障信息披露高质量

2020年至今，董事会办公室持续探索建立了上下联动、覆盖全面的内部重大信息报告体系和信息披露责任体系，建立纵向到底、高效清晰的信

息发布流程，形成自上而下、全面发力的工作合力。与下属上市子企业建立健全定期报告联合审阅机制，在各二级单位设置信息披露联络人，保证信息披露及时、准确、合规持续规范重大信息披露的内部报送、审核和披露，通过细化复核审议披露程序，把信息披露编制工作分解到各板块和相关子企业，从专业能力、职业操守、价值创造、风险管控等多维度，对定期报告及临时公告的编制披露质量进行全流程、多渠道把关控制。

先后完成 4 份定期报告和优先股赎回、关联交易、对外投资、对外担保、股权激励、董监高换届等 115 份临时公告的编制和披露工作，合规率 100%，实现全年“零质询”。在上海证券交易所的指导下，公司年度信息披露评价已连续 4 年获得 A 级。此外，中国建筑 2020 年年度报告从 27 个国家的 1875 份参赛作品中脱颖而出，荣获建筑工程类财报数据金奖、传统年报建筑工程类荣誉奖 2 项大奖。

四、全面投资者沟通交流，多角度、多渠道、全方位传递公司价值

（一）多维度、多层次与各类型投资者沟通

2020—2021 年，面对新冠肺炎疫情影响，董事会办公室积极与资本市场各类投资者保持密切交流，就公司战略发展、财务指标、资本市场表现等关注焦点进行专项沟通，较为完整地覆盖机构投资者、中小投资者等投资者群体。董事会办公室牵头组织主动拜访 30 余家重要机构股东或潜在投资者，与证券公司、公募基金、私募机构、外资机构、保险公司等保持有效沟通。除积极保持与机构投资者的良好沟通外，为更好地服务中小投资者、保障投资者权益，董事会办公室通过多种渠道与中小投资者进行沟通，包括但不限于上证 e 互动平台、公司网站、投资者关系邮箱和热线电话等。

（二）创新多种形式传递推介投资价值

2020—2021 年，董事会办公室创新业绩路演方式，通过在线业绩推介会、视频及电话会议、现场及网上接待日等形式，对公司的年度、半年度及季度业绩进行说明推介，加强资本市场对公司的了解和沟通。公司致力

于加强资本市场研究报告及股东信息收集，高度重视投资者关注的问题和提出的建议。公司通过股东情况分析快报、资本市场周报、资本市场月报等方式，及时了解投资者诉求和资本市场关注焦点，与投资者建立良好的互动关系。借助投资者沟通形式创新，公司进一步提升经营管理和公司治理水平，努力完善内部流程及制度建设，有针对性地、务实高效地为投资者提供更为便捷的服务。

（三）积极与主流指数编制机构互动沟通

2020 年，董事会办公室牵头组织积极与主要指数编制机构进行接洽，其中包括明晟公司（MSCI）、富时罗素指数（FTSE Russell）、联合国责任投资原则组织（UNPRI）、国际机构股东服务机构（ISS）、中证指数公司、上市公司百强论坛、社会价值投资联盟等，沟通内容主要围绕指数编制、ESG 评级、资本市场关注热点等方面。公司学习借鉴指数编制机构优秀做法，认真总结要点形成专题报告，为公司重视 ESG 发展潮流、提升资本市场美誉度奠定坚实基础。

五、积极探索管理实践，全力助力公司高质量发展

（一）夯实市值管理水平，推动公司市值真实反映内在价值

为提升公司价值创造、价值经营、价值实现水平，努力在盈利能力、营运能力、偿债能力等方面达到全球领先水平，实现国有资本保值增值。2021 年，董事会办公室牵头组织编制并发布市值管理工作方案，按季度组织召开季度例会，编制市值管理简报，组织资本市场形势分析座谈会，以真诚开放务实的态度倾听外部专家、投资者意见和建议，学习借鉴优秀经验做法，不断提升市值管理能力。建立连接资本市场的市值管理联动机制，密切跟踪资本市场关注焦点、监测公司股价异动和重大舆情，助推企业高质量发展，助力提升市值管理水平。

（二）精准发挥激励与约束作用，提振资本市场信心

为进一步激发核心骨干创效潜能、促进企业实现高质量发展，在国务院国资委鼓励企业试点股权激励的政策背景下，2013 年，中国建筑选取了

与企业效益和个人考核直接挂钩的限制性股票激励工具，实施了为期十年的中长期激励计划。公司先行先试，作为近年来实施股权激励计划中央企业典型案例，多次被国务院国资委、交易所列为标杆示范企业。截至目前，公司分别于 2013 年 6 月、2016 年 12 月、2018 年 12 月、2020 年 12 月，连续实施了 4 期核心团队和骨干员工限制性股票激励计划。考虑到资本市场维稳、股东价值回报以及市值管理需要，4 期股权激励都采取了从二级市场直接回购股票的方式。其中，2012 年 12 月的第四期授予的激励对象 2765 人，为历次人数最多，激励对象获授股票 9.12 亿股，为历次规模最大。通过连续开展股权激励，进一步建立健全了公司长效激励机制，充分激发了广大干部职工的干事创业激情，有效地将股东、公司和骨干员工利益结合在一起，使中国建筑在激烈的市场竞争中焕发出了新的生机和活力。

六、不断壮大董办系统人才队伍，助力公司高质量发展

中国建筑董事会办公室在公司董事长、董事会秘书的带领下，目前现有员工 13 人，其中，主任一位，副主任一位。包括 1 名博士研究生，10 名硕士研究生，2 名大学本科生，毕业院校包括中欧国际工商管理学院、北京大学、同济大学、中国人民大学、中央财经大学、对外经贸大学、北京师范大学、纽约大学、美国佛罗里达大学、英国东英吉利大学等国内外知名学府。部门现有高级经济师 4 名。员工年龄构成，以青年员工为主，其中，60 后 1 人，70 后 2 人，80 后 4 人，90 后 6 人。主要业务板块包括公司治理、董事会事务、信息披露、投资者关系和市值管理。

董事会办公室 2021 年加大了人才投入力度，部门人数为历年之最，正全力推进董事会办公室的各项业务。同时，为了加强部门人员储备，董事会办公室积极鼓励并开展子企业员工以借调或挂职的方式来董事会办公室进行学习交流，加强上下贯通、互相了解，不断培养和壮大熟悉董事会办公室相关业务工作的人才队伍，全力助力公司高质量发展。

6. 建设银行：

服务公司治理高效运行
助力新金融行动纵深发展

过去一年多以来，建设银行（以下简称“建行”）以习近平新时代中国特色社会主义思想为指导，把握新发展阶段，贯彻新发展理念，践行新金融行动，服务新发展格局。建设银行董事会办公室协助董事会持续完善公司治理机制，充分发挥战略决策职能，全力支持抗疫和复工复产，引新金融行动之活水，滴灌经济社会重点领域和薄弱环节，“三个能力”不断提升。

建行的大行担当、战略成效和经营业绩得到了市场广泛肯定。2020年，建行在明晟（MSCI）ESG评级中由BBB级上升至A级，成为评级最高的中资银行。2021年，先后被《董事会杂志》第十六届中国上市公司董事会金圆桌奖评选为最佳董事会，被《证券时报》天马奖评选为中国主板上市公司投资者关系最佳董事会；在上交所开展的2020—2021年度信息披露工作评价中，连续第七次获得A档（优秀）的评价。

一、协助完善公司治理机制，以公司治理效能增进“三个能力”建设

面对突如其来的疫情和持续防控要求，考虑到董事会成员，尤其是6名境外董事不能现场参会的情况，为了确保董事及时沟通掌握经营管理情况，以便董事会及时有效进行决策，建行董办第一时间快速反应，利用金融科技和网络通信技术，以现场与远程相结合的方式筹办各类会议。2020

年9月至2021年8月，筹备股东大会3次，董事会会议10次，董事会专门委员会会议38次，筹备各类沟通会议近90次，处理邮件往来数千封，相关会议审议、听取及参阅议题数百项，有效支持全行落实中央决策部署和服务实体经济高质量发展。

（一）坚持党的领导，突出党委核心作用

董办协助董事会多措并举促进与党委会的深度融合，做好与党委会的沟通衔接，完善“双向进入、交叉任职”机制，深入贯彻“重大事项党委会前置决策”工作机制，确保党委在支持抗疫、复工复产、经济社会发展，践行新金融行动相关的重大事项决策中把方向、管大局、保落实，发挥领导核心作用，形成了优势互补和力量聚合，进一步提升了董事会决策的科学性和有效性。

（二）增强资本实力，支持业务稳健发展

为提高服务实体经济和防范化解风险能力，董办协助董事会充分评估疫情冲击等不确定性对资本充足率的影响，审议通过关于发行减记型合格二级资本工具的议案并提交股东大会审议。在随后的一个多月内，董办以最快速度筹办了2020年第一次临时股东大会，会议同意发行不超过1600亿元人民币等值减记型合格二级资本工具，同时批准授权董事会，并由董事会转授权高级管理层，灵活把握发行时机，控制发行成本。现已于2021年8月发行800亿元境内二级资本债券，进一步增强了资本实力。

（三）积极应对疫情影响，服务公司治理有效运行

一是为支持抗疫、复工复产和实体经济发展，多次紧急筹办临时董事会会议。2020年1月，召开临时书面董事会会议，审议通过先期向湖北地区捐赠3000万元人民币的议案。从发出会议通知到作出会议决议，6小时之内，来自全球各地的董事会成员高效完成审议程序，是自2004年董事会成立至今历时最短的董事会会议。之后协助董事会在2020—2021年多次审议通过增加捐赠额度的议案，并提交股东大会审议。2020年，建行集团及员工累计为全球抗击疫情捐款捐物3.17亿元。2021年7月，召开临时董事会会议，审议通过向河南受灾地区捐赠2000元万人民币的议案，从发出会议通知到作出会议决议仅用了1天多的时间。

二是不断完善董事履职支持系统。由于建行独立董事大多为外籍人士，新冠肺炎疫情期间无法入境。董办不断探索董事支持工作的新模式，持续优化董事履职支持。

（1）支持多种远程参会方式。在各类会议中，分批启用智能电话会议系统和基于建行私有云的云视频会议系统，提升效率的同时保护信息安全。

（2）支持董事线上办公。开发专属会议文件支持系统，实现会议材料的高效传递和分发。

（3）强化预沟通机制。确保每次董事会和董事会专门委员会正式会议前组织召开预沟通会议，协助董事充分讨论拟审议议案，并就线上业务、操作风险、员工薪酬体系、重检修订风险管理基本政策、加强会计信息质量治理和关联交易监督管理、完善内部控制体系的健全性和有效性、英国脱欧给建行带来的潜在战略性风险等问题进行了前瞻性研究。

三是适时筹办战略务虚会和战略专题沟通会等会议。全体董事在相关会议中就重大战略问题积极建言献策，在思想碰撞中不断增强宏观形势研判和战略规划能力，强化内部控制和风险防范能力，为之后董事会审议通过“十四五”规划、普惠金融战略规划、金融科技战略规划等重大战略打造了坚实的理论基础。

（四）助力董事履职，提供高质量的支持和服务

一是协助董事开展调研。组织行内有关部门，向新任董事汇报资产负债管理、信贷管理、国际业务、普惠金融、内部审计、合规等方面的情况。建立重点业务专题研讨机制，组织专题研讨会议近 10 次，支持董事加强对 ESG、人力资源绩效薪酬、国际业务发展、操作风险管理、存量理财整改等重要业务的主动研究。多次安排调研活动，服务董事调研住房租赁、普惠金融、乡村振兴金融等战略推进，为董事会决策提供重要依据。

二是协助董事开展履职培训。协助董事参加银保监会、证监会、上交所、联交所和中国上市公司协会等机构的各类专题培训，反洗钱合规和美国银行保密法培训；组织境内外律师、外部审计师、有关部门、海外机构合规部门等，向董事提供境内外最新监管要点及法律法规要求，协助董事深入了解监管法规和履职要求。

二、讲好建行故事，传递建行价值

（一）做好强制性信息披露，依法合规传递建行信息

建行始终严格遵循法律法规，以及《公司章程》《信息披露办法》等内部规章制度，依法合规开展信息披露工作，真实、准确、完整、及时和规范地向公众披露信息，严格规范信息传递流程，控制内幕信息知情人范围。同时，启动《公司章程》和《信息披露办法》的修订，进一步加强信息披露体制机制建设。

（二）加强自愿性披露，讲好建行故事

建行以投资者需求为导向，在定期报告中增加市场热点问题的主动披露，增强信息披露的针对性和有效性，充分发挥了定期报告在宣传“新金融”行动，传递投资价值，巩固投资者信心等方面的重要作用。建行2020年年报在美国媒体专业联盟（LACP）举办的全球年报评选中，连续第三年荣获白金奖，同时荣获三项白金奖，在全球参评年报中排名第七名。

（三）完善ESG管理，传递可持续发展价值

推进在管理层设立“环境、社会和治理推进委员会”，起草建行ESG总体规划。研究梳理ESG监管规定和外部要求，深入考量监管部门、评级机构、投资者和社会公众对ESG核心议题的关切。从治理、战略、风险管理、指标和目标等方面不断细化披露内容，进一步提升ESG信息披露水平，向市场传递建行可持续竞争力。

积极融入国际主流信息披露框架，于2021年5月正式加入中英金融机构环境信息披露试点工作组，并成为TCFD披露框架的支持机构。

（四）密切跟踪市场动态，及时回应投资者关切

建立并持续完善投资者关系管理工作架构，以资本市场认可的逻辑和语言，有效传递建行新金融行动和战略发展成效，巩固市场对建行长期投资价值的信心。

一是高度重视投资者关系管理工作。建行领导多次参加业绩发布会等投资者交流活动，董事会秘书多次带领相关业务部门与投资机构进行日常

交流沟通。

二是主动加强市场沟通。通过业绩发布会、企业开放日、投资者论坛、拜访重点投资者、电话会议、投资者集体接待日、官方网站、投资者热线电话和邮箱等方式和渠道，积极倾听市场声音，拓展交流活动的广度和深度。

三是持续强化股东管理。制定股权质押管理办法，加强对重要投资者持股情况的跟踪和提示。推进股东管理精细化，针对不同股东的投资特点和持股情况进行分类管理，有针对性地进行沟通宣介，提升投资者关系管理的有效性。

在国际权威杂志《机构投资者》年度评选中，建行投资者关系服务获得“综合评分”第一，荣获“最佳投资者关系专家”“最佳投资者关系团队”等多个奖项。

（五）加强研究分析，提升信息披露和投资者关系管理能力

在做好服务工作的同时，建行不断加强研究能力，完成多项专题交流和报告。应邀参加中国上市公司协会“ESG 主题沙龙”，与境内外同业、ESG 评级机构等进行交流；与中国金融学会绿金委就我国银行业 ESG、绿色金融和气候变化风险等问题深入探讨；积极参与监管机构的课题研究；牵头完成中国上市公司协会董秘委推进新《证券法》落地落实调研，得到了证监会领导的肯定评价。

密切跟进境内外资本市场波动情况和关注热点，加强调研分析力度。联合著名高校、知名投行和同业深入探讨，探寻银行估值的核心因素，努力促进市值水平的稳定和提升。

7. 中集集团：

以资本运营为抓手 深化赋能企业发展

为了配合中集集团（以下简称“中集”）“战略管控+资本运营”的方向转型，加强新业务发展，提升资本运营能力的战略规划，实现价值创造，中集的董办团队已从传统的信息披露型、事务型向战略型董办团队转型。相对于大多数上市公司董办3—4人的配置人数，中集的董办团队进行了内部分工，形成了以董事会秘书为中心的资本运作团队、信息披露合规团队和投资者关系团队，每个团队都由2—3名专业的成员组成，每个成员一专多能，彼此之间互相配合和督促，推动整个董办团队能力的提升。

一、以资本运作为抓手，积极参与集团的重大决策，深入经营管理，赋能企业发展

中集董办除了常规的信息披露合规团队和投资者关系团队，还另外设置了资本运作团队。资本运作团队涉及海内外收购兼并、资本市场融资、股权激励等多方面的工作。

中集历任董事会秘书均为在投资并购领域的实战专家，其中包括中集现任董事会秘书吴三强先生，他是战略投资及收购兼并方面的老将，在中集的发展历程中，主导了中集车辆的并购扩张以及中集天达对德国齐格勒的消防车业务收购。正是因为公司董秘的职业背景，中集董办在资本运作方面发挥着重要的作用。

资本运作团队以专业研究为基础，赋能集团下属企业、推动新业务板块的布局和拓展。中集众多业务板块、创新企业蓬勃发展，同时也积极拓

展新业务。为更好赋能业务发展，提出专业性的意见，资本运作团队一直保持对各业务板块所属行业的研究，及时从资本市场的角度，掌握行业新动向，探索合适的业务发展机会。同时，积极对接中介机构，灵活探求不同形式的投资并购机会，积累项目资源，为中集寻找新的业务增长点。资本运作团队着眼于灵活、创新的员工激励计划推行，通过激励机制激发员工积极性、创造性和稳定性，进一步释放经营活力，推动中集业绩增长和战略发展。

中集董办的另一大不同之处在于董事会秘书参与中集的重要经营管理决策。中集的现任董事会秘书吴三强先生也是中集的执委会委员，同时兼任下属企业的董事。董事会秘书是链接信息披露、“三会”运作、资本运营、投资者关系管理的重要角色。中集董办通过资本活动参与企业的经营管理，严控风险，推动企业新业务梳理及发展。

二、以项目为牵引，一体化联动信息披露、“三会”运作和投资者关系管理，前瞻性应对全流程沟通

近年来，中集董秘办逐步通过重大项目为牵引，一体化联动信息披露、“三会”及投资者关系管理，并做到在各个环节都前瞻性应对、事前充分准备。具体表现为通过信息披露合规来介入项目管理，信息披露团队深入参与到重大项目协议的主要条款确定，提前安排合规所需的各项中介报告，并就项目的关键事项提前与两地交易所、各方股东及集团董监事沟通，以保证项目能够如期、顺利完成。同时，“三会”运作也充分利用工作迁移的策略，使董事在审议相关议案时，能够充分了解项目信息，以便决策。除此之外，投资者关系团队也提前介入重大资本运作事项等，前瞻性应对公告后的资本市场沟通。以 2021 年 9 月公告的中集集团拟收购马士基工业为例，投资者关系团队与信息披露团队同一阶段介入，提前深入准备关于关联行业、收购业务、收购重要条款及后续业务展望的模拟问答，公告发布后，清晰地向二级市场传递公司的想法及计划。

基于对日常及重大项目工作的梳理，中集董办团队善于复盘并总结相

关的合规风险，随之发布相应的管理制度，其中包括中集集团信息披露管理办法、财务资助管理办法、关联交易管理办法、加强内幕消息管理等，并且在集团内定期举办主题包括交易与关联交易、对外担保、财务资助等专题培训，推动集团上下对上市公司、信息披露、资本市场的认识。

三、打造专业团队，研究能力提升 IR 沟通质量

中集董办团队的成员均具备丰富的专业知识，不仅仅满足于通常的秘书处工作任务。以投资者关系管理为例，区别于大多数投资者关系收集和发送材料的常规角色定位，主动研究是中集集团投资者关系部的一大特色。上市公司在投资者关系管理方面的一个主要难点在于如何作为一个意见领袖，为资本市场提供行业发展趋势展望，吸引资本市场的关注及跟踪，行业头部公司尤为明显。自 2020 年下半年以来，中集集团因海运高景气度持续成为资本市场关注热点，投资者渴望公司为海运行业提供较为清晰的发展趋势判断。为更好地满足投资者对行业趋势判断的诉求，中集集团投资者关系部加大对海运行业的海内外信息收集力度，定期追踪中集集团下游公司的业绩说明会、同行的业绩情况，形成多份简要报告，为投资者交流提供行业发展趋势判断、箱价和箱量等重要信息。

除了与投资者沟通，投资者关系部同时也积极传达资本市场的声音予以管理层，我们会专题研究赋能主业，为经营决策提供前瞻的提示。例如，2020 年 12 月，IR 团队专门组织和编制《资本市场怎么看大宗商品》的研究报告，通过对公司利润影响较大的大宗商品价格走势的研究和合理预判，认为当前阶段的大宗商品走势将会严重影响公司的毛利率。公司管理层审阅后，认为该专题研究对公司的经营具有较大的参考价值，后续给予采购部门借鉴。此外，基于集运行业的简要报告，也与集装箱板块战略团队信息共享，为集装箱制造板块业务发展提供及时性和关联性强的情报信息。

整体而言，中集董办团队在信息披露、公司治理、投资者关系、资本运作方面不断创新履职特色，实现价值创造，做好集团重大项目协同，打造特色董办！

8. 中国动力：

"内外兼修"助力公司高质量发展

近年，中国船舶重工集团动力股份有限公司（以下简称"中国动力"）证券事务部坚持完善信息披露、投资者互动和新闻宣传"三位一体"工作体系，跟踪学习监管新规，进一步提高信息披露质量；坚持开放态度，2021 年组织路演和反向路演，增强与投资者的互动；进一步完善新闻信息内部传递机制，拓宽外部媒体渠道。把公司发展规划、经营情况、研发成果等信息及时、全面地传递给市场，充分展示公司内在价值，保障所有股东的知情权和参与权，维护股东权益。多维度、系统性地提升资本市场对国有控股军工上市公司的认可程度。

一、站在行业层面

为深入贯彻支撑国防建设和国务院关于"提高上市公司质量"的要求，聚焦并推动解决军工企业发展过程中面临的问题和困难，充分发挥资本市场服务实体经济的功能，中国动力作为国有控股军工上市公司，积极推动完成中国上市公司协会《关于军工上市公司发展现状及有关建议的报告》。该《报告》通过回顾我国军工资产证券化的历史进程，在充分肯定军工资产资本化成果的同时，剖析军工上市公司现状，总结体制机制、经营质量、信息披露以及激励约束机制等关键环节存在的问题，提出有关建议，助推军工上市，进一步理顺体制机制，提升信息披露水平，实现军工上市公司产融结合的高质量发展。

二、站在上市公司本身层面

信息披露作为上市公司与非上市公司最主要的区别，专注信息真实、准确、完整、及时、公平，是公司规范运作，传递公司价值的根本。

（一）信息的内部报送

1. 根据外部监管新规，结合自身的治理需要，及时修订完善公司章程和各项基本管理规定，向外界传递出不断优化完善制度体系，积极践行规范运作是公司不懈的追求。

2. 中国动力作为控股型上市公司，科研创新、生产经营等主要信息均来自下属子公司。因此，每年举行涉及下属 14 家子公司的合规运作培训，一方面，请专业机构为所属子公司宣贯最新监管趋势；另一方面，与所属子公司共同结合实际情况，不断完善信息内部传递机制，引导下属子公司及时准确报送重大事项信息。

（二）重大事项审议流程的规范化建设

重大事项的审议和披露，是上市公司信息披露中的重要组成部分。在不断完善工作机制标准化、持续提升信息披露效率和质量上，主要体现在以下方面：

1. 议案内容规范化。对董事会议案的编写作出明确规定与要求，按照关联交易格式指引、对外投资格式指引等向议案发起部门提供议案提纲。不断提高议案质量和规范性，在保障董事会审议决策效率的同时，确保了重大事项信息披露内容的完整性。

2. 议案审核规范化。对拟提交董事会审议的议案，利用财务顾问、法律顾问等外部专业机构进行合规性咨询，另根据《三重一大》管理办法进行前置研究，保证了议案的合法性、合规性。坚持严格审核，层层负责的流程，确保提交董事会议案的合规性。

（三）信息的对外传递

中国动力主要业务涵盖七大动力及机电配套业务，为集高端动力装备研发、制造、系统集成、销售及服务于一体的一站式动力需求解决方案供应商。因所涉及的动力业务种类多，行业情况多变，公司改进信息披露策略，做到详略得当、重点突出、可读性强。为更加突出公司核心优势及投资价值，公司通过定期报告、投资者热线、上证 e 互动、微信公众号等多种渠道，在传递公司持续深耕船海及应用产业的基础上，重点挖掘和推广公司在探索建立新发展格局，推动船海动力的绿色化、智能化发展，以及着力提升核心技术自主创新力和产品竞争力方面所做的工作和取得的成就。

（四）董事会决议贯彻落实机制

建立董事会决议执行跟踪督促机制，明确董事会决议执行和报告责任，建立与公司经理层、管理部门、项目执行主体的信息沟通机制，跟踪推动执行董事会决议，并由董事会办公室汇总执行情况，定期向董事会报告。

三、站在子公司层面

1. 督促下属子公司依法合规建立"三会一层"治理体系。"三会"和管理层权责清晰，在具体运作中各司其职，各负其责，有效保证中国动力整体规范运行，为公司持续良好发展奠定组织基础。

2. 组织董事和监事定期到子公司考察交流，促进董事和监事深入了解子公司经营状况，发挥他们的专业能力和经验特长为子公司建言献策。

3. 邀请投资者、分析师深入子公司经营一线调研，分享行业前沿动态以及公司发展成效，有助于公司更加全面、清晰地向市场传递公司的内在价值。

四、通过资本市场支撑实体产业发展

中国动力在国家大力推进"供给侧结构性改革"，加快形成军民共建深度发展格局，深化国有企业改革和健全市场化经营机制的大背景下，深入细致地研究了法律法规以及最新政策导向，积极与监管部门沟通，积极作为，主动创新，不断完善方案细节，最终制订了具有突破性的创新方案。方案以市场化为原则，通过在重组中发行普通股的同时，在资产收购和配套募资两个环节引入定向可转债，并设置更符合市场需求的调价机制，高度贴近市场形势，满足不同投资者的风险偏好，成为资本市场上首例在资产收购和配套募资环节同时引入市场化可转债的项目。通过此次重大资产重组，实现了公司降杠杆、深化改革和军民融合三者有效结合，并行推进。

9. 中国人寿：

聚力创新　追求卓越

中国人寿保险股份有限公司（以下简称“中国人寿”）是中国寿险行业的龙头企业，是唯一一家在中国香港、纽约、上海三地上市的金融保险企业。在上市后近20年的历程中，面对三地资本市场不断变革升级的监管规则要求，公司逐步探索形成了高效健全、合规透明、多元协同兼具创新特色的董办工作模式。多年来，通过科学顺畅的公司治理、严谨充分的信息披露、专业尽责的投资者沟通，公司始终致力于搭建一座与资本市场共同成长、彼此成就的互通桥梁，初心不改，砥砺前行。

一、高效健全的公司治理体系是根本

中国人寿以建立“结构合理、机制健全、制度严密、运转高效”的公司治理体系作为核心目标，不断推进公司治理建设，持续完善治理规则，把党建工作要求写入《公司章程》，将党的领导融入公司治理的各个环节，在实践中探索有中国特色的优秀公司治理模式。

1. 持续完善公司治理制度。一是在研究监管规定并结合公司实际的基础上，近年中国人寿对《公司章程》及其附件股东大会、董事会及监事会议事规则做了较大规模修订，修订工作涉及监管规定之广创公司历史之最，集中体现了三地上市国有控股企业的公司治理制度及运作的复杂性、特殊性、严谨性。二是遵循行业监管规定，公司及时研究制定《公司董事监事履职评价办法》《公司主要股东承诺管理办法》等一系列制度，规范股东承诺事项及董事监事履职行为。

2. 与时俱进调整治理架构。出于公司战略发展的需要，以及董事会决策层对于消费者权益保护、关联交易等重点领域的日益关注，董事会下设的专门委员会在近两年进行了调整和创设：调整设立董事会战略与资产负债管理委员会、董事会风险管理与消费者权益保护委员会；新设关联交易控制委员会。

3. 奉行董事会成员多元化政策。中国人寿深信董事会成员多元化可以提升董事会决策能力，视董事会多元化为良好公司治理水平和可持续发展的重要基础。提名薪酬委员会会认真考量候选人性别、年龄、文化及教育背景、履职经历等多元化因素。目前，公司董事会的十名成员在金融保险、财务审计、投资融资、法律及管理等方面拥有丰富经验，两位女性董事。

4. 践行 ESG 理念，实现“无纸化会议”。公司积极运用数字技术强化科技赋能，利用先进的混合云技术手段实现了“数字化会议”。公司全体董事、监事和高级管理人员可以通过互联网和移动智能终端查看电子版会议材料，实现无纸化会议，大大减少了纸张的使用量，在节约成本的同时也更加环保。

5. 探索疫情下公司治理会议新模式。公司实现了以视频联通方式在北京、广州、香港及旧金山同步召开董事会和股东大会等治理会议，切实提升境外及香港独立董事的参会体验，解决了疫情期间召开公司治理会议的难题。

6. 管治实践追求卓越。公司在由香港上市公司商会和香港浸会大学公司管治与金融政策研究中心共同主办的“2020 年度香港公司管治卓越奖”评选活动中，荣获恒生指数成分股主板公司类别“公司管治卓越奖”。公司已经 4 次参选，并 4 次获奖。2020 年度再次获此殊荣，是对公司持续践行最佳公司治理实践的褒奖。

二、兼顾合规有效，持续提升信息披露的有效性

作为三地上市公司，信息披露工作遵循的法律法规、上市规则以及行业监管要求错综复杂且持续更迭，信息披露团队始终严格把好上市地合规

披露的关口，保持着信息披露合规、高效、零差错的良好记录，并连续多年获得上交所上市公司信息披露工作A级评价。

1. 以市场为导向，通过充分的信息披露传递公司价值。近年来，随着证券监管环境法制化建设不断升级以及落实提升上市公司质量的要求，公司信息披露工作在满足合规要求的基础上积极探索创新，加强信息披露的有效性，主动回应资本市场关切，从有利于投资者进行价值判断和投资决策的角度持续完善年报、中报的披露内容和形式，增加自愿性信息披露内容，以充分的信息披露传递公司价值。

2. 以人为本，持续提升定期报告的可读性。自2017年启动“定期报告优化项目”以来，公司在定期报告形象设计上求新求变，不断通过优化报告结构，增加可视化的图片、图表等方式提高定期报告的亲和力和可读性。近两年来，公司年报均斩获国际年报LACP大奖保险组别最高奖项——铂金奖。

三、勇于创新，打造多渠道、全方位投资者沟通机制

公司始终坚持合规、主动、平等、诚实守信的投资者关系工作基本原则，关注投资者保护，致力于打造尊重市场、敬畏市场、回报市场的负责任上市公司。

1. 双向互动，投资者关系交流与市场反馈机制形成有效闭环。多年的上市经历使公司在资本市场的监督和帮助下不断成长进步，公司上下形成了重视、尊重投资者，平等对待所有投资者的理念和实践。自上市以来，公司董事长、总裁和管理层成员积极参加业绩发布会、开放日等重要投资者关系活动，全年4次召开业绩发布会和电话会议，管理层分多队开展全覆盖的境内外业绩路演，与市场保持高频互动。投资者关系团队定期收集资本市场的观点和建议，通过每月撰写深度专题分析报告、每两周汇总市场近期关注重点和主流观点、每日向董监高报送股价信息等多种形式，及时向决策层反馈投资者声音，为公司经营提供有益参考。此外，公司建立了由专业部门深度参与的投资者关系联络小组机制，在日常投资者关系交

流活动中与投资者关系团队密切协作，提供及时专业的支持，让投资者更加深刻地了解公司，也能让业务部门第一时间倾听市场声音。

2. 持续专业，始终与市场保持高频、高质、高效沟通。三地上市使公司投资者遍布全球，面对机构投资者和中小投资者的不同特点，探索出有针对性且形式多元的沟通模式。对于机构受众，除定期举办的业绩发布及路演外，公司还不定期摸底资本市场的关注热点，举办主题开放日，深度回应市场关切。同时，积极参加各家投行及券商论坛、策略会，组织分支机构参观调研，积极回应投资者的日常调研需求，截至 2021 年 11 月底，公司共接待 179 批、超过 1500 人的日常会访调研。面向中小投资者，通过上证 e 互动、投资者关系邮箱、投资者关系专线电话等平台及时回应诉求，并在业绩发布会增设中小投资者问答环节，积极参加监管机构举办的网上集体接待日等活动。

3. 科技助力，积极创新数字化投资者互动方式。公司始终坚持与时俱进，充分发挥科技助力作用，为投资者关系工作提供全方位的软硬件支持。目前，公司搭建了投资者关系网站、投资者关系微信公众号和小程序等多元化数字平台，进一步丰富了手机等终端获取公司信息的渠道，投资者可以第一时间获取公司最新信息、参加业绩发布会和在线路演等。面对新冠肺炎疫情的挑战，公司及时实现了自有云视频系统与公众主流视频会议系统的全面互联互通，将“线上 + 线下”有机结合，高效开展投资者关系交流工作。

多年来持之以恒的积累也使公司得到了投资者的认可。2021 年获得《机构投资者》年度“亚洲最受尊敬企业”、《新财富》“最佳上市公司”、第十一届中国证券金紫荆奖“最佳上市公司”“十四五最具投资价值上市公司”和香港投资者关系协会的“投资者关系飞跃进步奖”等。

公司深信卓越的公司治理必将促进公司规范运作、科学决策，进而推动公司业务高质量发展，行稳致远，进而有为。中国人寿将党的领导与公司治理有机融合，使党建优势转化为治理效能，更好地发挥保险保障功能，守护人民群众的美好生活。中国人寿董事会办公室将继续围绕公司治理能力、信息披露能力、投资者关系和市场研究能力，聚力创新，追求卓越，为打造学习型和全能型董事会办公室不懈努力。

10. 中国平安：

专业引领合规履职　科技赋能董办创新

一、董办团队提前统筹规划，确保“三会”运作顺畅，持续提升公司治理实践

董办团队除了关注董事会整体运作顺畅、按要求审议公司的各项经营管理报告外，非常注重前瞻性的战略研究，董办团队每年会结合公司经营管理需求，进行专题研究，包括但不限于股份回购、境内外金融机构公司治理等热点。

二、董办团队为董监事履职不断创新渠道支持

中国平安董事会和监事会成员中涉及方方面面的专家，各位董监事借助自身的专业和工作经验，为公司贡献智慧和力量。董办团队需及时跟进各位董监事的意见和建议，连接董监事与管理层沟通的渠道。例如，董办做好董事会审计与风险管理委员会的预沟通会及正式会议的筹备工作，公司财务、审计、内部控制、合规的管理层团队于会上与董事就重大关切问题进行充分沟通。再如，在董事会重大决策事项上，尤其是涉及重大战略、发展方向性的议案，董办团队协助在会前预约外部董监事与管理层进行更多的沟通探讨，听取董监事从多维度提出观点和建议，形成充分探讨、畅所欲言科学决策的氛围，董办团队以多种渠道和形式，充分保障董监事的切实履职。

三、董办团队积极关注 ESG 绿色金融发展，配合集团绿色金融战略开展日常治理工作

董办团队对标同业和全球金融百年老店，研究董事会履行 ESG 职责的案例，董办团队协助公司从董事会层面推动 ESG 绿色金融相关规划的落地。如在刚刚结束的中期董事会上，董事会审议通过了在董事会专业委员会增加 ESG 职能的议案，积极响应国家提出的“2060 实现碳中和”的目标。

11. 中国石化：

深化治理实践　提升公司价值

2021 年，中国石化董事会办公室深入学习习近平总书记关于资本市场的重要指示批示精神，落实监管要求，做到“四个敬畏”，贯彻董事会决策部署，坚持规范运作，完善公司治理，强化 ESG 管理，密切资本市场沟通，探索公司治理最佳实践，为提高公司治理水平、提升公司价值做出了贡献。

一、高度重视规范运作，不断提升公司治理能力

中国石化在上海、香港、纽约、伦敦四地上市，遵守四地监管规则，董事会办公室作为规范公司治理的主责部门，致力推动探索最佳治理模式。

一是发挥参谋助手作用，为完善治理建言献策。加强监管规则研究，撰写研究报告供董事会参考，有关加强公司治理制度建设、重视董监高培训和保护投资者权益等建议，获得董事长批示，在工作中得到落实。2021 年董事会、监事会换届过程中，综合考虑监管要求、法律顾问意见和同行公司做法，制订换届方案，优化董事会专门委员会设置，积极推动女性董事加入董事会，顺利换届后董事涵盖财会专家、高校教授、能源经济学家和投行高管，背景更加多元，得到投资者广泛认可。

二是注重基础性制度建设，夯实规范治理根基。衔接境内外最新监管规则，修订信息披露和投资者关系等制度，开展关联交易规则培训，筑牢规范治理的制度基础。

三是加强统筹协调，“三会”规范高效运作。尊重独立董事职权，注

重沟通汇报，保障独立董事充分知悉决策事项内容。严格执行议事规则，统筹党组会、董事会、股东大会等审议程序，优化工作安排，高效组织会议，所有议案均顺利通过审批。

四是强化服务支撑，保障董监高合规履职。坚持规范化、个性化、精细化服务，每月编制《石化要情》，涵盖公司生产经营、市场热点、境内外监管规则和监管案例，实现日常培训与专项培训结合，有效支撑合规履职。充分征求独立董事对公司“十四五”规划、关联交易等事项的意见建议，独立董事的专业特长得到有效发挥。

二、以高质量信息披露为己任，不断增强公司透明度

中国石化坚持信息披露“从严不从松，从多不从少”的原则，董事会办公室以高质量披露为己任，承担好信息披露职责，努力增强公司透明度。

一是守住底线，信息披露“零差错”。严守公平披露原则，统筹境内外披露安排，保障投资者公平获得信息；对披露内容实行三级审核把关制，确保真实、准确、完整、及时披露信息，实现“零差错”。

二是斟词酌句，用投资者读得懂的语言编制披露文件。重视披露内容的有效性和可读性，注重提炼重点，向市场精准传达信息；实事求是，不夸大其词，客观传递公司实际情况。

三是主动参与合规研判，为公司改革发展保驾护航。主动介入资本资金项目前期工作，将合规研判关口前移，针对方案设计、审批内容和程序提出建议，为国家管网改革、资产收购等项目实施提供合规保障。公司在境内外保持着良好的合规信息披露纪录，连续多年获得上海证券交易所信息披露 A 级评价。

三、聚焦投资者需求，密切资本市场沟通

尊重股东、敬畏投资者，围绕市场关切加强资本市场沟通。

一是常态化组织业绩说明会和路演推介。定期报告发布后，董事会办

公室牵头组织全球业绩说明会和路演推介，公司管理层与投资者充分交流，会后梳理资本市场情况和投资者意见建议后呈送管理层，多项建议被采纳，促进了管理水平和企业价值提升。

二是用好股东大会沟通渠道。会前征集投资者问题，为股东特别是中小股东提供更多提问机会，管理层认真答复股东提问，会后与股东和分析师座谈，保证高质量互动交流，股东大会成为投资者沟通的重要途径。

三是畅通多元沟通渠道。加强投资者日常交流，通过接待来访、线上会议、参加资本市场会议等方式，与机构投资者保持良好沟通；通过投资者热线、邮箱、上证 e 互动等途径，加强与个人投资者互动。邀请投资者、分析师走进所属企业，开展反向路演，回应投资者关切。

四、强化 ESG 管理和披露，助力公司可持续发展

董事会高度重视 ESG 议题管理，设置可持续发展委员会，董事长担任主任委员，董事会办公室承办可持续发展报告编制以及相关议题沟通工作。

一是加强 ESG 信息披露，增强投资者信心。注重 ESG 议题沟通，增进利益相关方交流；以利益相关方需求为导向，充实 ESG 报告内容，率先多维度披露温室气体排放量、污染物排放量等 ESG 信息。

二是以 ESG 信息披露促进 ESG 管理提升。以报告编制为抓手，开展可持续发展培训，及时将管理建议传递给所属企业，促进业务部门能力提升。

三是引入第三方鉴证，主动接受监督。聘请专业第三方对可持续发展报告开展独立鉴证，为公司多项 ESG 关键绩效指标出具独立鉴证意见，对标提升数据指标披露质量，获得资本市场认可。

一年来，中国石化先后荣获“中国证券金紫荆奖——资本市场三十周年杰出上市公司奖”“2020 中国企业 ESG 金责奖——最佳责任进取奖”、联合国全球契约组织“2020 实现可持续发展目标企业最佳实践”、上海证券报“金质量·抗疫贡献奖”等资本市场殊荣；ESG 工作入选中国上市公司协会《上市公司 ESG 实践案例》，在国际机构的评级持续得到提升。

12. TCL 科技：

强化内生动力　迈向全球领先

一、“三会”工作及创新成果：完善法人治理机制，推动公司高质量发展

TCL 科技自上市以来，一直严格按照《中华人民共和国公司法》《中华人民共和国证券法》《深圳证券交易所股票上市规则》《深圳证券交易所上市公司规范运作指引》等要求持续规范合规运作，并在证券监管部门和深圳证券交易所的监督和指导下，不断完善公司法人治理机制，建立健全内部管理及控制制度，提高公司治理水平，推动公司高质量发展。

2020 年 9 月 1 日至 2021 年 8 月 31 日，TCL 科技召开董事会、监事会和股东大会共计 31 次，审议并通过 154 项议案，涉及发行股票购买资产、非公开发行股票、回购社会公众股票、员工持股计划等多方面内容。

上述期间内公司进行了董事会、监事会换届选举。本次换届中，公司严格按照《上市公司独立董事履职指引》等要求，聘任专业人士担任公司董事会独立董事，公司独立董事共 4 名，其中，大学教授 2 名，国家级院士 2 名。独立董事在公司治理、战略发展等方面给予了较多的专业建议，保障了公司治理和发展的合规性和稳健性，有效维护了投资者合法权益。

公司治理实践获得监管和权威评价机构广泛认同，2020 年 9 月 1 日至 2021 年 8 月 31 日期间，荣获广东上市公司协会、证券时报、新财富、格隆汇、《董事会》杂志等权威机构和媒体的一系列表彰。

二、信息披露工作及创新成果：严守信息披露“质量关”，推动公司价值高质、高效传递

根据《上市公司信息披露管理办法》等规定，董办团队在信息披露工作中秉持“及时、公平”的原则，做好内幕信息知情人登记管理，并保证披露信息“真实、准确、完整”，通过简明清晰、通俗易懂的语言让投资者获悉上市公司的实际情况。

2021 年，TCL 科技持续提升信息披露质量和效率，保证信息披露的完整性、持续性和一致性；进一步强化自律意识、合规意识，加强与投资者的交流互动，以更加严谨、认真的工作态度，提高公司信息披露质量和规范运作水平，保障公司股东和广大投资者的合法权益。

第一，健全制度、规范运作，切实提高信息披露合规水平，公司结合证券监管新规和公司实际运行情况建立了资本市场信息披露制度体系，整理汇编上市公司监管的法律文件，梳理形成供公司财务、业务、法务等部门快速理解使用的规范运作、信息披露管理手册，从制度层面保障信息披露工作的合规开展。

第二，搭建专业信息披露团队，组织双周专题分享会，积极学习证券法律法规、国家政策变化、资本运作项目案例等文件，保障高质量披露，实现公告发布的真实、准确、及时。

第三，持续提升公告的可读性，促进公司信息披露的有效性，2020 年 9 月 1 日至 2021 年 8 月 31 日，董办团队共完成公告及其附件 273 份的编制工作，完善信息披露的广度和深度，传递公司内在价值，为投资者决策提供依据。

第四，不断提高信息披露的国际化水平，董办团队连续数年编制英文版的定期报告，并积极与 QFII 等境外投资者沟通交流，增强境外投资者对公司的熟悉度和对公司未来发展的信心。

三、投资者关系工作及创新成果：拓展多元化沟通平台，积极维护投资者权益

TCL 科技一直积极主动与资本市场保持沟通，满足投资者（包括机构投资者和个人投资者）的信息需求，董办团队通过组织“多渠道”“多形式”“广覆盖”“高质量”的投资者交流活动，及时向投资者、潜在投资者传递公司最新、准确、完整的信息，便于投资者作出价值判断和投资决策。

（一）证券事务处电话接听实现“零遗漏”

TCL 科技支持投资者沟通请求，证券事务处电话作为投资者特别是个人投资者与公司交流的重要途径，多方式保障电话接听“零遗漏”。2020 年 9 月 1 日至 2021 年 8 月 31 日，董办共接电话约 5000 次，公司相关人员在合规范围内，向投资者传递了公司日常经营、项目建设、行业发展等信息。

（二）高效、高质量回复投资者“互动易”提问

2020 年 9 月 1 日至 2021 年 8 月 31 日，公司及时回复互动易提问 593 条，答复率超过 95%。通过互动易平台，一方面，听取投资人对公司发展的建议和意见，为中小投资者提供参与公司治理的平台；另一方面，及时向投资人传递公司信息，加深对公司信息披露内容的理解和认可。

（三）妥善安排投资者来访接待工作

为妥善安排投资者、新闻媒体、证券机构等特定对象到公司调研、一对一沟通和现场参观，公司制定了《投资者关系管理制度》《接待和推广工作制度》等制度文件，积极落实科学、规范、高效化的投资者关系工作机制，并平等对待所有投资者，保障所有投资者平等地享有知情权及其他合法权益。2020 年 9 月 1 日至 2021 年 8 月 31 日，公司接待投资者来访 10 余次，传递了关于公司的发展战略、日常经营等信息，并通过安排投资者“走进上市公司”等方式，增强投资者对公司发展的了解和认可。

（四）举办多场线下面对面交流会和电话会议

TCL 科技除通过投资者热线、互动易等方式与投资者沟通之外，还会

通过举办多场线下面对面交流会和线上电话会议方式，创建公司与投资人的交流平台。2020 年 9 月 1 日至 2021 年 8 月 31 日，董办团队围绕“2020 年经营情况”“新建 t9 项目”“2021 年第一季度预告”“2021 年第一季度经营情况”“2021 年年中行业及公司最新发展情况”“2021 年上半年业绩预告”“2021 年半年报经营情况”等主题，共举办了 9 场公开的投资者交流活动，每季度平均超过 2.3 次，活动覆盖机构约 2000 家。

TCL 科技良好的投资者关系管理工作不仅受到资本市场和投资者的高度认可，而且还多次荣获“上市公司最具投资价值奖”“最受投资者青睐奖”“中国上市公司最佳投资者关系奖”等荣誉。

（五）密切跟踪舆情建立高效“反应机制”

2020 年至今，TCL 科技依托公司专业团队，建立起敏捷高效的舆情监控体系，每日汇总新闻媒体、互联网、新媒体等各渠道公司、行业的舆情快讯、资本市场动态、股东结构变化等情况，制定日报、十日报和月报，将市场及媒体的舆论情况传递给公司的董监高，并协调董监高与监管机构开展良性正向的沟通互动，维护公司正面的市场形象。

与此同时，TCL 科技制定了完备的舆情危机处置预案，有针对性、有侧重地应对舆情危机，从而积极维护公司和投资者利益。

四、协助董监高合规情况：发挥专业优势，助力董监高有效履职

为不断提高公司治理水平，协助董监高合规，TCL 科技持续开展资本市场合规宣传教育活动，通过集中学习、邮件、培训、文本资料等多种方式，及时向董监高等人员传达监管机构颁布的政策法规精神及具体要求，讲解资本市场最新的监管动态及案例，督促董监高人员自觉学法知法，防止无知违法等不当行为发生，在源头上减少违规行为发生的可能。2020 年 9 月 1 日至 2021 年 8 月 31 日，TCL 科技共举办合规文化建设活动 6 次，学习人员达 50 人次。

五、资本运作助力公司发展情况：高效实践资本运作，为公司战略落地保驾护航

（一）开展资本市场运作，做强核心产业

2020 年，公司顺利完成发行股份、可转换公司债券及支付现金购买武汉华星 39.95% 股权，并募集配套资金 26 亿元，有助于强化主业，聚焦优势资源，进一步提升 TCL 华星在半导体显示行业的核心竞争力。

为提高公司资本实力，进一步提升公司技术水平及产能规模，增强核心竞争力，巩固和提高公司的行业地位和市场影响力，2021 年 4 月 10 日，公司发布了《2021 年非公开发行 A 股股票预案》。拟募集资金总额不超过 120 亿元，扣除发行费用后将用于“第 8.6 代氧化物半导体新型显示器件生产线项目”以及补充流动资金。截至目前，此次非公开发行仍在进行中。

（二）构建股权激励体系，推动公司持续稳健发展

继连续 3 年实施股权激励和员工持股计划，2021 年 6 月 20 日，TCL 科技发布“2021—2023 年员工持股计划（第一期）”，该计划面向中高层管理人员和优秀核心骨干员工，预计覆盖员工约 3600 人，占其全体员工比例超过 7%。通过本期持股计划，TCL 科技将建立以业绩实现为基本要求，以长期发展为基本目标，以股权兑付部分薪酬激励为基本方式的薪酬激励体系，引导中高层管理人员和优秀核心骨干员工关注公司短期利益和长期利益的平衡发展。叠加过往的持股计划和股权激励，通过参与持股，激发员工的激情，进一步巩固公司的核心竞争优势，推进公司战略转型和变革，为 TCL 科技业绩增长和科技创新提供坚实保障。

（三）回购社会公众股票，彰显长期发展信心

2021 年 7 月，基于对公司未来发展的信心和投资者利益的维护、兼顾对公司员工激励的需求，结合公司彼时股票二级市场的表现，公司使用自有资金、自筹资金及其他筹资方式回购公司股份，最终股份回购总金额约 6.29 亿元。回购股份体现了公司管理团队对公司未来发展的信心和对投资者利益的维护。

（四）围绕“增资核心资产，聚焦主业”布局发展，增强全球竞争优势

TCL 科技以半导体显示、半导体光伏及半导体材料为两大核心产业，近年来持续通过资本运作，加大核心产业投入，并通过剥离非核心业务，实现主业聚焦，建立企业相对竞争优势，持续迈向全球领先。

1. 半导体显示行业供需关系改善，头部企业竞争优势凸显，行业周期波动性减弱，整体投资回报率提高。为进一步提升公司全尺寸产品规模和综合竞争力，优化产品组合和收入结构，加速高端产品战略布局，推动企业可持续的高质量增长，董办团队负责或参与顺利完成公司多项投资收购运作项目。2020 年，公司完成发行股份、可转换公司债券及支付现金购买武汉华星 39.95% 股权，本次收购武汉华星少数股权有利于强化主业，聚焦优势资源，进一步提升公司在半导体显示行业的核心竞争力；2021 年 4 月，公司完成苏州华星（原名苏州三星显示）的股权收购变更及相关工作，将其纳入公司合并报表范围；2021 年 5 月，TCL 科技以自有资金向 TCL 华星增资 50 亿元人民币，持股比例由 81.02% 提升至 83.02%；2021 年 9 月，TCL 华星以 24.5 亿元公开摘牌获得苏州华星 30% 的股权，实现对苏州华星的 100% 控股。

2. TCL 科技聚焦于技术密集、科技密集型的国家战略新兴产业，沿泛半导体产业链进行战略布局。在此战略驱动下，TCL 科技在 2020 年参与原国企天津中环电子集团混改，公开摘牌收购了其 100% 的股权，开辟了半导体光伏与半导体材料的新产业赛道，打造成为公司第二增长引擎。中环股份所在的半导体光伏与半导体材料产业均有良好的发展前景。2021 年 3 月，TCL 科技分别对中环电子集团持股的上市公司中环股份和天津普林进行增持，以实际行动体现对中环股份和天津普林未来发展的信心。

3. TCL 科技与合作方设立 TCL 微芯科技（广东）有限公司，TCL 微芯将成为公司半导体业务平台，围绕集成电路芯片设计、半导体功率器件等领域的产业发展机会进行投资布局，加快项目投资落地和技术创新应用，促进公司在半导体业务领域的产业升级和整合。

4. TCL 科技坚持“经营提质增效，锻长板补短板，加快全球布局，创新驱动发展”的经营策略，进一步聚焦资源于主业发展，优化业务结构，

推动半导体显示、半导体光伏及半导体材料两大核心产业迈向全球领先。TCL 科技分别于 2021 年 5 月、2021 年 9 月转让非核心业务广州金服 100% 股权和花样年 17.54% 的股权，其中，广州金服经营小额贷款、商业保理业务，花样年经营房地产业务，均非公司核心主营业务。

六、小结

2021 年 7 月，深圳证券交易所完成对主板、创业板上市公司 2020 年度信息披露考核工作，根据深圳证券交易所的信息，2350 家深市上市公司参与本次考核，考核结果为 A 的公司占比 17.74%。其中，2020 年度 TCL 科技信息披露考核再获 A 级评级，TCL 科技信息披露质量、规范运作水平和投资者关系维护等受到认可。未来，TCL 科技将继续提升信息披露质量和规范运作水平，更深度地参与投资者互动，推动公司治理进入更高水平，以实际行动维护中国资本市场环境。

13. 中国神华：

知信行合一　打造规范专业的服务团队

一、信息披露方面

2020年开始实施的新《证券法》，以专章对上市公司信息披露行为进行规定；《国务院关于进一步提高上市公司质量的意见》明确了以提升透明度为目标，督促上市公司、股东和相关信息披露义务人真实、准确、完整、及时、公平披露信息的要求。信息披露在提高上市公司规范运作水平、促进公司高质量发展中的地位不断提高，在公司战略转型、可持续发展等方面，将发挥更加重要的作用。

一直以来，中国神华董办认真学习贯彻两地证券监管有关信息披露的要求，树牢红线意识，全面从严落实。一是以信息披露为抓手，促进高质量的公司治理体系建设，进一步规范上市公司运营管理，从根本上保障广大股东的利益。二是发挥好信息披露在公司价值传递中的作用，不断提高公司经营成果和发展规划的透明度，以诚信、公平、公正之心与资本市场建立广泛的信任。三是把信息披露与投资者关系管理充分结合起来，重视了解投资者的关切和疑问，着力提升信息披露的有效性和针对性。

二、公司治理方面

中国神华严格按照上市两地的上市规则、管治政策规定，建立了规范的企业管理制度，全面遵守各项原则、守则条文，执行的标准严于两地监管规则要求。公司董事会先后历经 5 个届次，截至 2021 年 10 月 31 日，第五届董事会共 9 名董事，国家能源集团董事长兼任公司董事长，有 3 名执行董事、2 名非执行董事、3 名独立非执行董事以及 1 名职工董事。董事来源于境内外的不同行业，成员构成具有多元化的特征，每位董事的知识结构和专业领域于董事会整体结构中，既具有专业性又互为补充，有益于保障董事会决策的科学性。董事会下设战略委员会、审计委员会、薪酬委员会、提名委员会和安全、健康及环保委员会 5 个专门委员会。其中，审计委员会全部由独立董事组成，薪酬委员会、提名委员会也由独立董事担任主席，保持相对的独立性。同时，定期召开独立董事委员会会议。

中国神华建立了完善的公司治理制度体系，相关制度包括：公司章程，股东大会议事规则，董事会议事规则，监事会议事规则，战略委员会、审计委员会等 5 个专门委员会工作规则，独立董事制度，董事会秘书工作细则等，有力地保证了董事会的规范运行。

中国神华董事会已同时按照 A 股、H 股监管规则运行十多年，形成了一套依法合规、严谨高效、运转顺畅的机制。公司董事会及下设的 5 个专门委员会规范运作，有效决策，尊重并接受独立董事提出的各项意见和建议，董事会运作规范、高效、合规。各次会议的召集、召开、审议、表决程序、会议资料，均经过境内、境外律师审核，均符合《公司章程》《董事会议事规则》和各专门委员会议事规则的规定。

三、投资者关系方面

以上海证券交易所网站为平台，搭建投资者沟通主阵地。中国神华已经在上海证券交易所网站，以网络互动的形式，召开业绩说明会（交流会）22 次。每次网络交流前，公司主动向投资者征集问题主动回答，并由公司高管带队，回复投资者提问。2020 年 9 月 1 日至 2021 年 8 月 31 日，中国神华在上海证券交易所路演中心举办的 4 次业绩说明会中，事前征集并回复投资者提问 60 题，业绩说明会高管共回复投资者提问 341 题，实现了与投资者的充分交流。经过多年的努力，公司业绩说明会系统的解读、详细的解答得到了资本市场各投资主体的认可。公司定期业绩说明会已经成为分析师、投资机构和个人投资者系统了解公司运营的主阵地。

中国神华持续保持与资本市场双向沟通。公司设立了专门的投资者关系团队，一方面，做好日常投资者信箱、e 互动、业绩说明会的交流工作；另一方面，建立了资本信息定期向公司决策层、管理层和业务部门的反馈机制，及时将资本市场的关注与期望、意见和建议向公司内部传递。

公司着力提升服务，确保投资者交流有实效。针对不同类型投资者的关注差异，公司定期安排负责销售、ESG、财务、投资、计划、生产等不同业务的部门，参与投资者提问的准备工作，并直接与投资者交流。为确保董办工作人员贴近资本市场、了解监管动态，董办定期组织专业交流学习，设立投资者热线轮岗机制，确保董办工作人员倾听资本市场声音、及时了解投资者需求。

四、资本运作方面

编制《中国神华 H 股一般回购实施管理办法》，细化项目实施方案和应急预案，规范实施流程，严控过程风险，实现制度化、表单化管理；深入分析资本市场动态，持续优化交易实施细节及应急预案，严密防范各类风险，确保回购顺利开展。在 2020 年 12 月初公司股票从恒生中国企业指数中剔除而出现较大跌幅时，公司连续 3 天共回购超过 1220 万股，向市场明确传达了公司价值被低估的信号，有效稳定了市场情绪，提振了投资者信心。回购股票注销后，优化了公司相关财务经营指标和资本结构，提高了股东整体回报率。

五、管理实践方面

认真学习贯彻落实中央和国家“十四五”规划、《国企改革三年行动计划》《国务院关于进一步提高上市公司质量的意见》《推动提高沪市上市公司质量三年行动计划》，紧扣国家对提升上市公司质量的要求，持续落实“一个目标、三型五化、七个一流”总体发展战略和中国神华“十四五”发展规划目标，规范落实政府监管部门的工作要求，积极配合做好交易所、中国上市公司协会、北京上市公司协会安排的各项工作，加强公司治理、信息披露和投资者关系工作，对标对表，持续提升，争做体现高质量发展要求的上市公司典范，为建设世界一流综合能源上市公司贡献力量。

一是全面深入规范“三会”运作。认真落实国企改革三年行动计划，在提升规范运作水平和价值实现能力上下功夫，坚守底线红线，确保董事会、监事会、股东大会合规高效运作，充分发挥董事会在“定战略、作决策、防风险”方面的功能，畅通投资者参与公司治理的渠道和方式，形成与世界一流综合能源上市公司相匹配，权责明确、运转高效、衔接有序的“三会”运作体系。

二是进一步增强信息披露的有效性。优化披露信息获取渠道，通过制度建设提高信息获取的时效性和质量。在做好原有的“老四性”即真实性、准确性、完整性、及时性的基础上，更注重“新四性”即针对性、可比性、简明性、互动性。

三是讲好“中国神华故事”，提升投资者信心。积极向市场传递中国神华稳定运营、高分红高回报、透明合规披露的资本市场形象，提升投资者信心，推动形成与公司发展战略相匹配的投资者结构。

四是推动世界一流 ESG 治理体系建设。加快建立世界一流 ESG 治理架构、治理指标和评价体系，树立世界一流 ESG 战略规划，明确世界一流 ESG 治理体系建设目标，形成世界一流 ESG 治理企业的做法经验。

14. 中国银河：

以专业为准绳　以治理为基点
着力促进公司高质量发展

中国银河证券股份有限公司（以下简称“中国银河”）分别于 2013 年、2017 年实现 H 股、A 股上市。董办团队在公司董事会、董秘的领导下，作为保障决策的“参谋”、统筹协调的“枢纽”、综合服务的“窗口”，始终坚持以合规、严谨、高效、协同、创新为工作准绳，以持续遵守上市规则及监管要求为出发点，以保障董事履职、提升治理效能为目标，认真做好公司治理研究与决策支持，持续完善公司信息披露体系，探索创新投资者关系管理，研究落实公司战略规划及再融资等，为公司治理高效运作、提升决策效率、增强运作透明和提高经营效益提供重要支撑。

一、公司治理与决策支持

公司治理是公司依法高效决策的制度基础，董办积极做好公司治理与决策支持的立体化服务，充分发挥专业研究、综合协调、执行督办等优势，切实提升上市公司治理水平与运行质量。

1. 跟踪研究、动态保障治理制度及治理机制先进性。近年来，新《证券法》《上市公司治理准则》《上市公司章程指引》《证券公司股权管理规定》等一系列法规制度的实施，使原有公司制度中的部分内容已落后于公司发展需要和实际情况。2020 年以来，董办成立专门的工作团队并协同治理专项法律顾问，全面系统地对以《公司章程》为核心及《股东大会议事规则》《董事会议事规则》《监事会议事规则》《关联交易管理制度》等 37

项治理制度进行梳理，全面贯彻“三会一层有效分工、权力制衡、协同运作并强化公司党的领导与公司治理有机结合，充分发挥党的领导和现代公司治理双重优势，将企业文化建设、先进实践经验内容纳入公司治理制度体系等”，结合公司治理结构、授权体系、运营管理的实际情况，经过大量的专题研讨和调查研究，对上述治理制度形成上百万字的分析材料，提出上百条系统化修订意见建议，最终提交董事会/股东大会审议批准，从而使公司治理运行进入新阶段，切实提升公司决策效率和治理效能。

2. 对三会高效运转提供专业支持，确保从决策到执行到监督的顺畅传导。（1）严格按照法律法规、公司章程、议事规则的要求组织与筹备各项会议，制定了《股东大会会议组织工作指引》《董事会会议组织工作指引》等共计 13 部指引，将议案征集、会议组织、会议记录、材料归档等工作“制度化、规范化、精细化、科学化”，并按时进行股东大会、董事会决议公告和监管报送，抄送相关部门落实执行。（2）创新实施决议执行督办机制。董办通过督办机制，向主办、协办部门传达三会决议具体任务目标及要求，实施全流程管理，定期掌握进度、了解情况，并检查决议最终落实情况，确保三会决议事项“件件有落实、事事有回音”。

3. 做好董事日常履职及重点工作的服务支持，精细化、专业化服务董事履职、科学决策。（1）在不断总结经验的基础上，董办制定了《股东大会、董事会及专门委员会履职要求指引》和董事知情保障工作方案，逐步搭建了“董事知情保障平台”，创新实施“董事会工作要点落实清单”“董事履职台账”等，定期整理编发《董事会工作简报》《一周监管动态》《公司经营月报》《季度经营情况报告》，在切实保障董事知情权的同时，增强决策服务水平。（2）围绕公司战略及重要决议事项，董办派专人组织、协调和陪同董事进行系列调研与座谈，参与有关公司治理、战略规划、风险管理和激励机制设计等相关课题的研究，结合监管法规变化情况组织董事培训等，为董事会和各位董事履职提供有力支持。（3）积极支持董事开展关联方分析确认、关联交易合规审查，为关联交易事项审议提供有效支持。2020 年，董办专人牵头从功能分析、模块设计、系统开发、模拟测试、试运行等过程，建立健全公司关联方信息管理系统，为关联方管理提供及时、高效的系统支持。

二、信息披露管理

信息披露是公司对外展示的窗口，是资本市场和投资者了解公司、熟悉公司和作出投资决策的现实基础。董办从制度流程、工作协同、工作方式等各个方面加强信息披露管理，切实保障信息披露依法合规有效，保障股东知情权，并通过完善自愿性披露增强公司透明度，获得资本市场和监管机构认可。

1. 深入开展信息披露制度、流程梳理与优化。伴随新《证券法》及相关法律法规的颁布实施，董办对信息披露、投资者关系管理工作模块、关键环节进行细化分解，持续完善信息披露联系人制度，健全信息披露工作规程，陆续完成《公司信息披露业务工作流程》《公司内幕信息知情人管理工作流程》等，为信息披露工作有序规范奠定基础。

2. 有效推动完善公司重大风险事项舆情监测、新闻发言与信息披露协同管理机制联动。信息披露平台、传统媒体、自媒体及公司网站、微信公众号等是公司对外展示和信息反馈的渠道，董办打通其彼此之间的信息渠道，严格将重要新闻发布稿的审核与信息披露衔接，确保新闻发布依法合规并与重要信息披露呼应。同时持续完善舆情监测系统建设，针对公司可能的重大事件和突发事件，及时补充更新舆情监测的关键词，进一步增强舆情监测的效率效果以及与信息披露工作有效衔接等，从而增强公司对外工作的整体协同。

3. 积极探索并拓展以投资者需求为导向、有利于投资者作出投资决策和价值判断的自愿性信息披露，如在定期报告对公司经营模式、重要业务开展情况等进行阐述，并在上海、香港两地交易所同步披露，帮助投资者更好地了解公司实际情况；适时披露公司 2020 年度业绩预告等，为投资者提供较为稳定的业绩预期；全面披露公司 2020 年度社会责任报告，使投资者系统化了解公司在低碳节约、扶贫及其他社会责任方面的工作，更好地展现公司作为国有大型金融企业的良好形象。公司获得新华社旗下《中国证券报》在京举办“打造国际一流投行 助力双循环发展新格局——2020中国证券业高质量发展论坛”评选的“证券公司社会责任金牛奖”。

评价期内，董办圆满完成公司信息披露的各项工作，获得监管机构、专业机构的肯定和认可。按照上海、香港两地交易所从严适用的原则，董办在增强证券法、上市规则等学习的同时，提前规划、缜密分析、审慎判断、科学应对，如期完成138个A股公告、152个H股公告的起草、披露。作为上市公司合规运作最后一道防线，董办连续7年实现信息披露零差错。经上交所综合考评，公司获得2020—2021年度信息披露工作评价A；经第三方专业机构——中国卓越IR综合评定，公司于2021年获评“第四届中国卓越IR评选最佳信息披露奖”。

三、投资者关系管理

投资者关系管理是拉近资本市场、投资者与公司之间距离的沟通过程。董办注重开展多种形式的投资者接待与沟通活动，评价期内进行了上百人次的分析师与投资者沟通，在工作过程中积极探索创新工作方式，向外传递正能量，并持续增强公司与投资者的互动沟通效率效果，以期获得资本市场、投资者对公司长期投资价值的认可。

1. 将投资者关系管理活动按照常态性、定期性、能动性进行分类管理，并持续完善投资者来访、分析师调研及公司官网、证代电话、公示邮箱等的线下、线上全方位投资者关系管理，提升同投资者的沟通效率。评价期内，董办组织召开4次以网上互动问答形式的面向全体投资者的业绩发布活动。公司2020年报业绩发布会荣获中国上市公司协会颁发的“优秀实践案例”奖。

2. 投资者关系管理工作中，针对机构投资者和中小投资者不同特点，探索建立健全双沟通渠道。机构投资者方面，董办保持与国际投行及国内券商的研报沟通机制，通过分析师的间接接洽或直接联络的方式，与机构投资者建立面对面的联系，积极参与境内外投资机构召开的交流会，以争取沟通内容更具深度和针对性。中小投资者方面，根据一般其普遍更注重时效性和反馈内容准确性的特点，董办更多选择线上或电话等时效性更强的工具，如上交所“上证 e 互动”、公示邮箱等对中小投资者的提问在事先明确的时间范围内及时予以回复，通过即时、专业的反馈提升中小投资者的满意度。

董办在实际工作中，进一步加强在投资者关系管理与公司经营管理效率良性互动方面的探索。在宣传公司战略规划、经营亮点的同时，将投资者的经营管理建议提交公司各相关业务、管理部门，以改进经营管理效率，实现投资者关系管理与业务、管理的互动式发展，并在工作中取得较好的效果。

四、资本运作支持

在国家大力发展直接融资的大背景下，为给股东创造更好回报、夯实资本实力、增强市场服务功能，公司近两年将扩大资本规模列为重要战略事项。董办在公司董事长、总裁的领导下，积极推动落实公司战略发展规划中有关资本补充的内容，积极跟踪资本市场变化情况和业务资金需求，研究制订切实可行的再融资方案，并组织与相关机构的沟通协调，持续完善公司再融资机制、推动公司再融资工作。

评价期内，根据资本市场运行状况、公司资金使用需求以及投资者可接受程度等，在众多再融资方案中建议选定并完善了发行 110 亿元 A 股可转债方案。按照预期可行的发行时间窗口，公司确立再融资方案后，董办积极落实公司再融资决策，与保荐机构一起，按照工作日倒排时间表，覆盖议案编制与审议、尽职调查、监管沟通、材料报送、发行方案与准备等全过程，并严格按照时间表建立督促机制，保障再融资工作及时推进。经过多方位沟通，于 2021 年 8 月完成关于董事会审议提请公司公开发行 A 股可转债方案等 11 项议案的起草、修订和审议，并于 10 月提交股东大会审议通过，为接下来向监管机构进行材料报送、后续发行和助力公司持续发展奠定坚实基础。

董办进一步配合落实公司资本规划，与财务部门一道积极跟踪融资市场变化情况，适时拓宽其他融资渠道，在再融资工作推进的同时，推动公司永续债筹备与发行，从而进一步促进了公司资产负债结构的优化，为公司抵御风险能力的提升提供有力支持。

董办在董事会、董秘的带领下，努力克服压力大、专业强等现实问题，坚持专业理论学习，建立健全工作手册，合理进行团队分工、员工之间工作衔接、团结协作，并通过实践总结不断提升工作能力，创新工作机制，支持不断优化公司治理机制、增强公司决策效率，确保公司信息披露公开透明有效及投资者与公司经营管理互动发展，为公司依法合规高效运作、实现战略发展目标贡献专业力量。

15. 五粮液：

守正创新　笃行致远　助推公司高质量发展

一、公司治理方面

（一）完善法人治理结构，引领企业透明度建设

一是依法合规筹备召开股东大会、董事会、监事会，确保依法履行职责。2020 年 5 月 29 日，公司召开“2019 年年度股东大会”；2021 年 6 月 18 日，公司召开“2020 年年度股东大会”，董办牵头负责相关会务、文字工作。两次股东大会均采取“现场会议同步直播”形式召开，向全球投资者和媒体提供全程网络直播视频，最终观看人次高达 12.6 万人次、14.69 万人次。两次会议共审议议案 26 项，公司董事、监事、高级管理人员、投资者及证券研究员等共计 400 余人参加现场会议。

2020 年 9 月至 2021 年 8 月，董办牵头办理公司董事会会议 17 次，审议议案 37 项；监事办牵头办理公司监事会会议 4 次，审议议案 21 项，确保公司“三会”依法合规履行职责。

二是率先在白酒行业内发布英文版社会责任报告，提高信息披露国际化水平。完善现代公司治理制度，进一步规范上市公司信息披露行为，有效维护投资者合法权益。董办在持续规范做好定期报告和临时报告编制、披露等相关工作的基础上，积极推进五粮液社会责任报告与国际 ESG 披露对接，增强信息披露深度、广度和精度，不断提升信息披露国际化水平，满足 QFII 对信息的需求，增强 QFII 对公司发展的信心。董办先后牵头编制并披露了英文版的《2019 年度报告》《2019 年社会责任报告》《2020 年

度报告》《2020 年社会责任报告》，成为白酒行业首家同时披露英文版年度报告和社会责任报告的上市公司。

五粮液社会责任报告信息披露一直位于行业前列。自 2008 年以来，已连续 13 年发布社会责任报告，报告内容充实、参考依据翔实、披露流程规范，均具有较高的质量。

三是在四川上市公司中，五粮液是首家创新并持续以“现场会议同步直播”方式召开股东大会，积极维护投资者权益的公司。董办团队在持续规范披露法定信息的同时，积极创新业绩沟通方式。2019 年以来，五粮液连续 3 年创新采用视频电话会议或线上方式召开年度业绩说明会，资本市场反应良好。2021 年 6 月，董办团队持续创新以“现场会议同步直播”方式召开“2020 年年度股东大会”，是四川省内首家采用此方式召开股东大会的公司，全球投资者和媒体均可通过视频全程观看，方便投资者尤其是中小投资者全程参与，观看人次高达 14. 69 万人次，较 2019 年年度股东大会新增 1. 89 万人次，受到资本市场高度关注和认可。

（二）贯彻落实高质量发展，持续创造高分红回馈

董办牵头办理公司分红派息事项，自 1998 年上市以来，累计分红 496 亿元，未出现任何差错。五粮液积极践行“为投资者创造良好回报”的核心价值理念。2020 年度利润分配方案为每 10 股派 25. 8 元（含税），现金分红总额 100. 15 亿元，分红比例为 50. 19%。五粮液现金分红额超百亿元，创上市以来最高分红金额；近年来，现金分红率持续保持在 50% 左右，与投资者共享公司发展成果。自公司上市以来，董办团队及时规范地办理分红派息具体工作，未出现任何差错。自 1998 年上市以来，五粮液已累计实施 7 次送红股，19 次现金分红，现金分红总额 496 亿元，是上市以来募集资金总额的 12. 52 倍。

现金分红是实现投资回报的重要形式，更是培育资本市场长期投资理念，增强资本市场活力和吸引力的重要途径。让广大投资者分享五粮液业绩增长的红利，既是五粮液持续高质量发展的体现，更是坚定资本市场和投资者信心的基石。

二、信息披露方面

（一）依法合规为前提，坚守信息披露“规范关”

董办团队及时、准确完成公司信息披露工作，连续六年荣获深交所信息披露结果最高等级 A 级。2020 年 9 月至 2021 年 8 月，董办团队完成 71 份公司定期报告和临时报告的编制工作，及时披露公司生产经营中的重大事项，让投资者了解公司相关情况，为投资决策提供参考，确保信息披露工作真实、准确、完整。公司已连续六年（2015—2020 年）荣获深圳证券交易所年度上市公司信息披露考核结果最高等级 A 级。

（二）细致分工为抓手，严把信息披露“质量关”

一是证券事务工作实行 AB 角。证券事务之“董事会事务”“定期报告编制披露”“投资者关系管理”三方面工作均实行 AB 角，促使从事证券事务的人员熟悉相关监管规定，持续提高业务能力和业务水平。

二是公告文稿实行“六核”制度。公告文稿在披露前经一核（草拟人）—二核（B 角）—三核（证券事务主管）—四核（证券事务代表）—五核（董事会秘书）—六核（董事长），力争公告文件零差错。

三、投资者关系管理方面

（一）建立健全投资者关系机制，积极探索管理细化

董办牵头建立完善“投资者关系管理机制体制”，协同相关部门组建投资者沟通交流团队，形成常态化的工作机制。董办牵头制定《关于完善投资者关系管理体制机制的通知》，协同战略、生产、销售等相关部门，形成科学、规范、常态化的工作机制及投资者沟通交流团队，积极落实相关投资者关系工作，持续加强与投资者之间的信息沟通。

（二）多维搭建沟通平台，积极维护投资者权益

董办组织公司领导及相关部门，共计与 1689 人沟通进行沟通交流，投资者关系管理屡获好评，股票市值稳步增长。2020 年 9 月至 2021 年 8 月，

董办接待国内外基金公司、证券公司、QFII（合格境外投资者）、个人股东实地调研 37 次，参加券商策略会 35 次，共计与 1689 人进行沟通交流，与投资者来电交流约 1000 余次，在深交所互动易平台回复投资者网络提问 201 条，及时回应投资者关切的问题。公司良好的投资者关系管理工作受到资本市场好评，并多次荣获“最受机构欢迎上市公司”“中国上市公司最佳投资者关系奖”等荣誉。同时也助力公司股票市值增长，2020 年 11 月 5 日，五粮液股价盘中创新高至 259.85 元，市值达 1.01 万亿元，成为深市首家市值破万亿的上市公司，也是四川省第一家万亿市值企业。

四、资本运作方面

（一）实施非公开发行股票暨员工持股计划，将公司发展与管理层及核心骨干员工绑定，助力公司持续稳健发展

在公司董事会的指导下，董办团队具体办理了五粮液非公开发行股票暨员工持股计划事项。非公开发行股票于 2018 年 4 月 20 日实施完成并上市，发行股份 8564 万股，将员工、经销商利益和公司的长远发展深度绑定，充分调动员工和经销商积极性，为公司发展注入强劲动力，也实现了国有资产大幅增值。五粮液系四川省内唯一实施员工持股计划的国有控股上市公司，也是全国高端白酒上市公司中第一家实施员工持股计划的企业，具有标志性和示范性作用。

（二）积极研究探索管理层和核心骨干员工中长期股权激励计划，助推公司创新发展

目前，董办团队在总结员工持股计划成功经验基础上，主动研究并探索包括股权激励在内的多种中长期股权激励计划，以期持续提高核心骨干员工积极性，助力公司创新发展，进一步提高市场竞争力与影响力。

五、其他创新方面

董办团队持续健全资本市场及酒类上市公司信息共享机制，加强公司

投资者关系管理。

（一）加强对白酒上市公司日常信息收集和研究，定期编制资本市场及酒类上市公司信息日报、周报

2020 年以来，董办编制《资本市场酒类信息周报》共 38 期，及时呈报公司管理层供决策参考。董办于每日 9：30 开盘前，整合白酒上市公司新闻资讯编写早间简讯；15：00 收盘后，统计前十家白酒上市公司市值情况表。每周编写《资本市场酒类信息周报》，包括每周大盘简要分析、白酒上市公司行情分析、主要白酒上市公司研报摘要、五粮液股东名册分析等，同时不定期地纳入研究专题，如“上市公司子公司分拆上市”“重要监管规定新增梳理”等内容，及时呈报公司管理层供决策参考。

（二）及时汇总、分析酒类上市公司定期报告主要指标，建立定期报告信息共享机制

定期报告后，董办编制《白酒上市公司季度报告主要数据统计表》《白酒行业主要上市公司年度报告简要分析》，及时呈报公司管理层及相关部门进行信息共享。酒类上市公司披露一季度、三季度报告后的 2 个交易日内，董办汇总 19 家白酒上市公司的主要指标（营业收入、归母净利润、每股收益、净资产、市值等），编制《白酒上市公司季度报告主要数据统计表》；同时在 19 家白酒上市公司披露半年度、年度报告后 5 个交易日内，对白酒主要上市公司（五茅泸洋汾）包括但不限于经营业绩、股东情况、分红方案、酒类产量与库存量等指标进行分析，编制《白酒行业主要上市公司年度报告简要分析》，及时呈报公司管理层及相关部门进行信息共享。

16. 中国铝业：

持续完善公司治理　加强规范运作
助力公司高质量发展

中国铝业股份有限公司（以下简称“中国铝业”）作为上海、香港、纽约三地上市公司，须同时满足3个上市地的监管要求，公司董事会办公室严格按照三地监管要求，规范组织召开“三会”会议，认真履行各项信息披露义务，多渠道开展与投资者沟通，充分展示公司ESG表现，积极推进ESG管理持续提升，在确保公司治理依法合规、提高治理水平、及时向资本市场传递公司信息、助力公司可持续发展、提升公司资本市场形象和地位等方面发挥了积极、重要作用。

一、完善公司治理结构，提高规范运作水平

公司持续完善“三会一层”治理架构和各项治理制度，秉持高水准的企业治理能力，高效指引公司实现可持续、高质量发展，以良好的业绩回报社会和广大股东。公司高度重视在公司管治中发挥独立董事的专业经验和能力，结合公司所在行业和公司特点，推选谙悉法律、财务和行业的专家作为独立董事，有效保证了公司所涉各业务领域的重大事项决策的专业性和科学性；为协助董监高依法合规履职，除安排董监高参加监管机构举办的培训外，公司董事会办公室根据监管规则修订和董监高委任情况，不定期为董监高举办各类专题培训，2020年度分别开展了ESG管理和信息披露以及《刑法修正案》的专题培训。

同时，为了使公司外部董事充分了解公司及所属企业的生产经营情况，

公司董事会办公室每年组织两次外部董事赴所属企业开展工作调研活动。例如，2021 年 5 月 18—21 日，公司组织外部董事王军、独立非执行董事陈丽洁、胡式海赴所属广西华昇新材料有限公司开展工作调研（受新冠肺炎疫情影响，公司独立非执行董事李大壮先生通过视频参加了此次调研），外部董事深入现场了解广西华昇氧化铝项目的生产经营情况、未来发展规划、面临的问题和困难以及公司“两海战略”布局。经过调研，外部董事对广西华昇氧化铝项目扩建以及参股防城港港口项目等方面提出行之有效的建议。

通过组织公司外部董事赴所属企业开展工作调研，一方面，帮助外部董事深入了解公司及所属企业的生产经营情况，为外部董事在进行重大事项决策时提供有力的支持；另一方面，借助外部董事丰富的专业经验，为公司及所属企业面临的问题和困难提出良好的意见和建议。

二、依法合规，严格履行信息披露义务

董事会办公室团队具有较高的专业水平，建立了完善的信息披露审批流程，各类公告文件经起草人起草—复核人复核—处室领导复核—专业律师复核—业务部门复核—证券事务代表审核—董事会秘书审核后方可对外发布，对于重大事项相关公告更是提前与交易所进行沟通，确保公司披露信息内容真实、准确、完整，信息披露流程依法合规，实现了上海、香港、纽约三地信息披露的“零差错”，并连续 3 年获得上海证券交易所信息披露 A 级评价。

三、勇于创新，多形式开展投资者关系管理工作

评价期内，公司于每次定期报告披露后召开业绩发布会，并组织开展年度、半年度以及机构投资者路演，适时安排日常投资者会议，接待投资者、分析师逾千人次；日常接打投资者电话逾千次；通过上证 e 互动平台回答投资者问题一百余个。此外，还通过上证路演中心召开 2020 年度业绩

说明会，参加北京辖区上市公司投资者集体接待日活动，并 2 次组织投资者赴公司所属企业进行工作调研。通过公司与投资者进行及时、深入和有效的沟通交流，投资者及分析师对公司未来发展战略及现阶段生产经营情况有了更进一步的了解，对近年来改革改制、结构调整、转型升级、降本增效等措施所取得的成效表示充分肯定，境内外多家知名投资机构先后给予公司股票“买入”“增持”“推荐”或“跑赢大市”的评级。

四、多措并举，积极开展 ESG 管理和评级提升工作

（一）强化 ESG 信息披露

近年来，监管机构、境内外资本市场对上市公司 ESG 信息披露提出了更高要求。根据最新的监管要求、结合公司实际情况，董事会办公室年初便制定公司 ESG 信息披露提升计划。首先，为强化公司董事会对 ESG 工作的参与度，将 ESG 工作开展情况和 ESG 信息披露情况向董事会做了专项汇报，并在 ESG 报告中披露董事会声明；其次，对披露形式进行了改进，分业务板块披露公司 2020 年度二氧化碳范围一和范围二的排放量，并对 2018 年度、2019 年度的数据按同口径进行调整。同时，公司积极响应国家“碳达峰”“碳中和”的号召，从“理念降碳、管理降碳、生产降碳、科技降碳、生活降碳、增加碳汇”等多维度披露公司在节能减排方面采取的一系列举措；并针对新冠肺炎疫情肆虐的情况，披露公司在抗击新冠肺炎疫情方面所做的努力和贡献。在此基础上，还对 ESG 报告的排版格式进行优化，增强了报告的可读性。

（二）着力开展 ESG 管理和评级提升

围绕 ESG 管理和评级提升，公司董事会办公室着力开展 ESG 评级指标体系研究，组织各部门发掘、展现公司 ESG 工作亮点，从提升 ESG 管理水平、优化 ESG 信息披露、加强与资本市场沟通 3 方面着手开展工作。一是在前期对评级体系全方位系统性分析、了解所在行业的各项指标和权重基础上，通过与同行业其他优秀上市公司进行对标分析，查找出公司在实践层面和披露层面存在的问题和不足，结合公司实际情况和指标体系权重，

按指标改善的难易程度、权重，对需要改善的ESG管理事项进行分解、排序，制订了ESG管理提升建议方案和实施计划建议，作为提升ESG管理的参考；二是针对公司在实践层面和披露层面存在的问题和不足，在ESG报告、中期报告中有针对性地加强ESG相关信息的披露；三是积极对外传递公司在ESG方面开展的各项工作，展示ESG工作亮点。

（三）积极与资本市场沟通交流

在加强ESG披露、提升ESG管理的同时，公司积极对接资本市场，与境内外投资者、分析师就ESG方面的工作和表现进行沟通和交流，更加充分地展现公司ESG工作措施和成果。例如，公司于2021年11月10日参加了2021年第16届花旗中国投资者峰会，公司总裁朱润洲先生作了题为《成长、变革、责任：双碳背景下的中国电解铝行业发展和公司愿景》的发言，来自境内外共计105名分析师参加了会议，公司就分析师普遍关注的铝行业碳交易进展情况，碳交易对电解铝行业成本的影响，铝行业碳排放交易额度机制，公司绿色产能占比、"碳达峰""碳中和"目标以及公司在再生铝方面的布局等ESG方面在符合监管要求的情况下进行了沟通和交流。

通过以上方面的努力，公司ESG表现获得了资本市场的高度认可。公司成功入选"央企ESG·先锋50指数"并位列第4名，达到四星半级领先者水平；入选"恒生可持续发展企业指数系列"成分股和"上证180指数"并位列"2021中国ESG优秀企业500强"第49位，MSCI ESG评级由CCC提升到B级，大大提升了公司在资本市场的形象和地位。

五、充分发挥头部企业作用，促进行业高质量发展

公司董事会办公室积极与国际铝业协会、相关监管机构、中国有色金属行业协会等进行沟通和交流，及时传递公司对于促进行业可持续发展、提升行业发展质量方面的意见和建议；积极协调公司参加国际铝业协会、相关监管机构、中国有色金属行业协会组织的各类会议、活动，组织公司各部门参与相关监管规则、行业标准的修订、制定，全方位提升公司的社会地位和市场影响力。

17. 华泰证券：

持续提升专业水平　塑造良好市场形象

信息披露是上市公司必须履行的一项法定义务，真实、准确、完整、及时、公平地披露公司重要信息，对减少上市公司内外信息不对称、维持并不断提高公司股东价值和投资者信心等方面发挥着重要作用。信息披露也是促进上市公司规范化运行，体现证券市场公开、公平、公正的原则，保护投资者利益，实现证券监管部门和社会公众投资者监督的必不可少的重要过程。投资者关系管理是上市公司规范发展、合规经营的重要工作之一，能够加强公司与投资者之间的沟通，客观、真实、准确、完整地介绍和反映公司的实际状况，增进投资者对公司的了解，避免过度宣传可能给投资者造成的误导，实现公司价值和股东价值最大化。良好的公司治理是做好信息披露工作与投资者关系管理工作的重要基础，而真实、充分的信息披露及良好的投资者关系又可以进一步促进公司治理的不断优化。

公司严格按照法律法规和规范性文件等有关规定，制定并不断完善各项规章制度，建立了合法合规并行之有效的公司治理制度体系，公司法人治理结构完善，公司经营和管理规范有序。作为证券类上市公司，合规管理和内部风险控制是公司较有特色的公司治理做法。在复杂多变的监管和市场环境下，公司始终将合规管理作为改革发展的重要任务，持续健全合规管理制度与机制，坚持市场、客户、业务为导向，推进合规工作体系化、标准化、数字化，将合规要求嵌入事前、事中、事后全业务流程，保障公司的经营管理和全体工作人员的执业行为符合法律、法规和准则要求，切实防范合规风险，确保依法合规经营，促进公司的可持续发展，实现公司自身合规与外部监管的有效互动。公司以全员、覆盖、穿透为核心理念，以集团化、专业化和平台化为思路，构建并持续完善全面风险管理体系，培育良好的风险文化，加强公司风险治理，实现对经营过程中市场风险、信用风险、流动性风险、操作风险、声誉风险等各类风险的全覆盖、可监测、能计量、有分析和能应对，确保业务发展与风控能力相匹配，为公司持续发展保驾护航。

作为在上海、香港及伦敦三地上市的证券公司，公司严格按照境内外上市地的法律、法规与规范性文件的规定，真实、准确、完整地披露信息，主动、及时地披露可能对市场、投资者及其他利益相关者产生实质性影响的信息，并保证投资者有平等获得信息的机会，保障了公司的透明度，维护了广大投资者的合法权益。为健全规范信息披露过程中的具体工作，全面保障公司信息披露各环节的合法合规性，公司制定完善了一系列信息披露工作的具体工作制度及管理办法，明确和细化了公司信息披露的管理流程与规范，公司上下建立起了高效的信息传递和披露机制，信息披露渠道通畅。同时，公司高度重视信息披露质量，对披露的内容进行层层把关，确保公开披露的信息真实、准确、完整、及时。公司注重对证券同业信息披露工作的学习和研究，同时结合公司的实际情况以及资本市场的需求，不断改进信息披露工作，完善信息披露内容与格式，使其能够更好地满足监管机构、自律组织、投资者和分析师等各方面的需求，努力提供具有公司特色的信息披露服务。

同时，公司高度重视股东和投资者的意见和建议，及时满足股东和投资者的合理需求。公司制定了《投资者关系管理制度》等较为完善的规章制度，使投资者关系管理工作规范化、制度化、流程化开展。公司以高度负责的精神策划、安排和组织各类投资者关系管理活动，包括定期维护官网“投资者关系”栏目，做好上交所网站 e 互动平台投资者咨询问题答复工作；接待境内外多家券商和基金公司等机构研究员和投资人员的到访调研或电话访谈；认真做好日常投资者咨询工作，详细回答投资者提出的问题。同时，为配合定期报告的公布，公司定期举行业绩发布会和 e 互动网上业绩说明会，并积极参加境内外证券经营机构举办的策略报告会与投资论坛，就行业发展趋势、公司经营业绩及业务发展战略等问题与投资者和研究员进行了充分的沟通与交流，有效促进了投资者和研究员对公司经营情况和业绩表现的深入了解，全面推介了公司业务发展优势，有效引导了市场预期。

公司董事会办公室还积极推进企业社会责任和ESG相关工作，推动设立公司ESG委员会作为公司ESG事务的决策议事机构，并开展ESG委员会的运转服务及协调工作，打造自上而下的全方位社会责任治理体系；组织相关部门编制《ESG尽职调查工作指引》《责任投资声明》《环境和社会管理声明》《反腐败和廉洁从业相关规定》等文件并推动实施和披露工作。凭借在ESG方面的努力，公司2021年MSCI ESG评级从BBB级跃至A级，实现连续3年提升，为目前境内券商的最高评级，也是境内证券行业的首家A级。

18. 申万宏源：

以高质量精细化工作扎实提升治理效能

申万宏源集团股份有限公司（以下简称“申万宏源”）是中投公司、中央汇金公司旗下以证券业务为核心的投资控股集团，近年来，公司圆满完成重大资产重组暨A股上市、A股定增、H股IPO上市等重大资本运作，从重组整合融合进入到深化改革转型的全面发展阶段。在董事长的带领下，公司董事会办公室始终秉承为公司治理履职尽责、为广大股东创造价值的初心，不断强化制度、流程与机制建设，以高质量、精细化的“三会”运作、信息披露、投资者关系管理工作，实现重点工作有实绩、常规工作出特色。

一、以治理专项行动自查和体制机制改革为抓手，深入践行提升上市公司质量要求

认真贯彻落实《国务院关于进一步提高上市公司质量的意见》和证监会上市公司治理专项行动的要求，全面检查公司治理情况，按期保质保量完成自查任务，动员面涵盖大股东、董监高、集团公司与证券公司各单位，全面扫描2018—2020年公司“三会”运作、股东及关联方行为、财务、内部控制等七大方面内容，对公司治理状况全面摸底，为下一步全面梳理制度流程、建立规范运作长效机制奠定基础。治理问题排查与整改提升相结合，稳妥组织董事会换届选举工作，以新老董事会过渡和执委会改革为契机，促进公司规范治理焕发新格局，为下一步全面总结治理经验、打造最优实践示范样板做好准备。接受监管指导与主动沟通汇报相结合，以专项

自查清单为契机接受新疆证监局等监管部门的指导，公司领导与新疆证监局进行多次当面汇报，听取监管机构关于公司治理与经营的建设性意见。

二、优化公司治理制度机制流程，切实发挥党的领导在公司治理中的重要作用

以国务院、证监会提升上市公司质量、开展上市公司治理专项行动为契机，采取有效措施打造国有上市金融企业治理典范。全面运用自查结果，以培训、宣导等方式，进一步增强公司范围内各单位增强规范运作认识、强化责任意识，对照新《证券法》、新业务规则，梳理完善公司治理、信息披露相关的制度、机制与流程。查漏补缺和建立长效机制相结合，将好的经验做法转变为制度、流程、机制，总结为最优实践、在市场上进行沟通宣传，建立自我规范、自我提高、自我完善的长效机制，真正使公司治理成为公司发展的内生动力，使信息披露以透明度为目标不断提高质量，使各项规范运作要求得到落实。持续把加强党的领导与完善公司治理统一起来，协同公司党办等部门，不断探索党组织与其他治理主体权责清晰、协调运转的好的做法，将党建效能转化为公司治理效能，领悟与实践国有企业党的建设理论及前置程序等党建工作要求，在完善公司治理中加强党的领导。聚焦董事知情权保障，制订年度调研计划，组织特色调研、专题交流、丰富培训，打造董事履职亮点，做实做细董事服务；优化“三会”运作，强化议案管理，以信息披露视角抓好议案的规范性，以资本市场解读视角抓好议案的完整性与适当性，持续提升议案质量。

三、严格履行信息披露义务，以信息披露为抓手，强化规范运作内生机制

全面适应新证券法下信息披露的核心地位，严格按照新业务规则，高质量完成年度内定期报告及 A 股、H 股临时报告的编制与披露，公司重大事项信息均公开、公平、及时、准确、完整披露。2020 年年报工作在董事

会换届、审计师变更等不确定性中进行，治理程序及披露难点多，需协调解决的问题多，通过方案先行和系统组织，重难点议案及披露反复论证，圆满攻坚年度董事会议案、股东大会议案，高效高质量完成年报、ESG 报告等共计 65 件年度公告文件的披露工作，进一步强化了“三个同心圆”的审阅复核机制。公司定期报告工作通过反复凝练经验、不断优化流程，质量得以持续提升。临时报告工作切实做到两地上市监管制度与信息披露标准的兼顾兼容，结合公司双层架构实际，不断在建机制和理流程上下功夫，在日常沟通中，密切与各部门、子公司的日常联系，强化全员信息披露意识及规则理解与运用，不断梳理和优化双层架构下信息报告与管理工作流程，取得了明显的成效，公司 2020 年度相关工作再获深交所信息披露 A 类考核结果（连续第六年）。进一步将信息披露作为规范运作的落脚点，系统贯彻执行规范运作法律法规要求，在关联交易、股份管理、大股东行为规范、证券公司股东决定事项、内幕信息知情人登记与管理、募集资金管理、重大交易、对外担保审批等工作中，持续强化长效规范运作机制。

四、优化投资者关系，积极探索资本补充方案

着力提升沟通广度与深度，拓展投资者关系局面。抓住业绩发布、利润分配、体制机制改革、政策利好等沟通窗口，通过业绩发布会、搭建投资者关系小程序、参加券商策略会一对多沟通、一对一路演、接待分析师调研等形式，与投资者沟通机制进一步畅通，机构投资者关注意愿有所增强；在管理层亲自出席的 2 场业绩发布会中，采用三种直播平台，触达分析师投资者 300 余人；以股东大会、利润分配等股份管理工作为服务投资者的抓手，着力深化核心股东关系，港股通、陆股通比例提升。以基本面信息整合与宣传协同为重点，提升投资者关系对内服务支持功能。参加证券公司经营分析会，以电话、走访等方式与各部门密切对接，成为行业动态和公司基本面信息的汇总点，形成有广度、有深度、符合市场通行做法、兼具公司自身特色的推介口径，编制多份业绩推介材料；丰富各类分析报告体系，做好股东持股及股价交易的跟踪分析，报送管理层参考；与证券

公司联动，利用业绩关注、ESG成果和北交所政策红利，实现了宣传上的突破，稳妥平稳处置相关舆情事件。以价值提升和资本补充为落脚点，提升上市平台的功能性。围绕做优做强上市平台的战略定位，在稳步提升公司透明度和关注度的基础上，不断突出公司特点的鲜明性，推动资本市场合理估值；创新思路研定资本补充方案，力争抓住有利窗口时机推进资本补充，积极参与推进证券公司增资、发行美元债等工作。

五、深度服务于董事会战略决策作用，助力公司贯彻新发展理念、构建新发展格局

积极发挥董办在公司治理中的组织协调职能，做好公司新一轮战略制定全程的综合与协调工作。在公司董事会、党委的领导下，在对原五年战略进行评估和认真调研、深入论证的基础上，坚持开门做战略，组织公司各部门、各条线全面参与、反复研讨、深入交流、充分论证，完成新五年战略制定工作。新战略强调立足新发展阶段、贯彻新发展理念、构建新发展格局，加强与国家战略的衔接，突出高质量发展，找准战略路径和支撑保障，使战略切实起到引领核心竞争力提升的作用，充分发挥董事会“定战略、作决策”的职能。

精于一业，恒者行远。申万宏源董办多年如一日，强化系统观念，树立底线思维，担当履职尽责，在董事履职方面发挥好服务支持作用，在公司治理方面发挥好专业协调作用，在信息披露方面发挥好合规保障作用，在规范运作方面发挥好督导咨询作用，在投资者关系方面发挥好价值管理作用，在资本和战略等重大安排方面发挥好参谋助手作用，助力公司打造高质量的国有控股上市公司。

19. 招商蛇口：

多措并举夯治理基础　守正出新促价值提升

一、信息披露

招商蛇口董秘办多年来坚持严谨、认真、细心的工作态度，按照法律、法规的要求，完善信息披露管理制度，严格执行信息披露的有关规定，保证公司信息披露的真实、准确、完整、及时和公平，以整体运作规范、高质量的信息披露工作获得了2020年年度信息披露考核A级考核结果，也是深市各板块中唯一一家信息披露连续18年考评为A的上市公司。本次考核是《上市公司信息披露工作考核办法（2020年修订）》修订后的第一年，考核标准更加清晰直观、考核程序更加公开透明，考核方式更加立体多维。公司凭借信息披露质量好、规范运作水平高、诚信发展意识强，在众多上市公司中脱颖而出。最新修订以后，影响上市公司考核成绩的加分项主要聚焦信息披露要求执行、投资者关系维护、社会责任履行等方面；减分项则重点关注重大负面事项、上市公司及相关方被纪律处分或被采取监管措施等情形。公司凭借信息披露质量好、规范运作水平高、诚信发展意识强，在众多上市公司中脱颖而出，促使公司在资本市场上的品牌影响力进一步显现。

二、规范治理

长期以来，招商蛇口董秘办高度重视规范运作，按照监管动态和规则要求不断提升公司的合规经营管理水平；高度重视投资者利益保护和投资者关系维护工作，严把信息披露合规关口，真实、准确、完整、及时、公平地进行信息披露，多渠道做好与投资者的沟通工作，促进投资者对公司的了解和认同，实现公司和股东利益的最大化；坚持以综合发展激活可持续生长，汇聚公益爱心，积极精准扶贫，多形式履行央企上市公司的社会责任，致力于做美好生活的承载者。面对资本市场的不断发展，上市公司治理要求不断提高，招商蛇口董秘办不忘初心，始终按照法律、法规来规范公司治理结构和内部管理体系，做到常抓常新。同时，董秘办还一贯重视投资者关系维护和投资者权益保护，坚持真实、准确、完整、及时、公平的信息披露原则，在法定媒体上发布股东大会、董事会、监事会等决议公告，披露公司在经营成果、业绩指标、投资发展等方面的重大事项，充分满足股东、客户、合作伙伴、社会公众等利益相关方的期待和诉求。

三、投资者关系

国资委 2021 年发文要求上市国企加强投资者关系的管理，对于尊重中小投资者，招商蛇口董秘办更是走在了市场的前头。从 2003 年至今，年报发布后召开业绩发布会暨投资者交流会已是招商蛇口（含原招商地产）与投资者交流的必备动作，是董秘办每年年报后的大考之一。2021 年 3 月 23 日，“栉风沐雨 砥砺前行 招商蛇口 2020 年年度业绩发布会暨投资者交流会”顺利召开，交流会采取线上直播的方式与股东、投资者在线交流，会议全程在全景网、路演中等网上平台在线直播，全网实时收看近 8 万人次。

董秘办一视同仁地对接中小投资者和机构投资者，及时在互动易平台上回答问题，同时，接受中小投资者的电话和实地调研的需求；积极参加境内外券商、研究机构组织举办的各类策略会；积极开展走进公司业务反向路演活动；针对公司战略投资者，积极主动上门进行非交易路演，介绍公司已披露的业绩和经营管理情况。同时，董秘办针对不同类型的资本市场信息，形成了快讯、股东名册报告、投资者关系管理月报、专项报告等多层次反馈机制，并时常邀请机构投资者与公司管理层面对面交流，将资本市场的各类声音准确、及时地反馈给公司管理层。

四、资本运作

优秀的基础工作，是公司资本运作良好的土壤。招商蛇口见证着中国资本市场30年的跌宕起伏。作为市场参与者，招商蛇口亦有效以资本市场为依托，通过历次成功的配股、发行可转债、非公开发行、公开增发、收购香港上市公司、无先例重大资产重组等一系列资本运作，成功为公司注入资本市场的新鲜活力，实现公司跨越式发展。

2020年，招商蛇口董秘办紧跟政策动态作为主要推进部门开展“南油项目”，创新地采用定向可转债为主的交易架构与深投控进行交易协商，引入平安人寿作为战略投资者，设计了“现金+股+可转债+发股募集现金”的交易方案，并在可转债0.01%利率、发股价不打折、股份锁定36个月方面为公司争取了核心利益。在项目审核中，突遇政策变化，董秘办积极与交易对手、监管部门多层级深入沟通，有序稳妥推进地项目终止，并对舆论进行合理引导，避免项目终止对公司的负面影响。

2021年，以公司万融大厦、万海大厦两处产业园物业作为底层资产的蛇口产园REIT（基金代码“SZ.180101”）作为国内基础设施公募REITs首批项目之一深圳证券交易所首单产业园区公募REITs项目正式在深圳证券交易所上市。作为市场首批上市基础设施公募REITs项目中唯一的央企项目，蛇口产园REIT开辟了产业园区“投、融、建、管、退”全生命周期发展模式与投融资机制的新路径，是粤港澳大湾区金融创新的又一标杆。时间紧，任务重，从政策铺垫、方案设计、基金发行、上市跟踪等层面，董秘办都扮演着不可或缺的角色。

董秘办将持续推动公司加强上市公司规范运作，优化治理结构，保持信息披露质量，做好投资者关系维护工作，进一步塑造招商蛇口“资本市场新标兵”形象，为广大股东创造更好的回报。

20. 爱尔眼科：

务实求真　创新应变

2020年，爱尔眼科董办团队务实求真、创新应变，在高质量信息披露、打造和谐、融洽的股东文化、创新投资者关系、舆情管理以及市值管理等方面取得了显著的成绩。

一、规范运作，信息披露考核连续五年为A

2020年，公司继续严格按照证监会和深圳证券交易所的要求，规范运作，及时地履行了公司的信息披露义务，高质量地完成公司信息披露工作。2020年，董办团队组织召开了股东大会会议4次，董事会会议25次，监事会会议12次，会议召开程序合法合规，决策流程科学有效；2020年发布定期报告和临时公告共计121个，多层次、多角度、全方位向投资者动态展示公司经营、战略、财务、行业、重大事项等方面的信息，通过网上业绩说明会、电话会议以及微信公众号及时、准确地解读公司公告，准确传达公司的声音，公开、公正、公平地对待所有投资者获取公司信息。公司信息披露工作也受到了监管部门的高度肯定，连续5年获得深圳证券交易所信息披露考核为A。

二、打造和谐、融洽股东文化，提升治理水平

2020年，公司继续坚持长期主义，让更多股东参与公司的发展，提高公司治理的透明度。首先，董办团队周密组织公司股东大会，为股东参会

创造条件。为保障股东“用手投票”，在重大事项上行使表决权，公司设立网络投票、现场投票以及委托投票来确保股东行使自己权力，公司每项重大事项都获得了股东的大力支持。每年召开的年度股东大会上，来自全球各地的上百位投资者与公司经营层进行充分交流，为公司的发展出谋划策。其次，保障股东的知情权。为方便股东了解公司旗下医院的经营情况，董办团队根据股东的需求，会定期组织股东去医院调研，安排医院的管理层和投资者交流，让投资者真正了解公司一线医院的经营，从而对公司放心，坚定持股信心。最后，董办团队对待股东提出的问题不过夜，及时耐心地解答，以诚相待、悉心维护、合理引导、坚持不懈地做好股东服务工作，真正实现股东与公司、医院的良性互动，逐步形成和谐、融洽的股东文化。

三、投资者关系管理推陈出新，成为同行的学习榜样

2020 年公司投资者关系管理推陈出新。首先，每年 10 月 30 日设为全国医院投资者接待日，并形成制度。2020 年 10 月 30 日迎来了第二届全国医院投资者接待日，为确保活动的顺利开展，董办团队精心组织、严密筹划此次活动。全国 45 家爱尔眼科医院的 CEO、院长等医院管理层分别接待了来访的 300 多个投资者，面对面进行交流，了解趋势，解剖问题，探讨发展思路，进一步提高公司的透明度。其次，董办团队借助公司投资者关系微信平台，不定期传播眼科知识的科普文章，提炼、总结中英文版本的公司定期报告或重大事项解读公告摘要，便于行业研究员、海内外投资者的研读；最后，通过自媒体等渠道，紧贴市场热点，关注行业特点，结合公司实情，及时答疑解惑，指点迷津，引导舆论，形成了市场上的一张名片，深受行业研究员、海内外投资者的高度认可，同时，很多上市公司同行纷纷前来公司学习、取经。

2020 年，董办团队参加海内外券商策略会 30 余场，电话沟通会议 60 余场，网络业绩说明会 2 场；全年共接待投资者来访 300 余人次，接听中小股东咨询电话 1000 余个，答复网上投资者提问达 700 余个，回复率达 99% 以上。全年各连锁医院接待投资者调研 65 余次，使投资者更深层次地

了解公司经营情况和未来发展战略，坚定对公司长期的价值投资。

四、注重舆情管理，及时引导市场

互联网时代，舆情管理始终是上市公司的一门必修课。董办团队为做好舆情管理，其一，建立每日更新的动态舆情监测体系，不断完善舆情管理体系，出现负面舆情，第一时间通知相关人员，启动危机公关小组。同时，对财经博客、雪球、股吧等平台进行日常监控，主动回应，澄清认识，积极引导。其二，与主流媒体、海内外主流券商建立良好的公共关系，通过新老媒体、海内外主流券商发声，向公众不断更新、解读公司动态，让资本市场投资者坚定投资信心。其三，善于运用新媒体，包括投资者关系微信公众号、抖音、微博、e 公司等渠道，充分发挥新媒体的优势，对市场舆情反应更迅速，沟通更深入。

2020 年，全年财经类媒体发文 680 余次，海内外主流券商发布研报及点评 90 余篇，公司“投资者微信公众号”几乎保持一日一更新，共发布微信 260 余条，让投资者能及时全面地获得公司最新的资讯，正面引导投资者。

五、股东结构持续优化，市值超三千亿元

近年来，公司持续快速增长的业绩、良好的治理文化以及稳定分红机制得到了海内外机构投资的重点关注和认可，公司股东结构也发生了较大变化，长期股东越来越多，尤其是外资 QFII、深港通投资者不断增多。目前，外资持股比例占公司总股本 20% 左右，公司股东结构持续优化，核心资产形象深入人心。

2020 年，在遭受国内外疫情冲击的情况下，公司经营业绩自二季度实现“V”形反转，三季度进一步“拔高”。一季度实现微利基本稳定了投资者的信心；二季度实现反转后加固了投资者的信心；三季度创历史新高超出了投资者的预期，投资者更进一步看好公司，对未来发展更坚定了信心，公司市值屡创新高，并突破三千亿元。

21. 南京银行：

合规精业　实干作为　努力推动高质量发展

南京银行股份有限公司（以下简称“南京银行”）成立于1996年2月，2007年7月成为国内首家在上交所主板上市的城市商业银行，现担任中国上市公司协会理事单位、董秘委副主任单位和江苏省上市公司协会会长单位。

一年以来（2020年9月至2021年8月），公司董事会办公室（以下简称“公司董办”）严格遵循法律法规和监管政策，认真执行公司党委、董事会的部署安排，充分发挥执行落实、组织服务、沟通协调的重要职能，积极推动公司高质量发展。

一、加强党的全面领导，推动建立现代化公司治理体系

（一）坚持党建引领，提升公司治理质效

公司董办及时提请将党建重大职责写入《公司章程》，并通过事先主动沟通，得到了公司单一最大股东法国巴黎银行的理解和支持，进一步明确了党组织在公司治理主体中的核心地位；在执行落实方面，公司董办严格遵行党委对“三重一大”的前置决策制度，切实保障党组织在公司治理中“把方向、管大局、保落实”的法定地位和核心作用，有效推动“双向进入、交叉任职”等管理体制的高效运作，实现了党委与董事会在公司治理中的无缝对接，提升了公司治理质效。

（二）紧跟政策变化，完善制度管理体系

公司董办根据法规政策变化和自身实际需要，及时提交董事会和股东

大会，适时完善了包括公司章程、议事规则、股权管理、关联交易等近百项制度规章，做到了全覆盖、准触达。年内，通过及时宣导重大监管制度，精心制作公司治理法规制度手册，定期开展法规制度培训等方式，进一步增强了主要股东和董监高的合规意识。

（三）精心组织服务，保障“两会”高效运作

公司董办认真组织、严谨运作、精心服务，召开了 4 次股东大会和 10 次董事会以及 32 次专门委员会、7 次独立董事会议，为董事们的专业履职和董事会科学决策、监督管理提供了有效保障。在公司首年度实施的职业经理人改革中，公司董办积极调研走访，草拟相关制度，协助跟进聘任流程，为公司高质量发展提供了顶层人才的支撑；在董事和高管年度履职考核评价中，公司董办建议新增完善社会责任、绿色金融、消费者权益保护等考评指标，充分运用自评、互评和监评相结合的方式，实现差异化的考评结果，提高了董事和高管履职考评的科学性和有效性。

二、严谨合规信息披露，精准传达公司高质量发展成果

（一）信息披露制度完备，真实描绘发展全貌

公司董办持续完善信息披露管理制度体系，通过全面修订内幕信息及知情人、投资者关系管理等相关制度，进一步完善了信批流程和投资者关系管理的闭环管理机制。同时，以信息“透明化”为出发点持续做好合规性披露和主动性披露，真实、准确、完整、及时地向资本市场传达信息，向市场展现了公司的良好市场形象，受到监管部门和资本市场的一致好评，最近两年均获得上交所信息披露 A 类最高评价。

（二）投资者关系精准触达，增厚内在投资价值

公司董办主动创新并持续优化对外沟通渠道，通过深入优化投资者电话热线流程、健全完善上证 e 互动平台交流机制、持续更新专家库的基础信息，强化分析师分层管理，精心筹备业绩说明会和主题开放日等多种方式形式，多渠道与主要股东、机构投资者和与广大中小股东充分开展互动交流，及时回应市场重大关切，全方位、精准化地展示公司发展全貌和投

资价值。年内，公司董办及时接听热线电话1100余次、回复上证e互动71条、制作专题H5及电子海报6份、召开业绩说明会3次、举行主题开放日活动2次，组织参加反路演与路演超50次，接待分析师及专业机构线上、线下调研逾1800人次，同时坚持税后净利30%左右的高水平现金分红比例回报投资者，年度组织现金分红约40亿元，切实保障了主要股东和中小投资者的合法权益，也获得了监管部门和资本市场的普遍认可。一年来，公司股价走势一直位居上市银行前列，截至2021年8月底累计上涨20.58%，年度涨跌幅位列40家上市银行第2位，跑赢上市银行指数25.36个百分点。2021年9月，公司在中上协举办的2020年年报业绩说明会实践的权威评选活动中，荣获“最佳实践案例”。

（三）优化股权结构，规范股东行为管理

2021年，公司董办严格遵照法律法规和监管要求，健全股东股权管理的体制机制，促进股权结构明晰化、股东行为规范化，切实保护广大股东尤其是中小股东的合法权益。公司董办推进落实引进国际优秀大银行法国巴黎银行、最具有实力的央企中国烟草江苏省公司、最优秀的省属和市属国企江苏交通控股、南京紫金投资和南京高科等资本实力雄厚、管理经验丰富、企业文化相融的战略性优质股东，形成了在上市银行中极少数的无控股股东、无实际控制人的股权结构。同时，公司董办高度重视对股东尤其是主要股东的行为监督，定期对主要股东进行资质审查，要求主要股东出具资本补充能力承诺和声明，实时监测股东股权重大异常变化，深入开展股权管理和关联交易的专项整治工作，适时向主要股东传达法规和监管最新要求，积极开展股东行为培训，严格约束股东行为，依法维护公司和中小股东利益。

三、科学规划高效推进，持续高质效补充公司资本实力

公司董办认真拟定并推进落实公司的三年滚动资本规划和年度资本充足率计划。在刚刚顺利完成116亿元定增的基础上，2020年年底公司董办前瞻性地启动了200亿元可转债项目，通过缜密组织、高效运作，获得了中国证监会免聆讯无条件批准，并于2021年6月圆满完成发行工作。此次

可转债发行申购总额超22万亿元，认购倍数3440倍，中签率0.029%，原股东配售比例高达67.90%，平均票面利率为1.03%，是近两年上市城商行获批时间最短、发行利率成本最低、原股东配售比例最高、申购规模最大、认购倍数最高、中签率最低的再融资项目。2021年7月1日公司可转债在上交所上市交易，成为近20年来上市银行中首日交易最佳表现的可转债，创造了再融资项目的多项资本市场记录。

四、工作团队勤勉尽责，进一步提升职务会员履职质效

公司董办认真学习掌握法律法规、监管政策和中上协的工作要求，密切关注行业动态，前瞻性地开展前沿研究和实践探索。下设的董事会事务部、信息披露部、投资者关系部和战略管理部四个部门，在董事会秘书的指导下，合规高效、勤勉尽责，扎实完成各项工作任务。目前，公司董办共11人，其中博士、硕士占比超90%，专业覆盖法律、财务、金融、统计等领域，形成了一支年轻专业、勤学善思、实干创新的人才队伍。

公司董办具体承接公司作为中上协理事单位、董秘委副主任单位和省上协会长单位的具体工作，切实做到"有呼必应，使命必达"。积极参与中上协《股份合规交易与管理手册》等制度修订、碳中和实施情况和金融人才培养情况等调研反馈、上市公司高质量发展征文等活动；认真组织并带头参加省上协及各专委会的活动，大力协助省上协完成官网建设和沟通展示平台的信息化升级；牵头带领会员单位积极践行绿色金融、消费者权益保护、扶弱济困等社会责任，共同实现高质量发展。

近年来，公司的高质量发展获得了监管部门和资本市场的普遍认可，在英国《银行家》杂志"全球1000家大银行"位列第119位，连续多年获得"中国百强二十年特别贡献企业奖""金圆桌最佳董事会""中国百强杰出企业家奖""新财富金牌董秘"等诸多权威评价。公司董办将严格遵照法规政策和监管部门以及中上协的工作要求，持续梳理并总结多年来的实践成果，不断学习和汲取同行的先进做法，继续提升履职质效，为进一步推动公司高质量发展作出贡献。

22. 山东黄金：

初心如磐　笃行致远　助力公司高质量发展

山东黄金矿业股份有限公司（以下简称“山东黄金”）是山东黄金集团控股的国有“A＋H”上市公司，成立于2000年1月，2003年8月28日在上海证券交易所上市，2018年9月28日在香港联合交易所上市，实现“A＋H”两地上市布局。公司拥有行业领先的勘探、采矿、选矿、冶炼（精炼）和黄金产品深加工、销售于一体的完整产业链和科技研发体系，先后入选明晟MSCI、富时罗素、标普道琼斯三大国际指数及上证50指数样本股，获得“上市公司金牛奖”“最受投资者尊敬的上市公司”“最佳董事会奖”“最佳投资者关系奖”等多项荣誉称号。

公司董事会办公室一直坚持扎实做好各项工作，助力公司在稳步提升经营业绩的同时，不断提高合规运作及信息披露水平，深入融入国内外资本市场，积极维护投资者关系，促进公司核心竞争力和长远可持续发展能力不断增强。

一、积极适应监管新要求，不断提升信息披露质量

（一）认真研究落实境内和香港地区的证券监管规则

近年来，上市公司各项监管政策及要求不断趋严，董事会办公室积极适应资本市场证券监管政策的新变化。尤其是H股上市以后，公司继续强化诚信合规经营的理念，确保公司在“A＋H”双重监管市场下，严格遵循信息披露的各项要求。

（二）提高信息披露针对性和有效性

坚持法定信息披露与自愿性信息披露相结合的原则，优化披露内容，增强信息披露针对性和有效性。在定期报告中，以投资者需求为导向，有针对性地披露公司行业经营性信息，深度剖析公司的核心竞争力、发展战略，充实各矿山的经营信息，为投资者作出价值判断和投资决策提供依据。

（三）不断优化信息披露工作机制

自上而下建立公司总部部门—事业部—企业的三级信息披露团队体系，通过董事会办公室专职信息披露工作人员与兼职团队成员配合，极大地扩充了力量。加强信息披露文件编制、传递、审核、复核等环节的把关，不断提高公司信息披露的质量。公司自2017—2020年度连续4年被评为上海证券交易所信息披露考核A级。

二、完善公司治理体系，进一步提高规范运作水平

（一）公司治理运行规范有效

结合《证券法》等法律法规修订情况和公司管理实际，对《公司章程》《股东大会议事规则》《董事会议事规则》《信息披露管理办法》等多项制度进行了修订，确保公司现行公司治理制度体系与监管要求及公司治理实际有效衔接。

（二）董事会科学决策水平持续提升

高效组织股东大会、董事会及董事会各专门委员会、监事会会议，加强对相关议案的事前合规性审核，协调组织有关议案编制部门提升议案的标准化，积极促进董事会议案和公告的有机衔接；通过董事会办公室搭建独立董事与管理层、外部中介机构的沟通平台，强化董事会决策事前沟通机制。

（三）股东大会、董事会决议有效落实

建立决议执行反馈机制，及时调度股东大会、董事会、监事会决策事项的执行情况，促进相关议题有效落实。

三、积极开拓多样化渠道，加强与投资者沟通交流

（一）多措并举开展日常沟通

充分发挥投资者热线、IR 邮箱、上证 e 互动平台作用，建立了与投资者、媒体、中介机构之间的快速沟通渠道，倾听和妥善处理股东、投资者提出的意见和建议。

（二）定期开展境内外业绩路演

自 2016 年以来，公司在上海、北京、深圳、香港等地举行定期举行年度及半年度业绩路演。H 股发行过程中，公司进行了境内外多次路演，保障了 H 股的发行成功。近两年，紧密结合疫情形势，将原年度路演方案调整为线上方案，确保线上路演顺利有效。

（三）积极邀请投资机构实地考察

公司不定期邀请投资者到公司实地考察和调研，深入矿山工作一线。通过与投机者的交流互动，公司积极地将战略定位、发展愿景、经营业绩和发展规划等关键信息更加清晰地传递给境内外机构投资者，加强了与投资者的沟通。

四、积极开展资本运作工作，为公司战略推进提供支撑

（一）扎实推进并完成重大资产重组工作

公司于 2014 年启动重大资产重组工作，董事会办公室牵头各工作组按照时间节点积极推进相关工作，2016 年 10 月圆满完成该项工作。通过本次资产重组，控股股东山东黄金集团有限公司注入上市公司资产 44. 74 亿元，完成配套募集资金 16. 8 亿元，并成功实施了公司员工持股计划。

（二）成功完成 H 股发行上市项目

公司于 2017 年启动 H 股发行上市项目，董事会办公室牵头项目组全体成员齐心协力推进，公司于 2018 年 9 月 28 日成功在香港联合交易所主板成功挂牌上市，合计发行 H 股 3. 57 亿股，募集资金 52. 46 亿港元，荣登

2018 年香港市场前十大 IPO 之列。

（三）积极有序开展并购工作

近年来牵头完成收购山金金控资本管理有限公司 100% 股权及焦家 - 新城成矿带矿权等项目，积极参与公司收购阿根廷贝拉德罗金矿 50% 股权、卡帝诺资源公司 100% 股份、收购恒兴黄金并同步发行 H 股股份等重大并购项目。助力公司持续巩固和加强黄金资源储量，拓展黄金业务产业链。

（四）成功发行 40 亿元永续债

对债券市场最新政策及市场行情进行充分的可行性研究，结合公司实际，于 2020 年完成 40 亿元的永续债发行工作。保障公司投资所需长期稳定的资金供给，进一步降低公司资产负债率。

未来，山东黄金董事会办公室将持续深入学习资本市场相关法律法规及规范性文件，不断加强公司合规管理，持续提升公司治理水平，全力推进公司高质量发展，为打造规范、透明、开放、有活力、有韧性的资本市场作出贡献。

23. 浦发银行：

以专业和赤诚提升公司治理质效

伴随着浦发银行1999年成功登陆资本市场成为上交所首家上市银行，为中国银行业发展添上浓墨重彩的一笔，浦发银行董事会办公室也应运而生，较早开启了公司治理方面的探索和实践。近年来，随着公司治理监管的不断加强，资本市场对上市公司要求的全面提高，以及银行自身对高质量发展的要求，浦发银行董办团队肩负着使命感与荣誉感，锐意进取、务实高效、精益求精，以最精干的队伍，藉激情与智慧，用专业能力和赤诚之心，持续借鉴吸收OECD、巴塞尔委员会等国际先进公司治理理念，严格遵循中国银保监会最新监管要求，积极响应中国上市公司协会的倡导，对照高质量发展的目标，构建良好公司治理，为公司实现跨越式发展贡献了卓著的力量。在短短28年里，浦发银行已发展成为“全球银行1000强”第18位（英国《银行家》杂志排名）、“全球企业2000强排名”第68位（美国《福布斯》杂志排名）、“财富500强”第201位（美国《财富》杂志排名），实现了由中小银行向大中型银行的跨越，实现了由单一资金中介向提供较为全面金融服务的突破，取得了较好的经济效益和社会效益，树立了良好的市场形象和银行品牌。

一、公司治理突出“党建引领”

公司始终紧紧围绕坚持党的领导，全面发挥党委“把方向、管大局、保落实”的领导作用，推动党的领导与公司治理有机融合。2017年6月由公司董事会办公室牵头，率先将党建写入《公司章程》，明确党委研究讨论作为重大决策的前置程序，落实党组织在公司法人治理结构中的法定地位。2019 年，董办再次修订《公司章程》，以专章方式将党的领导与公司治理有机融合放在首要位置，同时完善党委前置研究讨论重大经营管理事项清单，配套修订党委会、董监事会议事规则和行长工作细则，确保将党的领导有机融入公司治理各环节，形成党的政治优势、组织优势与现代公司治理优势有机融合的工作格局。2020 年，我们进一步完善公司治理的根本准则，修订《公司章程》《董事会议事规则》《监事会议事规则》，以新修订的《公司法》《证券法》以及证监会、银保监会的最新监管要求为基础，同时结合公司治理的现实需求，贯彻落实国有企业党的建设精神，对规范公司治理、明晰授权体系、加强董事会全面风险管理、监事会监督等条款作了进一步的完善，提升治理能效。

二、打造卓越董事会

公司建立了以股东大会、董事会、监事会、高级管理层为主体的公司治理架构，制定了一整套保证各个层次各司其职、有效制衡、协调运作的制度。董办团队依法合规召开股东大会、董事会及专门委员会会议，确保董事会严格遵照监管规定和公司的治理程序，专业高效履行职责，承担经营和管理最终责任。助力公司打造卓越董事会。截至 2021 年 9 月底，董事会办公室共组织召开董事会会议 9 次，审议通过议案 67 项，审阅专项报告 33 项；召开独立董事会议 1 次，听取了 1 项报告；董事会四个专门委员会共召开会议 24 次，审议通过议案 73 项，审阅专项报告 30 项。

在加强董事会建设方面，一是完善董事会架构，优化董事会成员的专业性、多元性、代表性，并与公司战略的匹配度。二是发挥专门委员会职能，提升董事会决策科学性。三是科学合理安排董事会议程，采用一事一议方式，尤其对重要议案充分讨论，确保董事能充分发表意见。四是加强董事特别是独立董事履职的能力，优化独立董事工作制度，创造条件多种方式为独立董事工作提供便利，积极参加协会组织的各类培训，建立独立董事定期学习和定期来行工作机制；向非执行董事定期信息报送机制，包括高管层专项报告、同业分析比较报告、监管制度办法规定和外审会计师的沟通报告等信息，从而有力推动和促进董事勤勉尽职，保证董事会决策的科学性。五是建设数字化“董事会”，通过公司治理层面推进数字化转型。六是董办推动建立董监事巡查和调研常态化，制定了《董事、监事巡回检查工作制度》，设定调研方向和重点区域业务领域，定期组织董监事到各地分行进行巡查，为董事和监事进一步了解基层业务发展状况提供第一手资料。七是自2012年起，借鉴国际实践，购买董监高责任险，为董监高履职提供保障。

三、建立多元化融资机制

较高的资本充足水平有利于塑造公司稳健经营的形象，也是外部监管和评级机构评判一家好银行的重要标志。公司董办团队根据监管要求，紧密结合自身风险偏好，协助董事会设定资本管理的总体目标以及资本管理的战略规划，明确并形成以内生补充为主、外部补充为辅的资本补充和应急机制，提高资本募集效率，降低公司资本成本。上市至今，董办团队多次创新上市银行资本运作模式，前后九次牵头实施再融资项目，包括发行优先股、完成非公开发行股份收购资产、定向增发、发行可转债等，累计补充资本超过1800亿元。浦发银行目前在上交所上市的证券包括普通股（293亿股）、优先股（300亿元）和可转换债券（500亿元），通过在资本市场上卓有成效的探索和创新，浦发银行增强了资本实力、优化了资本结构，提升抗风险能力，对促进国内多层次资本市场建设也起到了积极作用，为金融业积极服务实体经济打好了坚实基础。

面对错综复杂的国内外形势，董办始终与穆迪、标普、惠誉三家国际评级公司保持全面、充分、积极的沟通，牵头三大国际评级公司对公司主体信用评级的年度复评工作，在经营环境和发展战略、资产质量、盈利、流动性等重点领域展开沟通，确保了三家国际机构对公司评级结果均在投资级以上一级，长期评级展望为稳定。

四、积极探索激励约束机制

为有效调动高级管理人员的积极性和创造性，董办协助董事会积极探索激励约束机制。公司作为上海市首批国有企业职业经理人薪酬制度改革试点企业，于2017年6月董事会审议通过了职业经理人薪酬制度改革方案。公司职业经理人薪酬制度改革贯彻了“对标市场”的方针，参照企业的市场地位和竞争力确定职业经理人的薪酬，并通过实施契约化的管理方式，建立了严格的市场化选聘、考核和退出机制，以进一步激发经营层的创新动力，促进公司战略转型，持续提升公司的效益、规模和质量，确保发展战略目标的实现。公司高管连续四年以自有资金从二级市场购买公司股票并承诺锁定两年，一方面向市场传递信心、稳定市场预期、维护中小股东利益，另一方面也是完善激励约束机制、丰富市值管理、建立职业经理人制度的有益实践，使关键高管和董事的薪酬与公司和股东的长期利益相一致。

五、加强投资者权益保护

董办投资者关系团队积极打通价值创造、价值提升、价值实现三个关键环节，推动价值生态链实现良性循环，可持续地向市场传递公司价值。一是抓好价值创造，深扎公司价值的根基：协助执行董事与高管层通过股东大会现场与投资者进行了全面直接坦率的交流。针对投资者提出的意见建议积极研究落实方案，充分吸纳合理建议，赋能经营管理。二是重视价值提升，有序提振投资者信心：在资本允许的前提下稳定现金分红比例，让投资者分享公司价值增长成果。董办严格执行股东大会决议，完善档案管理，建立股东建议落实与督办机制，并做好与股东反馈沟通互动，提升股东的满意度。三是力促价值实现，多措并举提升市场认知：积极组织召开交流会，组织召开投资者交流等主题活动，投资者关系团队积极接待专业投资者，2021年接待来访或参会36次，与超过140家机构深入沟通。

2021年接股东来电超320次，网络回答70余条。

在信息披露方面，董办团队严格按照监管规范指引，按照公开、公平、公正原则，确保所有投资者能够及时、准确、平等地获得公司的公开信息，不断增强银行治理和经营管理的透明度，引导社会舆论和投资者正确解读银行信息；借助市场约束，促进和推动公司的发展。一是高质量完成定期报告编制与披露。公司定期报告编制工作遵循及时、公平、真实、准确、完整的原则，同时根据新《证券法》的要求力求做到简明清晰、通俗易懂。2021年1—9月，完成定期报告披露2次，年报和半年报从易读性和关注度方面调整了章节结构，增设市场关注的经营亮点、环境和社会责任，增加了公司落实国家“双碳”战略、在绿色金融和绿色运营等方面取得的成果，展示了公司的经营特色和转型成效，获得市场好评。2021年1月28日，披露了2020年度的业绩快报，为连续第16年披露业绩快报。公司在上交所年度信息披露考核中继续获得最高等级A的评价。二是持续主动披露投资者关注的重大信息。2021年1—9月，披露临时公告45次，及时披露了公司章程修订获监管核准、可转债转股、关联交易、金融债券发行等信息。三是持续完善信息披露管理与内幕信息管理制度。2021年，结合中国证监会《上市公司信息披露事务管理办法》的修订，董办及时启动修订信息披露事务管理办法，积极探索并完善覆盖各部门、境内外分（支）行、子公司的信息报告与信息披露联动机制。同时通过修订《内幕信息知情人管理制度》，提升全公司员工依法合规披露信息的意识。

2021年是浦发银行董办成立20周年，站在新的起点，董办将全力以赴向着“全面打造具有国际竞争力的一流股份制商业银行”的战略目标砥砺前行，打造资本市场优质蓝筹，努力探索有中国特色最优公司治理经验，助力浦发银行高质量可持续发展。

24. 保利发展：

经营为本　规范为基　守正创新促稳健发展

保利发展控股集团股份有限公司（以下简称“保利发展”）是专注于房地产开发及销售的大型企业集团。经过近30年的稳健发展，保利发展已形成以不动产投资开发为主，以综合服务与不动产金融为翼的业务板块布局。

2020年公司实现营业收入2453亿元，归母净利润289亿元，2006年上市以来业绩连续保持稳定增长；资产负债结构不断优化，始终优于“三道红线”绿档标准。2020年公司房地产业务签约金额首次突破5000亿元，连续5年保持行业前五、央企第一；旗下保利物业2019年于香港联交所主板上市，排名行业第三位、央企第一；销售代理、不动产金融、商业运营、会展管理等均排名行业前列。

在公司董事会的领导和支持下，董事会办公室分设证券事务部、资本市场部、资本运作部3个部门，全面负责公司信息披露、法人治理、投资者关系、资本运作、产业投资等方面的工作。

一、信息披露方面

公司董事会办公室坚持以规范高效、持续提升公司透明度的核心理念，不断优化信息披露工作体系。

1. 深度参与房地产行业信息披露指引制定及修订，多项建议被上交所采纳实施。自2007年率先按月披露销售及项目拓展情况，连续坚持15年，使之逐渐成为行业披露惯例，为投资者及时了解公司经营情况提供极大便利。长期坚持在定期报告中披露地产行业及公司经营状况深度分析，持续优化公司战略布局产业的披露内容，提升信息披露的针对性和有效性。

2. 积极响应境内外市场对 ESG（环境、社会及公司治理）的关注及投资趋势，参照联合国、香港联合交易所等相关评价体系，优化公司《社会责任报告》披露内容，加强客户权益保障、绿色环境治理、廉洁管理等方面的披露，全面展示作为央企控股上市公司积极承担社会责任、贡献保利力量的企业形象，凸显公司可持续发展能力。

3. 紧跟《民法典》修订及监管重点关注，积极优化对外担保进展披露，满足与金融机构正常开展融资业务需求的同时，便于投资者高效获取关键信息。

二、法人治理方面

公司董事会办公室持续提升法人治理水平，保障公司经营合规、稳健发展。

1. 作为国有控股上市公司，公司董事会办公室全面梳理公司“三重一大”决策制度体系要求，形成重大事项审议决策权限和程序一览表，厘清各治理主体的职责权限，有效满足国有资产管理、上市公司双重监管体系要求，实现了党建工作与法人治理规范的有机结合。

2. 每年提前排布“三会”工作计划，每月提交公司经营情况报告，不定期组织独立董事参加公司经营会议、开展项目考察，为董监高履职提供有力支持。

3. 积极开展上市公司治理的自查自纠工作，以证监会自查清单为核心，扩延至公司内部控制制度建立与执行、重大事项决策程序、资金占用及资金往来、对外担保、内幕信息保密等重难点问题，并就加强独立董事履职支持等提出专项优化方案，持续提升规范治理水平。

4. 不断健全机构投资者参与公司治理的渠道和方式，并在公司董事中引入一名机构人，有效优化董事会结构，提高公司治理水平。

三、投资者关系方面

作为央企地产龙头，公司董事会办公室始终把投资者关系管理工作放在战略高度层面，在持续为投资者创造价值的同时，不断完善多元化沟通渠道，积极传递公司投资价值。

积极推动公司进行现金分红，持续增强投资人财富获得感。2020 年度分红金额达 87 亿元，上市以来累计实施现金分红达 458 亿元，分红规模连续 11 年居上交所房企第一，连续 7 年现金分红比例超 30%。

秉承“分类服务”的理念，针对机构投资者、中小投资者、海外投资人的不同特点，形成了多层次、多平台、多渠道的沟通及服务体系，有效满足各类型投资者诉求。

自 2010 年起连续 12 年坚持每年召开业绩说明会，及时充分地传递公司投资价值，与中小投资者畅通交流，树立公司资本市场良好形象。

充分发挥公司与资本市场间的桥梁作用，积极畅通沟通渠道，有效实现管理层与投资者的双向互动。

四、资本运作方面

围绕公司“以资本运作提升资产经营”的思路，公司董事会办公室主动对接资本市场资源，开展了股份增发、公司债发行、股权激励、分拆上市等多元化资本运作，协助优化融资结构、整合产业资源。

1. 围绕房地产主业资金需求较大的特点，公司董事会办公室积极探索多种融资途径，为公司经营发展储备长周期、低成本资金。自 2006 年公司上市以来，推动公司完成多次股权融资，累计融资金额达 240 亿元。通过发行公司债、中期票据、美元债等多种方式累计实现债券直接融资超 750 亿，持续优化公司融资结构，充实公司资本金，储备低成本长周期资金，释放投资潜力。

2. 积极运用分拆上市做优做强相关产业。2019 年，主导完成分拆保利物业至 H 股上市，成为当时物业管理行业规模最大、当年港股最高超额认购倍数的 IPO 项目，募集资金规模达 54 亿港元，为公司“不动产生态发展平台”的落地打下坚实基础。

3. 推动建设长效激励机制，增强公司发展内生“核动力”。推动公司于 2012 年及 2016 年连续建立两期股权激励计划，在央企地产上市公司内激励次数最多、激励对象范围最广。2018 年，推动地产项目跟投制度落地，有效助力提升项目运营效率、盈利质量。

4. “业务 + 股权”强强联合，推动实现产业链上下游共赢。自 2015 年起，准确捕捉房地产相关行业集中度提升的趋势，完成德才股份、华阳国际等多项股权投资，助推供采沟通提升产业协同，并协助开展资本运作筹划，实现共同发展。

五、创新实践方面

1. 建立适应集团式管理的工作机制。结合公司资产规模过万亿，参控股公司过千家，存在 A 控 H、A 参 A 的跨市场、跨产业等规范运作管理现状，牵头搭建形成了跨市场、跨产业协同工作机制，组织多场专业机构培训，开展对外投资、关联交易、战略合作等专题实务研讨，持续完善重大事项汇报及披露机制，协调统一披露口径、数据基础及披露节点，有效保障了信息披露的高质高效。

2. 将法人治理与重大经营决策紧密结合。将“三会”运作规范要求下沉至一线公司，通过董事会和股东会拆分年度经营目标、开展年度业绩考核，建立与股权结构相匹配的管理机制，减少“三会”运作与经营管理的“两张皮”。尤其是结合公司对加强合作项目管理、提升两翼业务市场化经营的诉求，着重提高对房地产合作项目公司、两翼产业重要平台公司的董事会运作指导，发挥其“定战略、做决策、防风险”的关键作用。

25. 西南证券：

行稳致远　专业高效

西南证券股份有限公司高度重视企业文化建设，形成了以“诚信、稳健、求精、创新”为核心的企业文化理念。公司董办团队将此文化理念充分融入到日常的工作之中，将制度管理与文化管理相结合，着力打造员工有成就、组织有效率的高效率团队。

在信息披露方面。公司董事会秘书负责组织和协调信息披露的具体事宜，董事会办公室为公司信息披露的指定部门，统一办理公司应公开信息的报送和披露工作。董办严格遵守信息披露监管要求，高度重视信息披露工作，坚持信息披露“复核”机制，公告文本编制—内部流程审批—公开信息发布三个主要步骤均设置复核环节，对于定期报告更是额外增设多部门复核机制，切实保障信息披露准备完整。同时，董办团队还不断修订完善《信息披露事务管理制度》《投资者关系管理制度》和《内幕信息知情人及对外信息报送管理制度》《年报信息披露重大差错责任追究制度》等制度，充分发挥制度流程管理优势，使公司能够按照规定，真实、准确、完整、及时地披露信息，并确保投资者能够及时获取相关信息。另外，信息披露作为决策公开的重要方式，董办将信息披露要求前移，在董事会提案环节提前介入，保证提案内容覆盖信息披露各个关键要点，便于股东、董监事明晰提案重点的同时，预先做好决策和披露之间的有效衔接。

在公司治理方面。董办团队根据《公司法》《证券法》《证券公司治理准则》《上市公司治理准则》《公司章程》的规定，紧跟最新行业动态及监管要求不断修订完善《股东大会议事规则》《董事会议事规则》《监事会议事规则》及相关专门委员会的议事规则，协助公司在建立符合现代企业制度要求的法人治理结构方面日臻完善。在董事会日常工作方面，董办团队严守章程及相关议事规则规定展开工作，保证了公司股东大会、董事会及专门委员会、监事会会议的通知、召开、表决程序和决议内容均符合《公司法》和《公司章程》等的规定。在“三会”召开方面，公司自主创新开发上线董事会、监事会网络提案程序，并将该流程内嵌至公司 OA 系统中。通过该流程，公司实现了经办部门提议—董事会办公室审查—提案人审批—整理存档搜索等环节一体化操作，压实了部门职责，提高了流转效率，切实保障董办工作顺利开展。

在投资者关系维护方面。董办作为董事会工作常设机构，是股东、董事会和经理层（及其各职能部门）之间的沟通桥梁，在公司再融资、对外担保、关联交易等重大事项中发挥了重大作用。比如，公司在 2020 年为子公司提供了史上第一笔担保，董办出动拜访股东，做好事前沟通交流，保障股东大会顺利表决通过担保议案，为境外子公司债务融资和持续发展奠定了坚实的基础。与此同时，董办时刻与公司和业务条线保持良好的沟通关系。不定期了解公司内部各业务条线与大股东之间的需求，承担起了连接内外的桥梁作用。不断开拓激发公司的专业优势，带领业务团队主动拜访公司大股东就投资咨询、并购融资等相关业务有无具体合作方向或者标的进行沟通，为寻求进一步合作可能进行洽谈。在服务中小股东方面，公司董事会设 3 名独立董事并制定了《独立董事工作制度》，保证董事会决策的客观性和科学性，从而切实保障了中小股东的利益。公司董办团队派专员认真回复投资者热线、e 互动及邮件等各渠道的投资者咨询。配合监管机构、交易所及协会的要求积极组织开展相关定期报告的业绩说明会及辖区年度投资者网上集体接待日活动等，解释、回复投资者普遍关切事项。

在资本运作方面。董办积极参与和配合公司非公开发行股票，与各中介机构对接完成历史沿革、公司治理、股东管理等各方面尽职调查工作，筹备组织召开“三会”完成内部审批、材料修订等各阶段程序，牵头完成审议报批发行全过程信息披露文件，提前做好与各监管机构的沟通协调，保障公司非公开发行顺利完成，募集资金总额 49 亿元，显著增强公司资本实力，有效支持公司各条线业务开展。与此同时，公司董办时刻关注政策法规的发布和更新，结合近期新《证券法》《刑法修正案（十一）》《民法典》《廉洁从业》等法律法规和规章制度，组织或协调公司董监高参加相关培训，持续宣导和督促“关键少数”提高履职水平。董办对需要提交董事会审议的议案预先进行初步研判和审查，努力为公司董事会各项决策提供规范保障，进一步提升董事会决策效率。在组织培训过程中，董办团队人员也积极参与相关合规风控的培训之中，提升了合规审查能力及风险控制意识。

26. 燕京啤酒：

规范运行机制　提升治理水平

燕京啤酒于1980年建厂，1993年组建集团，1997年5月在香港交易所上市，同年6月在深圳证券交易所上市，完成股份制改造，成立北京燕京啤酒股份有限公司。公司自成立之初自觉践行高质量发展方针，注重价值创造，以规范运作机制、完善公司治理结构为基础，对内注重提升企业的经营管理能力，持续推动企业结构优化和转型发展，提升企业的盈利能力和经济效益，发挥企业社会效益。

一、完善企业治理结构，保障规范发展

公司在发展过程中建立起了较为完善的治理架构和组织制度，并在运行中持续地改进和提高，通过规范运行机制，建立相关制度，促进公司健康有序发展。

二、实行多种有效措施，持续提升公司整体治理水平

（一）合规信息披露

信息披露是上市公司应履行的最基本的义务。公司坚持以信息披露为核心，在合理合法合规的前提下，通过主动给市场传递一些信心，使投资者更了解公司。燕京啤酒多年被深圳证券交易所评为信息披露“优秀”的上市公司。

公司自上市以来，一直严格贯彻“以信息披露为中心”的监管理念，

依法、合规进行信息披露，坚决不踏红线。随着新证券法实施和创业板注册制落地实施，信息披露核心作用愈加凸显。公司结合自身特点，通过持续加强信息披露的制度建设、强化外部监督等方式，加强信息披露，确保披露信息的正确、准确、合规、透明，及时、公平地向所有投资者传递企业的经营结果、战略发展、重大事项等重要信息，提高公司透明度，让投资者真正了解公司，了解公司的投资价值，吸引并坚定投资者信心。

首先，公司在信息披露方面确定了严格的制度保证。公司依据有关法律法规的规定，制定了《信息披露管理制度》《重大信息内部报告制度》《重大事件报告制度》等，明确公司及相关人员的信息披露职责和保密责任，使公司能够严格按照有关规定，及时履行信息披露义务。

其次，作为上市公司，燕京啤酒自上市以来就注意自律，信息披露做到及时、完整、规范、透明，做到严格执行信息披露相关规定。董办团队严格按照国家有关法律、法规和证券交易所股票相关规定的临时报告要求及时进行信息披露，不存在选择性披露信息和内幕信息知情人泄露信息的情况，保证公布的有关公司重大事件、人员调整、财会报表等信息及时、准确、完整。对广大投资者和股东负责。

最后，燕京啤酒还在每一个控股子公司都设立了信息联络员，加强子公司管理人员的法规学习及培训，将上市公司的规范性管理思想融入下属公司的日常管理体系中，在公司本部、公司及子公司之间形成顺畅的信息传递及反馈机制，使各子公司通过内部信息上报系统及时上报业务进展及重大事项，从而增强信息披露的有效性。

（二）“三会”规范运作

公司严格遵循《公司法》《证券法》等相关法律规定，制定了《公司章程》《股东大会议事规则》《董事会议事规则》《监事会议事规则》《独立董事工作制度》及各个《专业委员会工作细则》等规章制度，公司“三会”规范运作，权力机构、决策机构、监督机构之间权责分明、各司其职、有效制衡、科学决策、协调运作，是保证公司稳定长远发展的基础。

一是明确职责定位。公司“三会”均认真履行《公司法》《证券法》和《公司章程》赋予的职权、义务和责任，充分发挥在法人治理结构中的功能，履行各自基本职能，维护公司、职工和全体股东的权益。

二是优化人员构成。公司董事会、监事会成员中分别具有销售、管理、技术等专业背景，且相关人员按规定参加监管部门、证券交易所或上市公司自律组织以及公司内部组织的业务培训。

三是坚持规范运作。公司“三会”每年召开定期会议和不定期临时会议，会议坚持一事一议、一事一决。相关人员做到勤勉忠实、相关决策做到依法合规，在“三会”运作的合规性、有效性上持续发力，打造品质燕京。

（三）依法保障股东权益

保障股东权益、公平对待所有股东是公司的义务和职责，燕京一直将保障股东特别是中小股东的利益、维护债权人的合法权益视为公司最基本的社会责任。为切实保障股东权益，公司建立了股东权益保护的内外部监督体系，建立健全了公司管理运营制度，规范了公司治理，为股东权益保护提供了制度保障。

一是公司建立健全了《公司章程》和《股东大会议事规则》，严格按照法律法规，公司不断完善公司治理，规范公司运作，形成了以股东大会、董事会、监事会及管理层为主体结构的决策与经营体系，建立健全了内部管理和控制制度，有效提高了公司的治理水平。

二是公司建立健全了《内部审计制度》《财务管理制度》《资金预算管理制度》等资产管理和资金使用制度，加强资金安全和财务风险控制，保障债权人利益。

三是强化董事的职能、监事会的职能，完善企业信息披露制度，保障小股东与大股东享有同样的收益权、知情权和参与决策权，在保护所有股东基本权利同时维护公司整体利益。

（四）积极进行投资者关系管理活动

投资者是资本市场的重要参与主体。公司注重价值创造，持续推动结构优化和转型发展，努力提升公司价值，并持续开展与资本市场的沟通。除法定信息披露外，公司积极拓宽与投资者沟通交流的途径，建立了投资者交流体系。通过召开业绩说明会、接待投资者调研、参加上市公司集体接待日等活动，通过深交所互动易、官网留言板、投资者热线、IR 邮箱等渠道，与投资者交流、传递公司价值。

（五）合理分红，重视股东回报

公司始终重视股东回报，努力回报投资者，实施连续、稳定的利润分配政策，重视投资者的合理投资回报，兼顾公司的可持续发展。

（六）依法进行风险管控

公司严格按照新《公司法》《证券法》等有关规定，通过一系列的管理制度防范内幕交易等违规现象的发生。同时公司建立了内部稽核机制，对公司经济业务进行会计监督，加强内部审计，财务人员参与合同谈判、款项支付审批，组织财产清查，有效地发挥会计监督职能。

（七）全面进行子公司管理

公司拥有 50 余家子公司，在子公司规范运作的管理和监控方面，公司成立了外埠企业对接的职能部门，在生产、管理、人员等方面进行统一协调、管理、整合，根据各子公司特点、公司对其经营的参与程度，有针对性地改进管理及监控制度，督促子公司参照上市公司的要求进一步加强管理，贯通内部控制制度的执行渠道，杜绝损害公司及股东利益的情况发生。

（八）积极履行社会责任

公司作为“双奥国企”，全国首批“最具社会责任感企业”，多年来积极赞助社会公益事业，采取多种形式回报社会，积极履行社会责任。

公司作为全国首批“最具社会责任感企业”，多年来积极赞助社会公益事业注重企业的社会价值实现。公司采取多种形式回报社会，在社会公益捐赠、助力体育事业发展、职业保护及教育投入、环保支出、疫情防控等方面做了大量工作。

（九）建立长效激励机制

公司根据实际经营业绩情况，结合企业的战略和文化，系统全面的考虑多种因素，确定相应的薪酬体系，建立健全考核激励机制，并且根据公司发展的实际情况不断改善体系的激励性、可承受性和适应性。

（十）制定长期的发展战略

公司制定了“十四五”规划，以“强大品牌、夯实渠道、深耕市场、精实运营”四大关键举措作为战略转型的重要布局，推动企业可持续发展。

公司将一如既往依照国家的法律法规，规范制度建设，建立健全统一有效、内容明确的规章制度体系，构建高效、全能型董办团队，更加出色地完成董事会事务、投资者关系管理和信息披露工作。

27. 长江电力：

长江电力“沪伦通”信息披露策略总结

中国长江电力股份有限公司（以下简称“长江电力”）创立于2002年9月29日，是中国三峡集团作为主发起人设立的股份公司，是我国最大的电力上市公司、全球最大的水电上市公司。拥有三峡、葛洲坝、溪洛渡和向家坝4座巨型水电站的全部发电资产，总装机4549.5万千瓦，占全国水电装机的12.32%。

2020年9月，长江电力通过“沪伦通”（发行GDR）的方式，成功登陆英国伦敦证券交易所，首次实现“A+G”两地上市，成为我国首家在伦交所上市的实业类企业，并成为首家荣膺伦敦证券交易所“绿色经济标志”的中国发行人。为服务我国资本市场双向开放、为境内企业“走出去”形成了可复制、可借鉴的经验，长江电力对2020年9月在GDR发行前后的信息披露工作进行了归纳总结，以期持续推动公司在信息披露、公司治理等方面与国际接轨，提高国际化经营水平。

一、实施背景：“沪伦通”为中国资本市场国际化的标志

（一）“沪伦通”的背景及意义

“沪伦通”，即上海证券交易所（以下简称“上交所”）与伦敦证券交易所（以下简称“伦交所”）互联互通机制，是指符合条件的两地上市公司，依照对方市场的法律法规，发行存托凭证并在对方市场上市交易。同时，通过存托凭证与基础证券之间的跨境转换机制安排，实现两地市场的互联互通。

“沪伦通”是深化中英金融合作，扩大我国资本市场双向开放的重要举措，具有多方面积极意义：一是有利于扩大我国资本市场双向开放，提高境内市场的深度和国际化水平；二是为两地发行人和投资者提供进入对方市场投融资的便利机会，支持A股上市公司从境外市场融入资金，支持实体经济开展跨国融资和并购；三是有利于促进上海国际金融中心建设；四是有利于深化金融领域合作，共同打造中英“黄金时代”增强版。

（二）“沪伦通”的中国实践

自2015年中英两国提出研究“沪伦通”的可行性，到监管法规的陆续出台，先后做了近四年的准备工作。截至2021年10月，A股共有长江电力、华泰证券、中国人保、国投电力4家上市公司在伦交所成功发行存托凭证。其中，长江电力是国内第一家在伦交所上市的实业类企业，也是中国企业融资规模最大的GDR发行，获得了全球资本市场的广泛关注，吸引了来自美洲、欧洲及亚太地区众多知名投资机构踊跃参与。

（三）“沪伦通”下的信息披露

“沪伦通”的到来，不仅为A股公司带来了机遇，也带来了挑战，最主要的是异地管辖风险。GDR发行后，A股公司变身为在上交所、伦交所两地上市的国际化公司，将接受中、英两个证券市场监管，对公司信息披露、公司治理、投资者关系、风险管控、ESG（环境、社会和公司治理）等方面都提出了更高要求。一方面，国际投资者期盼更及时、全面了解相关公司的生产经营、绿色发展等情况；另一方面，伦交所又有着迥异于上交所的监管规则，比如信息披露方面，其强制披露事项少于国内要求，但在违规处罚、投资者诉讼等方面，又严于国内要求，稍有不慎，可能招来连锁反应，将导致相关公司或高管被处以高额罚款，给公司或高管带来严重负面影响，甚至影响国家形象。

二、主要做法：中英对比与周密应对

（一）系统分析两国监管法规

伦交所的监管规则和信息披露要求迥异于上交所，尤其信息披露，成为 A 股企业伦敦上市后的主要风险，有意或无意的违反，可能遭受动辄数百万、千万英镑的巨额处罚。长江电力在细致研究中英两国监管规则和沪伦通相关协议后，得出结论：一是在伦交所标准板块上市的公司无需遵守英国公司全部治理准则，只需遵循上交所公司治理要求即可；二是标准板块上市的公司不受英国金融行为监管局上市规则关于重大交易或关联方交易的限制，只需按照中国证券法规要求披露即可；三是 A 股上市公司无需向伦交所披露董事会的变动（如任命新董事、董事辞任或职责变动等事项）。总之，A 股公司在伦交所发布的公告，数量上只需在上交所公告的基础上做减法。该结论获得英国资深证券律师认可。

（二）长江电力在伦交所的信息披露

信息披露工作是上市公司形象的最重要表现，是公司管理水平的具体体现。为做好在伦交所的信息披露工作，长江电力要求各责任主体和部门，强化责任意识，完善业务流程，确保万无一失。具体由董事会秘书牵头梳理掌握中英两国相关监管规则，向上交所等监管机构了解国内外信息披露实例，并与华泰、太保等兄弟企业及时交流经验，关键环节引入境外翻译机构、英国证券律师等专业力量，公司相关部门必须尽到应核尽核的责任等。

三、实施效果与经验总结

（一）成功发行：吸引海外长线投资者

长江电力 GDR 的成功发行获得了全球资本市场的广泛关注，吸引了来自美国、欧洲及亚太地区众多知名投资机构踊跃参与，成功筹资 20.11 亿美元。获配 GDR 份额投资者中，长线投资者占比约 94%，外资占比约 90%，其中美国投资者占比约 45%，欧洲投资者占比约 15%，体现了全球投资者对长江电力诚信经营、规范治理、信息透明、业绩优良经营理念的高度认可。长江电力 GDR 的发行不仅丰富了“沪伦通”产品，也在国际资本市场树立了中国优质企业的标杆形象，畅通了中资企业的海外融资渠道，彰显了我国资本市场对外开放的决心。

总体而言，长江电力发行GDR取得了3方面的收获：一是有助于深度融入国际资本市场，在全球范围内引入优质投资者，丰富股东构成，持续完善公司治理；二是有助于充分利用国内外“两个市场、两种资源”，构建国内、国际双循环相互促进的新发展格局，推动公司高质量可持续发展，提升全球影响力；三是本次GDR发行是公司2019年竞标秘鲁最大电力公司——路德斯配电公司的既定配套融资安排，在满足国际并购项目资金需求的同时，充分借助境外资本市场推动公司实现海外上市，有助于夯实资本基础，提升稳健经营能力和风险管理水平。

（二）信息披露稳妥：四个关键环节

一年来，长江电力信息披露工作总体妥当、顺利，继续保持“零差错”，境外投资者反响良好，GDR股价相对A股市场价格呈缓涨态势，且出现了溢价。总结来看，长江电力在伦交所的信息披露工作主要抓住了4个关键环节。

1. 确定应发公告。即在上交所公告数量上做减法，根据英国监管法规，选择可能“对价格产生重大影响的信息”，对予不太确定的，标准上尽可能从宽，能发尽发，以避免漏发。同时确保定期报告和发电量、业绩快报、业务中的重大事件，均予公告发布。

2. 专业机构翻译。将中文公告交给选聘的专业翻译机构进行汉译英翻译，且要求出具翻译证书，在严格遵循伦交所要求基础上，也保证翻译文本的准确性。此外，为确保公告翻译内容的专业性，长江电力所选聘的境外翻译机构，在实际工作中，翻译人员的知识结构与公司预期存在一定差异，此时，公司内部审核重要性便凸显出来。

3. 内部反复审核。拿到翻译稿后，长江电力组织相关部门进行多次复审，在年报、半年报等文字内容多的翻译稿中，也确实找出了一些小问题，比如特定的行业名词或地方性词汇，翻译机构不太了解，翻译得并不妥当，甚至理解出现差错，需要进一步完善或修改。

4. 证券律师复核。公告正式发布前，由熟悉中、英证券法规的英国律师进行合规性、适当性和准确性审核。考虑信息披露材料的严谨性和沟通的有效性，特意选聘具有华语背景、中英文流利的英国执业律师。由于其收费标准远高于翻译机构，所以年报、半年报的翻译工作不推荐由律师来完成。此外，在与律师签订的合同中，有专门追责条款，以督促律师用心、尽心地完成核心审核义务。

“沪伦通”是中国资本市场深化对外开放的重要探索，有效推进了我国资本市场的双向开放进程。长江电力以 GDR 发行为契机，不断提升境外信息披露水平，相信随着熟练程度提升和经验的积累，公司在境外资本市场上信息披露公告的数量、质量会稳定上升，越来越多的主动性披露也会陆续出现，公司治理与经营的规范化、制度化、透明化特征会进一步得到体现，从而成为 A 股和国有资本“走出去”的开路人和典范生。

28. 深高速：

合规与创新并重　提升市值助力战略落地

深圳高速公路股份有限公司（以下简称“深高速”）于1996年12月30日注册成立，主要从事收费公路和道路的投资、建设及经营管理。公司先后于1997年和2001年在香港、上海两地上市，经过25年的创新发展，从一个成立之初仅有11千米高速公路权益里程的企业发展成为拥有6700余名员工，总资产超过550亿元，以收费公路业务及大环保业务的投资、建设及经营管理双主业协同发展的“A + H”上市公司。自1997年登陆资本市场以来，深高速董办就定位为对内服务公司，对外服务市场的角色，以制度做保障，在实践中不断总结经验，并创新发展。近年来，深高速董办在信息披露、公司治理、投资者关系管理方面的创新实践存在一定的亮点。

一、信息披露管理

深高速作为行业中为数不多的“A + H”沪港两地上市公司，面对的是更加多样、成熟的投资者。经过20多年的实践，公司不断地认识到，信息披露不仅是上市公司须持续履行的责任和义务，更是公司与投资者、监管机构和社会公众之间沟通的桥梁，信息披露水平的高低，不仅决定了投资者对上市公司认知的程度，也是衡量其诚信透明的重要指标。历年来，公司本着公开、公正、公平的基本原则，努力遵循相关法律和上市规则的规定，及时、准确地履行信息披露义务。在香港和上海两地资本市场有不同要求的时候，公司遵循内容从多不从少、要求从严不从宽的信息披露原则。在此基础上，公司还主动了解投资者的关注重点，有针对性地进行自愿性的信息披露，以提升公司信息披露质量，增强公司透明度。

（一）合规前提下拓展定期报告内容

在满足强制性披露要求的基础上，公司在年度报告中，对公司的经营和财务状况以及对业务产生影响的主要因素进行了全面综合的分析，还提供了公司在经营活动中面临的各种风险以及应对措施的信息。

（二）积极探索自愿性披露

公司在行业内率先按月度披露营运数据，并在董事会和监事会换届选举时主动刊发提示性公告，以此加深投资者对公司业务、管理和发展趋势的了解以及提醒投资者及时行使股东权利。公司确定双主业的发展战略后，公司进一步探索投资项目的自愿性披露，以使市场充分了解公司业务新动向。投资项目自愿性披露政策制定的难点在于披露标准和披露内容均无章可循：在披露标准方面，要掌握好主动性和重要性的平衡，既要向市场传递业务的最新进展，又要避免过于频繁地披露不具备重要性水平的项目；在披露内容方面，则要掌握好详简平衡，既要使投资者能够理解业务的实际情况和商业逻辑，又要避免向市场披露过于细节和繁琐的信息，并做好合理的风险提示，避免给市场带来误导甚至引起股价异常波动。为此，公司以合规为前提，积极开展自愿性披露标准及管理规范的研究，从市场需求、披露成本、业务特点、对外传递信息的需求以及披露政策的一致性和稳定性等角度出发，尝试建立相对系统完整的自愿性信息披露体系。随着公司项目开拓及运作进程的加快，公司投资建设落地的项目不断增多，一些项目虽未达信息披露标准，但公司根据其业务影响力及市场关注度等判断其符合自愿性信息披露标准，便积极尝试通过自愿性信息披露公告项目情况及其进展。实施双主业发展战略后，公司先后签约收购了蓝德环保项目、中标光明环境园项目、收购木垒风电厂等，这些投资项目虽未达强制性须披露标准，但属于投资者较为关注的事项。为此，公司相应发布了自愿性公告，并将继续检讨评估其效果，并在必要的情况下酌情调整自愿性披露政策。

二、公司治理

深高速倡导“机制领先”的管理理念，自成立伊始，便开始研究及制定股东大会、董事会和监事会等多项工作条例及相关管理制度，并在生产经营中不断完善各项授权机制，并根据发展的实际情况，持续检讨各决策机构的职责权限，从而促使公司治理实践与公司发展的需求相互匹配，实现动态平衡。

自 2008 年起，在借鉴境外优秀上市公司治理经验的基础上，本公司建立了执行董事授权体系。为了使董事会能集中精力研究决策对公司发展有重要影响的事项，在确保不对董事会整体履行职权的能力造成不利影响的前提下，本公司董事会给予了执行董事一定的授权，以提升公司的整体决策质量和效率。有关授权已在《公司章程》《董事会议事规则》中明确，主要涉及对外投资、收购及出售资产、资产抵押、关联交易等几个方面。同时，董事会制定了《执行董事议事规程》，对授权事项进行监控和管理。

自 2015 年实施转型战略以来，深高速积极探索并确定新的产业方向，审慎、及时地将一定金额内已经明确的产业方向纳入执行董事授权范围，包括 2017 年的基础设施带资开发业务授权、2018 年的环保业务授权、2020 年的风电业务授权以及 2021 年的私募基金合作事项授权。该等授权事项都是在董事会已经批准实施了具体项目，业务开展顺利，符合预期，管理团队也积累了比较丰富的行业经验，具备比较成熟的风险管理能力的基础上进行的。这反映出本公司董事会本着高度负责的态度，在风险可控的范围内进行上述授权。

及时梳理、完善不同类型业务的内部授权机制，根据业务属性、成熟度等进行分类管理，可保障一个权责对等的经营机制，提高公司的决策效率和对市场的反应效率，是符合本公司发展实际需求的治理架构安排，有利于公司的健康发展。

三、投资者关系管理

深高速倡导尊重投资者、对投资者负责的企业文化，以充分的信息披露为基础，通过开展多种形式的投资者关系活动，与投资者建立起顺畅的沟通渠道，增进彼此的信任和互动，给予投资者充分的知情权和选择权。

（一）制度保障

深高速已建立《信息披露事务管理制度》和《投资者关系管理制度》，以及包括《公告发布内部工作指引》《业绩说明会内部工作指引》《来访接待内部工作指引》等若干工作细则，并在实践中不断完善，保障公司投资者关系活动的合规性和有效性。

（二）管理层高度重视并贯彻执行

公司管理层高度重视信息披露及投资者关系工作，除会议决议及以监事会名义发布的公告之外的所有公告，均由董事长最后审批。每年两次的定期报告业绩发布系列推介等重大投资者关系活动，董事长、总裁、董秘以及总会计师均悉数出席。

（三）建立双向沟通机制，提升管理水平

通过专项定期报告前置调研、业绩发布会后问卷调查、年度投资者关系满意度调查等调研活动，及时收集和了解机构投资者、券商和中小投资者对公司、对行业的关注问题及对政策环境的观点，了解投资者对业绩、定期报告内容、以及业绩说明会各方面的意见和建议，对公司发展、战略、信息披露以及投资者关系管理等方面的评价和建议。

以上多渠道收集的市场信息，本部门通过各类《问卷调研结果分析报告》《月度市值管理报告》《季度投资者关系分析报告》《股价监控异动分析报告》等文件形式，及时提交公司管理层，向内传导资本市场的反馈，这有助于公司管理层在作出重大决策时充分考虑投资者的诉求，始终将股东的长期利益置于首位。

（四）开展形式丰富多样的投资者关系活动

公司不断探索、优化与投资者的沟通。在沟通渠道方面，除了日常投

资者调研和咨询外，公司还通过业绩发布、境内外路演/反向路演、发送电子通讯、交流会/论坛、网站及上交所e平台等形式组织和参与各种投资者关系活动，尤其是业绩说明会的形式，随着业务发展和顺应投资者需求而不断丰富、拓展，已从单一的业绩说明会发展到“业绩发布系列活动”，包括线上和线下相结合的业绩说明会、路演、以及午餐会等。在沟通、传播内容方面，公司加强了政策解读和影响分析，对公司经营及项目进展情况进行深度信息传递，争取投资者的理解与认同，稳定投资者对公司发展的信心。

（五）开展重大项目投资者关系专项工作

对公司战略期内开展的重大项目收购、资本运作，尤其是需要上股东大会投票通过的项目，部门均制定系统的投资者关系专项工作方案，包括舆情管理工作方案，有的放矢地开展投资者沟通工作，引导和维护健康的舆情环境，助力项目落地。

四、创新性专项工作

（一）开展“打造深高速资本品牌”建设

本部门顺应资本市场新的发展趋势，结合深高速自身发展需求，以投资者关系管理为抓手，将即时性、碎片化工作流程标准化，在同行业上市公司中率先制定了系统性的资本品牌建设规划，并初创性提出资本品牌建设助力公司战略落地、为公司可持续发展提供有力支持的目标。

打造深高速资本品牌，有助于实现资本市场的品牌溢价，降低企业融资成本，提高资本市场融资成功的概率，助力公司战略落地；同时，可优化、畅通投资者、媒体沟通渠道，提高投资者、媒体粘性，形成认可公司的投资者、媒体矩阵，降低品牌建设成本。

（二）启动ESG管理体系建设

2021年2月，证监会《上市公司投资者关系管理指引（征求意见稿）》增加了公司的环境保护、社会责任和公司治理（ESG）信息，ESG成为投资者关系管理的重要内容，也成为了资本市场监管的新方向。目前，境内

ESG 虽然还处于成长积累阶段，但境内投资者已经对标境外资本市场，逐步将 ESG 作为考量公司的核心指标之一。

深高速积极响应境内外监管机构对上市公司 ESG 的要求指引，顺应境内外投资者对 ESG 日益关注的趋势，在内部管理机制提升、社会责任、产业战略转型升级等方面，致力于企业的创新和可持续发展，将 ESG 的理念在战略制定当中予以固化的同时，将 ESG 的各项要求和标准切入公司的经营管理当中。深高速于 2020 年启动 ESG 管理体系建设，搭建起 ESG 披露框架，旨在不断地完善沟通与反馈机制，提升公司 ESG 的实践与绩效，在投资者关系管理工作中落实新的发展理念，促进企业与各利益相关方共同可持续发展。

29. 兴业证券：

以专业高效的公司治理促进公司高质量发展

一、信息披露方面

兴业证券董监事会办公室高度重视信息披露工作，严格依据法律法规、中国证监会及上海证券交易所相关监管要求开展信息披露工作，及时披露定期报告、各类临时公告，确保披露信息真实、准确、完整，公平、及时地向境内外投资者传递公司重大信息。除做好基础性工作外，还结合外部监管规定变化、内部经营管理要求等，不断夯实信息披露制度基础建设，优化信息披露工作管理流程，确保公司披露工作合规、高效开展。通过准确把握自主披露和法定信批的尺度要求，主动回应市场关注热点，提高信息披露的透明度，并高度关注公告披露后的市场影响，持续做好信息披露与舆情联动管理。

在做好信息披露工作同时，兴业证券也十分重视内幕信息知情人管理，除做好日常内幕信息知情人管理工作外，及时依据新《证券法》《上海证券交易所上市公司内幕信息知情人报送指引》等最新规定修订“内幕信息知情人管理制度”，不断完善内幕交易防控及内幕信息知情人登记管理机制，持续规范报送行为，不断提高报送质量，并重视对公司“关键少数”董监高的信息披露、内幕信息管理意识的培养，定期组织培训，要求董监高严守合规底线。

兴业证券信息披露管理工作富有成效，已连续四年荣获上海证券交易所上市公司年度信息披露工作 A 类评价。

二、公司治理方面

兴业证券董监事会办公室密切关注法律法规、监管规定要求变化，持续完善《公司章程》等公司治理制度，在制度层面确保公司股东、董事、监事的职责界限和法律责任符合法律法规、监管规定以及公司发展需要。同时加强制度的贯彻落实执行，合规、高效组织“三会”会议召开，保障公司股东大会、董事会、监事会持续规范运作，召集、召开、提案、表决程序合法合规。

兴业证券董监事会办公室积极发挥好董事会、监事会和经营层的沟通桥梁作用，定期向董事发送合规月报、反洗钱工作简报、绿色证券金融业务经营分析报告、上市公司董监高违规案例等，向董事会风险控制委员会报送公司风险状况报告，确保董事可以及时定期、多角度全面了解公司相关信息，充分发挥董事会的战略指导作用；定期向监事报送公司财务报表分析、合规月报、反洗钱工作简报、上市公司董监高违规案例等工作参考信息，报告内幕信息知情人登记与管理的执行情况，保障监事的履职条件，帮助及时了解公司经营动态、财务管理及反洗钱与风险内部控制情况。

为保障董监事充分履职，兴业证券董监事会办公室认真组织公司董监事到分支机构、业务条线进行现场调研，确保董监事进一步了解分支机构贯彻落实集团发展战略情况，通过撰写调研报告，落实解决分支机构在业务发展方面面临的实际问题。并积极组织董监高参加公司内部、外部协会或监管机构举办的各类行业学习和培训，提升履职能力。

同时，为了便于对大股东、董监高等关联方的管理，进一步规范关联交易，兴业证券董监事会办公室创新管理手段，融合金融科技，牵头开发关联交易管理系统。通过深入了解各项业务特征，制定开发需求方案；通过关联交易管理系统与公司 OA 的对接，将业务送审中的交易对手方与关联方名单自动匹配，并科学设置流程节点，实现对关联交易“自动识别，强制申报”的目的。该系统在关联方管理，关联交易识别、申报等方面发挥重要作用，有效防范了关联交易违规风险。

三、投资者关系管理方面

兴业证券董监事会办公室坚持贯彻战略型投资者关系管理的思路，持续高效、专业地开展投资者关系管理工作。安排专人专线及时接听投资者关系热线电话、积极回复上证 e 互动平台上投资者对公司的提问、定期更新公司官网上投资者关系模块内容，为中小投资者和个人投资者与兴业证券的交流沟通搭建了有效的平台。

在做好日常与机构投资者面对面、电话会议以及网络沟通交流的基础上，兴业证券董监事会办公室还定期召开业绩说明会、投资者见面会，并且热情接待股东、投资者的来访和实地调研；主动参加各种形式的资本市场投资策略会，积极和投资者交流沟通。通过向投资者介绍兴业证券的发展战略、业务经营和发展情况，树立兴业证券在资本市场中的良好形象。

兴业证券已连续 3 年荣获福建省上市公司协会投资者关系管理工作 A 类评价。

四、资本运作方面

当前资本市场的战略地位显著提升，中国证券业迎来了重要发展机遇期，兴业证券董监事会办公室根据公司的发展阶段，积极探索综合运用增发、配股等资本运作方式，不断扩充资本实力，提升行业和业务竞争力，提高风险防御能力，适应监管规定和要求，促进创新业务资格取得和创新能力形成，并开展各类对外投资可行性研究，探索通过外延式并购扩张实现整体实力提升的可行性，加速推进一流证券金融集团建设。

同时，兴业证券董监事会办公室牵头制定了《子公司管理办法》《境外子公司管理实施细则》，强化对集团子公司公司治理、重大事项、战略与业务协同、人力资源、财务资金、合规、风险、审计、党建等方面的管理，加大对子公司的垂直穿透管理力度，有效防范各类风险，促进子公司健康发展。并在日常工作中积极贯彻落实，持续做好与子公司管理相关的各项工作，包括积极推进公司增资子公司兴证（香港）金控事项，积极推进子公司兴证国际发行债券事项，缓解子公司流动性压力，降低杠杆率，实现更稳健的资产负债配置，确保稳健经营；积极推进受让福建省能源集团有限责任公司持有的兴业证券参股公司海峡股交中心股权事宜，在成功受让公开挂牌转让的股权后，兴业证券合计持有的海峡股交中心的股权比例由21.43%提高至35.73%等。

五、管理实践方面

近年来，随着中国资本市场的不断完善，中国资本市场的重大改革举措不断，上市公司董办的工作空间也要不断扩大。一是要更加密切关注最新法律法规、监管规定要求变化，持续完善公司治理，通过制度的完善和落实确保控股股东、实际控制人、董事、监事和高级管理人员的职责界限和法律责任符合法律法规、监管规定以及公司发展需要。二是要更加准确把握监管要求，充分了解投资者诉求，通过畅通公司与控股股东、董事、监事、高级管理人员及公司内部的信息沟通渠道，做好信息披露工作，确保信息披露真实、准确、完整、及时、公平，提升公司透明度。三是日常做好与投资者的沟通交流，加强与机构投资者和新财富有影响力的券商卖方研究团队的沟通交流，让投资者及时了解公司的经营情况和发展战略，传递公司价值。

上市公司董办是对外的窗口，是上市公司与投资者、监管机构、中介机构、媒体沟通的桥梁，要负责上市公司规范运作、信息披露、投资者关系管理、资本运作，等等，面临各种工作挑战，而要应对这些挑战，最重要的是建立一支高素质的队伍。通过科学合理的配置，充分发挥各自特长，激发团队的工作热情与活力，打造一支能够不断与时俱进提高自身综合素质，掌握必需的财务、管理、法律等专业知识，熟悉资本市场最新运作规则，了解公司各项业务发展的队伍，建立一个工作高效、分工明确、章法有序、管理顺畅的董办，以专业、高效服务公司治理，提高公司质量，促进公司行稳致远发展。

30. 五矿发展：

精益求精　开拓创新　为公司规范治理保驾护航

2021 年，五矿发展董事会办公室严格按照监管法规和公司规章开展工作，顺应监管新趋势，把握发展新机遇，通过改革创新、奋发作为，在信息披露、投资者关系、公司治理等方面取得了优异成绩，得到了监管机构和资本市场的认可。

一、信息披露工作

（一）践行“精益求精”品质坚守，不断提升信息披露质量

为保证公司定期报告和临时公告的信息精准无误，公司董办团队秉承精益求精的工作理念，对拟披露信息反复推敲、字斟句酌，一遍遍地复查、复审、复核。2020 年 9 月至今，公司已完成四期定期报告和 60 余项临时公告的编制与披露工作，均做到了零瑕疵、零更正。值得一提的是，2021 年 8 月公司编制半年报期间，恰逢所在街道新冠肺炎疫情防控要求办公楼封闭两周的突发情况，时间紧、任务重，公司董办团队全力克服办公条件受限的不利影响，按原定计划有序地推进了半年报编制、配套媒体宣传、业绩说明会筹备等各项工作。如期圆满完成半年报披露及相关董监事会组织召开工作。公司中期业绩情况被多家主流媒体报道和转载，对传递企业价值信息、提升公司市场形象起到了积极作用。

公司已连续 13 年披露企业社会责任报告，2021 年公司再次创新编制模式，对社会责任报告进行重大改版，通过图文并茂的方式对外披露，并

将报告印刷成册，可读性显著提升。此外，公司还制作图片版报告，利用公司官方微信公众号进行推送，取得了良好的宣传效果。

（二）建立健全重大信息提报管理机制，保障信息披露合法合规

上市公司及时、准确、完整地对外发布各类信息，离不开公司内部重大信息高效顺畅的传递，公司已成功建立起一套完整的重大信息提报机制，以制度为抓手，对公司各部门、各单位、各层级信息提报负责人进行了明确，确保压力层层传导、责任落实到人、信息传递及时有效。同时，董办团队根据最新监管要求和实际工作经验，编制了重大事项披露标准速查表下发至各级信息提报人，还通过举办内部培训等方式，为各信息提报部门提供更加具体、明确的操作指导。此外，每月定时通过邮件、电话、微信工作群等方式对所有信息提报部门进行提示，并根据各部门提报信息汇总整理形成投资项目台账、诉讼案件台账、对外担保台账，动态监测各类事项累计金额及达标情况，以保证公司重大信息披露及时有效、合法合规。

二、投资者关系管理工作

（一）开展主动型投资者关系管理，业绩说明会荣获全国奖项

2021 年，公司董办团队积极构建主动型投资者关系管理模式，通过业绩说明会、媒体宣传、网上互动等方式加强与外部沟通，提升公司市场形象，积极对外传递公司改革发展声音。经过精心筹划和周密安排，公司分别于 2021 年 4 月和 9 月成功召开 2020 年年度和 2021 年半年度业绩说明会，与广大投资者、机构、媒体进行了深入互动交流。其中，公司 2020 年年报业绩说明会不仅获评北京辖区上市公司 2020 年报业绩说明会优秀实践案例，还被推荐参加全国评选。在全国评选中，公司从全市场 3756 家上市公司中脱颖而出，获颁“中国上市公司 2020 年年报业绩说明会优秀实践案例奖”（全国仅 200 家获奖，入选比例约 5%）。公司召开业绩说明会的经验也被作为典型在全国范围内进行推广宣传。

（二）投资者关系简报推陈出新，助力董监高合规履职

公司董办多年来坚持按月编制投资者关系简报，2021 年度已编制完成

11期，通过不断改版优化，简报专题不断拓展、内容不断丰富，现已涵盖“三会”运作、股东结构分析、媒体舆情监测、监管动态汇总、违规案例剖析、大盘与公司股价波动解读等众多专题内容，图文并茂、翔实生动，获得公司董事、监事和管理层的普遍好评。

（三）多渠道与投资者保持顺畅沟通，不断提升投资者教育水平

公司董办团队及时通过电话、邮件、e互动平台回复投资者关切，并通过媒体宣传、官方微信公众号等方式加强与外部沟通，提升公司市场形象。在投资者教育方面，公司在官网设置投资者中心栏目，及时发布公司定期报告、临时公告等有助于投资者了解公司的信息，并设立投资者教育专栏，年内发布8次投资者宣教文章。

三、公司治理工作

（一）优化组织筹备工作，提升“三会”运作效率

公司董办团队持续将公司治理工作推向深入，不断优化“三会”组织筹备工作，做好公司重大事项决策保障和董监高履职提供服务支持工作，推动公司“三会”高效合规运作。公司董办团队高度重视与董监事的会前沟通，重大事项上会审议前由管理层通过专题会议向董监事汇报，提高董事会运行效率；会中通过现场、电话方式与董事特别是独立董事逐一沟通，充分听取独立董事意见并认真落实，有效发挥独立董事作用。建立董事会决议会后跟踪机制，将决议事项分为持续跟踪事项和专项跟踪事项，会后密切掌握事项进展和变化情况，推动董事会决议有效落实。2020年9月至今，董办团队组织召开股东大会、董事会、监事会及董事会专门委员会会议30余次，编制各类报告、议案、公告等200余项，高质高效完成各类重大事项的上市公司审批程序；组织公司董监高参加监管机构培训20人次，回复各类监管来函、调查问卷等共计30余份。

（二）从制度建设入手，提升公司治理水平

公司董办团队注重通过制度建设梳理总结、固化公司规范运作优秀经验，提升“三会”运作质量和效率。部门制定有《“三会”工作流程手

册》，并根据监管要求和实际情况定期更新，将“三会”组织筹备工作进一步制度化、流程化。同时，董办团队积极参与公司其他各类制度的优化工作，从上市公司治理角度对公司各类制度提出修改意见，并与各相关职能部门就修订之处进行反复沟通，2021 年共计向 11 个部门、25 个制度反馈修改建议，在促进企业合规发展、全面提升公司治理水平等方面发挥了核心作用。

（三）促进公司业务合规发展，营造全员治理氛围

为保证公司日常经营规范运作，公司董办进一步将公司治理关口前移，全面对接业务一线，从上市公司监管和治理角度，为公司经营和业务开展中遇到的各类问题和事项提供合理建议与支持，同时密切跟踪重大事项进展，专人、定期提示上市公司治理和披露程序，保证公司规范运作、信息披露合法合规。同时，公司董办注重在公司树立、传播信息披露和公司治理理念，通过内部培训、专题会议、内部刊物和新媒体等多种方式向公司管理层、各部门负责人及广大员工宣传讲解信息披露要求、传递监管精神，自上而下形成全员治理的良好氛围。

作为上市公司治理的核心部门，五矿发展董办团队将继续认真贯彻落实证监会、交易所和上市公司协会的监管精神，恪尽职守，开拓创新，不断提高专业素养和业务水平，全力促进公司治理水平提升，为公司持续规范运作、健康发展保驾护航。

31. 国网信通：

立足岗位勇实践　创新突破促发展

国网信息通信股份有限公司（以下简称“国网信通”）前身为国家电网有限公司控股的四川岷江水利电力股份有限公司。2020 年 2 月股票简称由“岷江水电”变更为“国网信通”。公司在国家“双碳”目标与新型电力系统建设背景下，致力于成为国内一流的云网融合技术产品提供商和运营服务商。

作为央企控股上市公司，公司积极履行社会责任，自觉践行资本市场各项监管要求，在股权激励、员工持股方面积极探索，在重大资产重组、再融资等资本运作中努力实践，为央企改革贡献公司智慧，提供可借鉴的典型案例。证券管理部在公司董事会和经营层的坚强领导下，立足部门岗位职责，在信息披露、公司治理、投资者关系管理等方面不断创新思考，开拓性的提出工作思路，有效解决公司重大资产重组后面临的异地办公协同、内部信息报送、证券团队能力持续提升等问题，工作成绩得到了监管部门的肯定和认可，在上海证券交易所关于沪市主板上市公司 2020—2021 年度信息披露工作评价中获得 A 评级、“中国上市公司协会 2020 年年报业绩说明会优秀实践案例奖”和第 14 届中国上市公司价值评选“上市公司资本运作标杆奖”等荣誉。

一、构建信息披露合规体系，持续提升信息披露质量

完善信息披露制度顶层设计，结合重大资产重组后公司业务开展及管理要求，强化信息披露流程梳理，修订《重大信息内部报告制度》等，新

建共计七章、约43800字的《信息披露业务工作手册》，筑牢公司信息披露基础，克服重组后公司从业人员证券业务基础薄弱困难。凝聚公司信息披露工作合力，加强公司内部信息披露统筹协调，在重组置入标的公司中遴选复合型人才，专人专岗负责信息报送，提升多地域信息传递协同效率，形成从信息报送、审核、决策到对外披露的全链条闭环管理机制。提升全员信息披露合规意识，紧密结合监管最新法律法规，常态化开展信息披露培训宣贯，整合监管机构、行业协会、内外讲师等优质资源，定期组织重点岗位人员信息披露业务培训。强化信息披露关键点和风险点管理，定期梳理公司下阶段重点工作，进行重大事项报送及内幕信息保密工作提醒，通过重大事项预判及事前管理，构筑信息披露工作红线守护。持续优化信息披露质量，以投资者投资决策为导向，加强公司经营情况分析，提升文件可读性，探索公司自愿性信息披露标准，主动披露经营业绩、中标情况、股份增减持等方面的相关信息，助力投资者全面了解公司。

二、优化完善治理体系，全面提升公司治理能力

提高公司治理规范性，完善董事会专业委员会工作流程和职责，积极发挥委员会专家职能，结合新《证券法》等扎实做好培训宣贯，不断提升董监高履职能力和合规意识，强化独立董事任职资格和工作安排，充分发挥其经营决策和指导作用。优化治理体系运作框架，深入开展公司治理专项行动，全面梳理公司“三会”各项工作，形成包括会议筹备、材料内容格式及审议流程等事项的全流程工作操作手册。探索提升“三会”运作效率，适应公司办公布局和人员分布，形成北京、成都双中心证券工作协同运作模式，并利用“易董”等信息化工具助力“三会”合规运转，提升董监高决策效率。建立“三会”与经营层间基础性平台，组织股东、董监事开展实地参观、项目考察、座谈交流等内外部调研，搭建了解公司经营信息和听取意见建议的桥梁，发挥部门纽带作用，对经营管理事项实时跟进，落实决策执行闭环管理，形成“三会”决议事项跟踪机制，强化“三会”决议落地管控。

三、扎实开展投资者关系工作，构筑良好的投资者沟通纽带

搭建标准规范的接待流程，细化投资者关系管理工作，制定程序化、流程化、规范化的《投资者接待工作细则》，形成管理流程标准，定期整理投资者关注问题，形成投资者关系问答清单，提升接待工作效率、专业性和满意度。建立投资者常态化沟通机制，利用上交所平台主动开展投资者关系活动，把组织业绩说明会作为定期报告配套措施，积极参加辖区集体接待日，利用数字化技术丰富公司与投资者沟通渠道和机会，为投资者打造形式多样的交流互动平台。建立行业分析师数据库，通过现场会、调研接待、网上交流等形式加强与研究员、基金经理、分析师的日常沟通，定期跟踪市场关注点，消除信息不对称，维护良好的机构投资者关系。促进资本市场和电力系统互联共通融合发展，公司不断挖掘经营和业务亮点，在借助财经媒体向资本市场展现电力企业形象风采、传播公司内在投资价值的同时，利用电力媒体资源，持续传递公司所处资本市场前沿信息，促进传统电力企业更好地了解资本市场，利用资本市场工具转型发展，拓展互利共赢的新空间。

四、依托资本市场，助力公司高质量发展

规范募集资金管理，大力推进募投项目建设，进一步明确公司产业定位，夯实业务发展基础，增强公司持续盈利能力，满足未来的发展战略要求和布局，全方位提升公司“云网融合”核心竞争力。推进股权激励计划实施，组织论证股权激励计划可行性，形成公司未来发展的持续推动力，从监管政策、资本市场和中小股东利益等方面提供专业的意见和建议，合理安排决策程序、信息披露和保密工作，确保各阶段和各环节规范合规。关注再融资政策支撑业务发展，贯彻高质量发展要求，把握资本市场最新政策，结合公司业务发展实际状况，积极论证再融资方案可行性，从再融资工具选择、发行条件、再融资对公司治理的影响等方面向董事会提供专业建议。积极探索创新融资工具，根据公司业务特点积极组织证券公司、

基金及中介机构研究公募 REITs、可转债等创新型资产证券化工具，研究相关金融工具的使用条件，为公司未来资本运作储备多种可行性方案。

五、锐意进取，不断打造最佳管理实践

1. 强化与国网系上市公司之间沟通联络，充分利用国家电网公司旗下多家上市公司的平台优势，在关联人识别、关联交易、投资者业绩说明会、公司治理等事项上保持常态化沟通，互通互助互鉴，多向同行业优秀公司学习，改善问题处理方式，优化日常管理机制，形成工作联动合力。

2. 年度工作精心谋划统筹安排，制订年度工作计划，统筹安排全年重点工作，将“三会”、信息披露、投资者关系等事项细化至月度，以定期报告披露时间和以往惯例确定“三会”定期会议和临时会议安排，结合具体实践明确必审议题清单，并配合年度重点工作合理安排投资者关系活动。

3. 日常工作规范化管理，结合部门工作职责和实践经验，针对“三会”运作、信息披露、股权管理、投资者关系管理、募集资金管理、培训管理、档案管理等事项详细梳理法律法规、工作流程、注意事项，形成共计八章、约 47000 字的《证券管理部工作手册》材料。

4. 打造学习型组织构建优秀团队，结合部门人员岗位分工，每周开展主题研讨，学习资本监管动态、上市规则知识、行业动态等，营造内部沟通、学习、分享的氛围，提升部门人员专业素养和职业技能，增强对证券管理工作的责任感和敬畏感，促进个人和公司价值最大化。

5. 强化部门职能作用，按月度编制公司证券报告，涵盖资本市场动态、公司动态、信息披露、股票交易情况、投资者关系等，按周收集典型违法违规案例，定期向公司全员传递资本市场信息，不定期开展合规专项提醒，分享公司治理优秀经验做法，引导公司及子公司提高风险防范意识，由点及面提升上市公司整体合规性，为公司规范运作提供支撑。

6. 利用信息化手段提升培训效率，通过公司自主研发的“思极大学”信息化平台打造“互联网 + 企业大学”的培训模式，推出针对董事及高级管理人员的专项培训，升级创新服务模式，提高专业培训效率和质量。

32. 中国船舶：

激发上市公司高质量运作内生动力

一、董办概况

中国船舶工业股份有限公司（以下简称“中国船舶”）是中国船舶集团核心主业上市公司，整合了中国船舶集团旗下大型造修船、动力及机电设备、海洋工程等业务，具有完整的船舶行业产业链。作为世界航运业的伙伴，公司秉承“高质量发展”战略，以强大的科研创新实力、先进的管理水平和精湛的制造工艺，不断推出一系列大型绿色环保船型和船机新产品，持续引领船舶工业高精尖技术的发展。

中国船舶董事会办公室（证券事务部，以下简称“董办”）对内是上市公司规范治理、防范重大风险的“守门员”，对外是上市公司信息披露、投资者关系的“窗口”和“枢纽”。多年来，中国船舶董办以信息披露为核心、以规范运作为重点，构建起控股型上市公司高质量发展的特色实践、创新举措、有益做法和解题思路，是提升上市公司治理水平、推动上市公司高质量发展的核心部门。

二、董办工作特色实践

（一）三个“紧密结合”，构建完善的信息披露制度

董办始终严把“合规治理入口关、信息披露出口关”，通过三个“紧密结合”构建起完善的控股型上市公司信息披露制度，确保信息披露“真

实、准确、完整、及时、有效”。

董办以信息披露为核心，建立起“全面覆盖、重点突出、逐级复核、及时发现”的工作机制。

一是“建流程”，明确部门岗位职能、工作内容和工作要求，建立起完善的部门工作机制与工作流程。

二是“划责任”，创新性地建立子公司监管“专管员”工作机制，突出专业化管理，指定人员负责各子公司信息披露及规范运作事宜，提升规范运作内生动力。

三是“强规范”，定期召开规范治理工作会及董秘工作例会，谨记“四个敬畏”，守住“四条底线”，逐项梳理上市公司重点监管问题，持续做好风险评估、风险防范、风险管理。

四是“零容忍”，树立信息披露“六西格玛”管理体系，追求信息披露“零缺陷”，不断提高信息披露工作质量。

五是“有特色”，探索出符合央企控股型上市公司特点的工作方法：一是对涉及上市公司信息披露、规范治理、监管重点、处罚案例的重点、难点问题“立项”，开展“头脑风暴”式“专题研究”；二是鉴于公司董事、监事另在中国船舶集团身兼要职及生产经营实体在子公司的特点，摸索出“前移后挪”的信息披露特色工作方法。

六是“勤总结”，董办每月编制《董事会月报》，全面梳理有关重大事项、信息披露、规范治理工作、监管法律法规、监管处罚案例和子公司重大生产经营情况，第一时间报公司董监高。

（二）践行“三化”式服务，构建和谐互信的投资者关系

投资者关系管理是上市公司与资本市场、投资者沟通的桥梁，是传递企业核心价值理念的纽带，是上市公司向资本市场展示自身形象的窗口。董办通过专业化、精细化、多元化的服务，加强与投资者之间的沟通，传递公司投资价值，保护投资者合法权益。

1. 服务方式专业化。时刻关注并跟踪证券市场变化及船舶行业的法律、政策及舆论信息，及时采集子公司生产、经营、管理的重要数据传递给市场投资者。工作人员勤勉尽责、规范履职，在接待投资者咨询时，做

到“听得进、记得住、说得清”，且“耐心、有礼、有理”。

2. 服务内容精细化。在定期报告或重要公告披露后，就投资者可能重点关注的问题，协调有关部门及子公司提前准备，真实准确完整及时地向投资者做好说明、解释、答疑工作。召开现场股东大会时，为便利中小股东，派专人对接服务，通过精细化、人性化的服务，树立资本市场良好形象。

3. 服务渠道多元化。“请进来”和“走出去”相结合，多途径、多渠道做好投资者关系管理工作。积极运用投资者说明会、现场调研、热线电话、电子邮件、上证 e 互动等方式与投资者进行多渠道、开放式沟通交流，本着“三公”原则和务实态度接受投资者咨询，并积极予以反馈，构建投资者与公司的信任桥梁。举办投资者“走进中国船舶”交流活动，不定期邀请投资者、研究员、新闻媒体等到子公司实地考察调研，增加透明度，讲出“好故事”，传递“真价值”。

（三）发力资本运作，助力公司高质量发展

为贯彻党中央国务院关于供给侧结构性改革和国有企业改革精神，公司自 2017 年 9 月起实施市场化债转股及发行股份购买资产并募集配套资金的重大资产重组项目，历时近 3 年圆满收官。先后引入市场化债转股资金 168.9 亿元，募集配套资金 38.668 亿元，合计超过 207.56 亿元。董办作为该项目的核心参与部门，通过制定动态风险管理方法、建立统筹联动管理机制、树立资产合规化工作标准、应用多元化资本运作手段等一系列措施，形成了以核心军工资产资本运作助力传统上市公司高质量发展的资本运作创新工作路径，完善了公司主业板块布局，巩固了业务竞争优势，提升了上市公司质量。

33. 国电电力：

多措并举提升上市公司质量

国电电力前身东北热电有限公司，于1992年12月在大连成立，1997年3月在A股上市，2000年1月重组为“国电电力发展股份有限公司”。2002年12月，国电电力划归原国电集团控股管理。2017年11月国家能源集团成立后，国电电力成为国家能源集团常规能源发电业务（包括火电、水电）整合平台。公司主要经营业务为电力、热力生产及销售，产业涉及火电、水电、风电、光伏发电、煤炭等领域。截至2021年9月30日，公司拥有控股装机容量9850.45万千瓦，其中水电、风电、光伏发电和燃气发电等清洁、可再生能源装机占总装机容量比重为23.48%。

多年来，国电电力先后荣获中国上市公司金牛基业长青奖、中国上市公司百强、金牛上市公司百强、全景投资者关系金奖、新财富最佳上市公司、天马奖最佳董事会奖、天马奖最佳投资者关系公司奖等资本市场重要奖项，信息披露工作连续多年获得上海证券交易所A级评价。

一、资本运作方面

（一）股份回购维护公司价值及股东权益

2020年7月至2021年6月，先后开展三期股份回购，累计回购金额40亿元，回购股份18.15亿股，占公司总股本的9.24%，控股股东持有流通股比例由46.09%提升至50.78%。回购股份已于2021年9月17日全部注销，截至股份注销日，公司股价较第1期回购董事会公告前一交易日上涨51.02%，有效维护了公司价值，对国内上市公司回购有着重要的引领和示范作用，回购方案获得市场认可。

（二）与控股股东开展资产置换履行注资承诺

2021年9月，公司与控股股东国家能源集团完成资产置换，公司置出资产为金融、化工等非发电主业资产；国家能源集团向公司置入火电、水电等常规能源发电资产，本次交易是国家能源集团履行注资承诺的进一步体现。置换完成后，公司控股装机容量净增加1536.06万千瓦，置入资产将填补公司在山东、江西、福建、广东、海南、湖南等区域常规能源发电空白，提高公司在上述区域电力市场的占有率，整体市场竞争优势更加明显，助力公司可持续发展。

（三）发行储架及短期公司债券优化公司债务结构

自2020年9月以来，公司开展低成本融资和到期债务置换工作，发行3期储架公司债券及1期短期公司债券，发行规模合计86亿元，屡创同时期同类型债券最低发行利率，有效降低资金成本，优化公司债务结构。

二、信息披露方面

强化内幕信息知情人管理。公司建立内幕信息知情人登记管理制度，签订年度内幕信息知情人保密承诺，明确内幕信息知情人范围，提示内幕信息知情人知晓内幕信息定义及范围，了解应承担的保密义务和法律责任并作出承诺。

开展自愿性信息披露。在规范做好法定信息披露的同时，加强自愿性信息披露，公司自愿性信息披露包括，季度发电量情况公告、重要项目核准投产进展情况等临时公告、董事会工作报告、年度报告中的致股东一封信等信息。

连续13年单独发布社会责任报告。报告从公司治理、责任专题、安全责任、经济责任、环境责任、员工责任、社会责任等方面，详细披露了国电电力在安全、经营、环境、员工、社会责任等领域的实践和绩效，全面展示了国电电力作为央企上市公司履行社会责任的具体实践和取得的突出成绩。同时，在年度报告中，公司对环保信息、精准扶贫、公司治理等内容进行了披露。

三、公司治理方面

改进创新，推动公司“三会”管理信息化。以云平台为理念，运用模块化、信息化技术开发了证券融资管理信息系统。该系统结合公司规范运作管理实际需求，将管理方式由人工化向数据化、信息化转变。目前，公司控参股企业“三会”管理已实现议案在线提交、自动分配审核、流程实时跟进，以及签报、议案、决议汇编，主持词等会议材料自动生成等功能。部门信息化建设从本质上改变了传统工作模式，全面提升了公司规范运作管理水平。

完善流程，制定“三会”议案审核保障措施。为确保会议质量，公司进一步制定了严谨的会议筹备程序。公司在细化完善并有效执行工作流程表单制度的情况下，不断总结现场会议从组织到实施各个环节重点工作的经验，不断提高工作效率。

强化机制，及时修订法人治理制度。公司实时跟进国家法律法规相关指导意见以及证监会等监管机构政策指引，及时履行内部程序，对法人治理制度进行修订完善。将党建工作要求纳入公司章程，切实履行公司重大事项的党委前置审议程序。同时，在公司章程中进一步补充董事会履行内部审计主体责任的有关职权。在新《证券法》落地后，对公司治理相关制度进行了相应修订。

加强内部控制，充分发挥独立董事作用。建立向独立董事汇报机制，管理层定期向每位独立董事全面汇报公司的生产经营情况和重大事项的进展情况，并安排每位独立董事进行实地考察。同时，会计师汇报年报编制工作情况及年审中发现的问题及整改情况。独立董事就公司生产经营面临的形势及发展中应重点关注的问题，与公司充分交换意见并给予工作建议，充分发挥独立董事在公司治理中的作用。

四、投资者关系方面

公司以“董秘＋证代”模式配备投资者关系专职管理人员，并设立负责投资者关系管理的专业处室，持续加强投资者关系队伍建设。

常态化开展业绩说明。每次年度报告披露后均召开电话业绩说明会和网络业绩说明会，会前，为提升会议的针对性，公司发布公告提前向广大投资者征集问题，并做好充分资料准备，认真答复投资者关心的问题，提升交流效果。网络业绩说明会后，公司在报纸刊登路演回放，帮助未能参加网络业绩说明会的投资者了解公司情况，传递公司投资价值。与机构投资者不定期组织必要的业绩交流沟通活动，主动传递投资价值，增强投资者信心。

34. 伊利股份：

持续提高公司质量　助力企业健康发展

内蒙古伊利实业集团股份有限公司（以下简称“伊利股份”）是中国乳品行业第一家A股上市公司，位居全球乳业五强，连续8年蝉联亚洲乳业第一。公司在企业品牌价值和投资价值持续提高的同时，重点在提升公司治理水平、提高信息披露质量、完善投资者沟通机制、运用资本市场工具等方面强化实践，不断提高上市公司质量，树立资本市场良好形象。

一、提高公司治理水平，切实保障投资者合法权益

公司严格按照《公司法》《证券法》等法律法规及《上市公司治理准则》的要求，不断提高公司治理水平，完善股东大会、董事会、监事会相关制度，形成权力机构、决策机构、监督机构与经营层之间权责分明、各司其职、有效制衡、科学决策、协调运作的法人治理结构，加强合规、风控以及董监高履职等重点工作，持续完善公司的现代企业制度建设。

公司积极组织董监高及其他相关人员定期参加监管机构举办的相关培训，及时了解监管最新动态的同时对资本市场发布的政策新规认真解读修订条款，及时整理并编制简报，第一时间发送给相关人员学习，更好地使其履行义务。

依据相关政策新规及时修订公司制度，确保规则同频执行。例如，新《证券法》对内幕交易的法律禁止性规定做了完善，同时细化并拓宽了内幕信息及内幕知情人的范围。公司针对性的及时修订了《公司内幕信息知情人登记制度》，进一步规范了内幕信息管理，强化内幕信息保密工作，维

护信息披露的公平原则，保护广大投资者的合法权益。同时，为适应公司发展的需要，公司还修订了《公司董事会战略委员会实施细则》《公司董事会提名委员会实施细则》《公司董事会薪酬与考核委员会实施细则》及《公司董事会审计委员会实施细则》。董事会专门委员会中除战略委员会外，主任委员均由独立董事担任，薪酬与考核委员会委员全部为独立董事，进一步完善了公司董事会专门委员会结构，切实保障和维护投资者利益，并为独立董事履行相关职责及权利提供了充分保障。

二、持续提高公司信息披露质量，向投资者做好价值呈现

公司坚持以信息披露合规为底线，以投资者需求为导向，持续提升信息披露有效性。公司谨记“四个敬畏”，守住“四条底线”，讲出“好故事”，传递真价值，以投资者利益保护为原则，以客观事实为依据，真实、准确、完整、及时、公平地披露信息，更好地呈现公司价值，树立资本市场良好形象。

随着公司快速发展，信息披露数量大幅增加，新业务类型复杂多变，信息披露工作开展持续以业务为导向，通过梳理关键点、风险点，不断提升信息披露质量，规避合规性风险，制定并披露《公司内部控制管理制度》，进一步完善公司内部控制建设，提高公司经营管理水平和风险防范能力，促进公司规范运营和持续健康发展。

三、完善投资者关系沟通机制，持续回馈投资者

良好的投资者关系是实现企业价值最大化和投资者回报最大化的保障。公司重视投资者关系管理工作，通过股东大会、投资者调研等方式与投资者展开良性互动，积极打造更为开放和公平的投资者交流平台，为广大中小投资者与公司交流创造更多机会，全面保障投资者合法权益。

为了更好地服务广大投资者，公司投资者关系部负责与投资者进行更为专业的沟通，通过建立较为完善的沟通机制，持续与投资者进行良好沟

通。公司通过举办“网上集体接待日活动”、接待投资者现场调研、参加券商策略会、投资者沟通电话会及回复上证 e 互动投资者问答等沟通方式，强化投资者沟通，传递企业价值。除此之外，公司每次业绩发布后，公司召开业绩说明会与投资者及时进行交流，同时也会对日常交流中投资者关注度较高的问题进行解答。公司官网的投资者关系专栏可以及时展示公司股价、定期报告、临时公告和分析师列表等信息，帮助投资者了解公司经营信息及财务数据，提供“一站式”查阅平台，伊利投资者微信公众号的推出也为投资者带来了较好的沟通交流体验。

2021 年，公司首次举办“与健康相伴、与价值同行”投资者见面日活动，活动由主要领导带队，向资本市场全面解读公司的战略规划和企业价值观，将经营优势、战略方向以及价值观进行有效传递，让投资者有机会全面了解公司的战略规划、经营策略和业绩展望，提升投资者对公司的信心。

同时，公司重视股东回报，通过长期稳定的盈利增长和高比例的分红方式回馈广大投资者。上市以来，公司始终秉承上市公司责任，累计分红 21 次，现金分红总额达 304 亿元，持续为股东创造价值。

四、善用资本工具，助力企业高质量发展

公司紧跟资本市场深化改革的步伐，借助资本市场政策红利，积极深入研究探讨，围绕公司发展战略目标，运用相应的资本工具适时启动资本运作项目。

2020 年 9 月，公司推出《长期服务计划》，强化员工利益绑定、完善员工薪酬体系的同时持续助力公司稳健发展；2021 年 6 月，公司启动 2021 年非公开发行 A 股股票项目，持续完善产能布局、提升公司盈利能力、优化资本结构，进一步巩固公司行业地位。同年，公司通过并购方式完成对中地乳业的收购，提高了对上游大型牧业资源参与度和掌控度；对澳优乳业股份的收购也将强化与细分行业优势企业的协同发展，进一步提升公司竞争力。

未来，公司将在各级监管机构与协会的指导与支持下，继续秉承“公开透明”的治理理念，严守契约精神，严格按照《公司法》《证券法》《上市公司治理准则》以及国家有关法律法规的要求，持续规范公司运作，提升信息披露水平，为投资者提供价值回报，强化公司可持续发展能力，进一步提高上市公司质量。

35. 东北证券：

上下联动齐推进　凝心聚力求创新

公司董办团队始终走在公司治理的领先行列，在信息披露、公司治理、投资者关系、管理实践等方面不断夯实专业、探索创新，均形成了特色鲜明的团队风格，为巩固和提升公司治理水平提供强有力支撑。

一、信息披露的把关者

公司始终维持高标准开展信息披露相关工作，进一步完善信息披露机制，坚持“规范披露、自愿披露、主动披露”的原则，通过定期报告和临时公告的方式，披露公司各项业务开展情况、财务状况及重大事项进展情况。根据中国证监会《上市公司信息披露管理办法》等法律规范和相关要求，董办团队制定了《信息披露管理制度》和《内幕信息知情人登记管理制度》等规章制度，全面规范了公司信息披露事务，真实、准确、完整、及时地披露各项信息，确保所有股东享有平等获取公司相关信息的权利。多年来，公司严格把关，实现信息披露零差错，未出现过会计差错、信息补正、公告更正等情况。

二、规范运作的监督者

公司严格按照上市公司和证券公司的双重监管要求，认真落实法律法规要求，持续推进公司治理体系和治理能力的现代化建设。公司遵循“三会一层”独立运作、有效制衡、相互合作、协调运转的原则，不断优化各层级运行机制，提高公司的治理效率。董办团队通过组织召开公司股东大会、董事会、监事会和董事会各专业委员会等会议，确保股东、董事、监事和专业委员会委员能够充分审阅、审查、审议或听取议案、报告，保证重大决策的科学规范，切实维护广大股东和公司的利益。

三、投资者权益的维护者

公司董办团队高度重视与投资者的沟通，通过公司业绩说明会、网站投资者专栏、深交所投资者互动平台、公开电子信箱、投资者关系微信公众平台等多元化的沟通渠道，充分收集、听取投资者的意见和建议，在信息披露范围内作出及时反馈和回复，树立了投资者利益至上的服务意识和公司诚信、负责的良好形象，充分保障投资者对公司经营管理各方面信息的知情权，促进公司与投资者之间的双向交流，时刻维护投资者、特别是中小投资者的合法权益。

四、社会责任的践行者

董办团队在工作中始终坚持以客户利益、员工利益、股东权益、社会效益为重，在社会责任相关制度和组织体系的管理和指导下，负责社会责任践行的统筹性工作，引导公司相关部门聚焦社会责任重点领域，推动经济效益和社会效益的同步提升。公司董办团队已连续 13 年提请公司董事会审议并披露《社会责任报告》，通过全面、系统、可视化的方式展示公司对环境、经济和社会作出的贡献，履行合格企业公民义务。

五、资本运作的推动者

公司董办团队积极关注监管机构的政策导向和资本市场上的融资动向，紧跟政策和市场的节奏；与券商、分析师、基金机构等中介机构保持着有效的沟通，主动出击，推动公司股权融资事项顺利开展，为公司做大做强，补充资本实力作出了巨大贡献。

六、公司治理的领航者

多年来，公司董办团队不断扎实基本功，以投资者需求为导向，持续推动公司治理向精细化、流程化、系统化纵深发展。在全球最大的指数公司明晟（MSCI）发布的ESG评级结果中，公司在“公司治理”议题上的得分位于全球同业前25%，被评为“行业领先者”。

上市14载，公司始终致力于为投资者提供持续、稳定的投资回报，认真履行企业公民社会责任，得到了股东、客户、监管机构和其他相关方的充分认可，取得了多项荣誉，交出了漂亮答卷，也彰显了作为高质量上市公司的担当、底线、诚信和温度。

公司董办团队自成立以来，持续加强团队自身建设和提升，致力于建立和完善公司治理体系，持续提升信息披露质量，博采众长、注重实效，全力打造核心竞争力，公司治理规范有序、董监高勤勉尽责、信息披露及时充分、投资者沟通多元畅通。

未来，董办团队将持续聚焦公司治理重点领域，积极进取、诚实守信、规范运作、探索创新，对治理层负责、对投资者负责，面向国内、国际的更大舞台，充分展示公司治理行业领导者的个性、特色和风采。

36. 利亚德：

搭建资本市场沟通桥梁
保障信息披露合法合规

利亚德光电股份有限公司（以下简称“利亚德”）成立于1995年8月21日，于2012年3月15日在深圳证券交易所上市。自上市以来，公司始终非常重视信息披露、公司治理、投资者关系和资本运作管理工作，严格按照法律法规、部门规章及规范性文件执行相关工作。公司设立有证券部，由董事会秘书领导并负责公司信息披露、公司治理、投资者关系、资本运作方面的工作，同时还配置了不同岗位处理各方面的工作。多年来，公司不断完善公司治理，严格防范风险，在确保公司合规、稳健、快速发展的同时积极回报股东。

一、信息披露方面

信息披露是公司证券部的基础及重要工作之一，公司始终坚持贯彻公开、公平、公正原则，认真履行持续信息披露责任，准确、完整、及时地披露信息，将公司信息客观、真实的传递给投资者，维护投资者权益，切实保护投资者知情权。

注重提升人员专业素养，建立内外部学习机制。一方面，借助外部监管机构及中介/咨询机构平台及时了解法律法规、监管政策的更新情况，同时积极参加其组织的各类线上培训，加强对新法规、监管政策的把握；另一方面，证券部人员均参加了深交所创业板董事会秘书培训，保持每年均有人员参加外部监管机构培训的频次，以便于更深层次了解信息披露、监管等实操规则，以更好地保障信息披露质量。

注重提高信息披露效率及专业性，建立信息披露事前内外部沟通咨询机制。一方面，公司与监管机构保持良好和及时的沟通，遇到不清楚的问题时及时与监管员沟通，更好的掌握信息披露边界问题，以免出现违规；充分利用券商、律师、咨询机构的专业能力，在与之相关的专业问题上及时咨询，综合考虑其专业意见，保障相关公告的专业性。另一方面，公司建立重大事项或特定事项提前上报预判机制，公司及下属公司重大事项上报经过董事会秘书，证券部会及时获取相关信息并提前做好信息披露准备和沟通工作。

注重自愿信息披露充分性，积极主动披露重要信息。一方面，公司定期报告针对市场关心公司经营情况、主要指标、重大事项等内容进行自愿披露，信息披露更全面充分，公司2020年年度报告更是再入选深圳证券交易所《创业板上市公司2020年度报告优秀案例汇编》；另一方面，公司针对外国投资者的关注点，自2019年开始同时披露英文版《社会责任报告》（ESG），提升信息披露可读性。

注重信息披露质量拔高，培养信息披露工作的内外部总结习惯。一方面，公司建立信息披露台账，包括但不限于“公告发布汇总表”“三会汇总表”“对外担保汇总表”，等等；另一方面，公司关注证监会、深交所等监管机构公开监管函等处罚案例，有则改之，无则加勉；同时定期关注监管机构公开的优秀信息披露案例，参照学习。

二、公司治理方面

公司重视法人治理及公司层面内部控制体系建设，通过完善内部控制体系，促进公司及旗下子公司规范运营，提升子公司自主经营管理能力，最终使公司管理水平适应公司规模迅速扩张的需要。

规范“三会”运作，构造合规合理的上层决策机制。公司设有专人负责筹备、组织公司股东大会、董事会、监事会会议，处理“三会”日常事务工作。为了确保会议优质、高效，每次会前准备“三会”材料，确保文件格式规范、会议流程完备。并将通知、议案等材料及时送达董监高，确保其有充分的知情权。对重要议案提前与相关人员沟通情况，做好解释工作，征求意见，以便于相关人员更好地作出决策。

引入专业咨询机构，优化集团内部控制体系。首先，优化组织架构，促进集团各分子公司组织架构的规范化和标准化。保证组织决策效率，提高企业运行效率，降低企业经营风险。其次，识别经营风险点，完善控制程序，优化业务流程，保证经营安全以及资源的有效配置。再次，通过信息化手段将内部控制流程和制度落地，通过 OA 系统和 ERP 系统等的协作功能，实现管理流程的标准化和智能化。最后，随着内部控制体系的建立，集团把制订年度经营计划与内部控制落地相结合，规范集团的业务规划流程，并确保各子公司业务发展与集团战略保持一致。

三、投资者关系方面

在投资者关系管理工作中我们一直坚持着事实第一、及时披露、公平对待的基本原则。公司高度重视与投资者的沟通与交流，将投资者管理管理作为证券部日常工作的重点。公司严格按照相关内、外部法规、制度的要求，加强与投资者的沟通，促进投资者对公司的了解和认同。

针对中小投资者，运用基础与创新方式相结合的形式，建立与投资者的多轨制沟通渠道。基础方面，公司安排专人定期维护深交所投资者管理互动易平台、投资者热线、公司邮箱、公司网站等，确保与投资者能及时进行沟通；除此之外，公司主动举办积极参加监管机构组织的业绩说明会，采用现场、在线交流的方式进行。创新方面，公司通过新媒体手段传递公司信息，开通了微信公众号、新浪微博、抖音等自媒体渠道，定期维护并及时与投资者分享公司的最新情况，方便外部投资者更好地了解公司。

针对机构投资者，采用“请进来”和“走出去”的方式，建立双向沟通机制。在“请进来”方面，一般为公司积极主动邀请与被动调研相结合的方式，邀请投资者到公司实地调研和交流，有助于其更直观、深入地了解公司经营情况。在“走出去”方面，公司积极参加券商、研究机构等组织的各类投资策略会，加强与投资者交流。

公司重视投资者接待的细节和态度，调研过程中有关公司介绍的 PPT 内容定期更新，以便于投资者了解最新情况；每一次投资者的调研活动都认真对待，在与投资者交流的过程中，始终保持“坦诚”的态度，针对投资者关注的不同侧重点进行沟通；会后认真整理调研记录并对外发布。

四、资本运作方面

公司长期以来致力于经营业绩提高，努力回报投资者。公司根据实际情况制定了可持续的发展战略，适时运用多种资本工具来支持公司的长期发展，创造和提升公司的内在价值。

公司的资本运作围绕“内、外”两方面来展开，促进公司长远稳定发展。

从外部来看，公司自上市以来通过融资、并购、回购股份等一系列的方式，提升公司业绩、经营能力及综合竞争力，从 2012 年最低市值 9.9 亿发展到现在 230 亿，公司目前市值较 2020 年初增长超过 40%；公司自上市以来共实施了两次股份回购用于实施员工持股、股权激励及可转债转股，目前回购规模近 2.57 亿元；2021 年 1 月启动的第二次回购股份尚在回购期间内，目前已累计回购公司股份 11204613 股，回购总金额超 7500 万元。

从内部来看，公司激励包括并购进来公司的核心员工超 2200 人，分享了整个市值增长带来收益，员工得到了高额的回报，再不断为公司发展努力工作，形成一个非常健康的循环；其中，2020 年 9 月至 2021 年 8 月期间，公司启动 2021 年限制性股票激励计划及 2021 年员工持股计划，以 2200 万股回购股份用于激励员工，规模达 7880 万元，激励管理人员和核心人员 225 名。目前，限制性股票激励已完成授予，员工持股计划已实施完成。

随着资本市场改革与监管力度的加大，投资者对上市公司治理和回报要求也将进一步提高。公司将进一步提升信息披露和规范治理水平，充分发挥行业引领示范作用，为打造高水平规范治理的上市公司和证券市场的健康运行，共同创造良好的投资环境而不懈努力。

37. 中航西飞：

强化内部控制合规管理　助推公司高质量发展

一、公司治理

公司治理科学规范，运转良性。公司建立了党组织和“三会一层”的治理结构，充分发挥党委领导作用，董事会决策作用、监事会监督作用、经理层经营管理作用，推动形成权责法定、权责透明、协调运转、有效制衡的公司治理结构。

公司以“管理制度+决策清单+操作指引”模式，将“三重一大”决策管理制度作为公司决策管理的顶层依据，将各口径决策结构清单、党委会议事规则、总经理工作细则、董事会议事规则、股东大会议事规则等作为决策管理的重要制度支撑，编制专门文件规范内设机构的重大事项决策。在实际决策中，公司始终坚持集体决策、科学决策、民主决策、依法依规决策的原则，不断提升决策效率和管理水平。遵循 PDCA（计划—执行—检查—改进）循环，注重决策全流程管理，制定落实《“三重一大”决策后评估工作实施细则》，增加了“风险应对措施、法律意见的执行情况、决策事项风险防控的效果”等内容，进一步保证决策的科学性和严肃性。

公司董事会重视运作机制的构建，并做到切实有效的运行，董事会及其成员高度关注决议的贯彻落实情况，随时了解和掌握、监督检查决议的执行情况，对决议执行中存在的问题及时提出建议，主要体现在 4 个方面：一是抓议案规范化建设，对董事会议案内容编写、框架格式规范等进行明确规定与要求，不断提高议案质量和规范性，保证董事会能够清晰准确全面的了解议案内容，提高董事会审议决策效率。二是强化对董事会决的执行力度，对决议执行情况的跟踪检查采取信息反馈与检查相结合的方式进行，即在董事会召开后，建立决议情况台账，明确决议执行部门、责任人，完成时间等，动态跟踪检查董事会决议的执行落实情况，并及时向董事会报告。三是召开年度董事会时，听取总经理年度工作报告，对管理层提出指导性的建议，促进公司的良好发展。四是董事会、独立董事每年向股东大会报告过去一年工作情况，并提出下一年重点工作安排。董事会每年还安排外部董事独立董事监事对公司及子公司进行实地考察调研，了解公司及子公司的真实经营管理和重点任务进展情况，听取管理层的意见，并形成相关调研报告，帮助公司及子公司不断改进和加强运营管理，防范发生重大风险事件，确保按期完成年度各项任务目标。

二、信息披露

根据《公司法》《证券法》《深圳证券交易所股票上市规则》及《公司章程》等有关规定，公司制定了严格的信息披露管理制度，通过指定报纸、网站准确、及时地披露公司应披露的信息；同时公司每年度都制订详尽的《投资者关系管理计划》，向投资者提供畅通、便捷的沟通渠道，热情接待来访的投资者，认真回复投资者的来电、互动易、电子邮件上的提问。

公司严把信息披露质量，结合深圳证券交易所信息披露工作重点。一是准确把握信息披露的范围，确定信息披露的标准，帮助职能部门判断归类梳理应披露信息，认真履行信息披露义务，公司作为涉军企业在遵循监管部门的信息披露标准外，严格按所属行业要求进行信息披露，对涉及国家秘密的信息进行了有效的隔离保护。二是加强信息披露的内部环节控制，对公司应披露的信息进行监控，及时提醒相关业务部门按照监管部门和公司信息披露管理相关规定及时上报应披露信息，督促履行内部报告义务规范信息披露的传递和披露流程，避免应披露信息未披露现象发生。三是积极关注主要媒体对公司的报道，做好舆情监控，加强对公司内部宣传部门的联络，提醒对公司内部新闻稿件进行审核，避免应披露未披露内部刊物早于指定报刊或以新闻发布的形式代替信息披露事件的发生。四是做好信息披露的军工保密工作，将信息披露中涉及国家秘密和公司商业秘密的应披露信息分类管理，避免泄密。通过如上措施，确保了公司信息披露的真实性、准确性、完整性、及时性。2021 年公司在深圳证券交易所信息披露年度考核中荣获“信息披露 A 级优秀公司”，这是公司连续 4 年获得此项殊荣。

三、投资者关系管理

一是积极参加陕西证监局组织的投资者年度报告业绩说明会；二是及时答复深交所互动易平台投资者问答；三是审慎组织开展投资者现场接待调研，在开展投资者活动的过程中，为使该项工作制度化规范化，避免出现保密及信息披露瑕疵，公司在做好接待记录的同时，要求来访人员来访前提供调研提纲，对调研内容进行事前审核过滤，来访中要求填写《投资者来访登记表》《来访人员登记表》《安全承诺书保密书》并签字确认，同时公司接待人员做好保密提醒，投资者关系工作做到了公平公开，未发生有选择性或私下向特定投资者披露、透露或泄露非公开信息的情形。

38. 青岛啤酒：

创新　规范　发展
——做资本市场的好学生

一、在“三会”运作方面独特的创新履职特色和价值贡献

（一）多元化的董事结构，保证了董事会的科学决策

根据中国证监会和原国家经贸委联合颁布的《关于进一步促进境外上市公司规范运作和深化改革的意见》，1999 年我们结合公司董事会、监事会换届选举，增加了独立董事和外部监事的比重，在国内上市公司中率先建立了外部董事和外部监事占多数的董事会和监事会架构。目前，公司第十届董事会由 8 名董事组成（因总裁职位空缺，暂缺一位执行董事），其中，外部董事 5 名，占半数以上；独立董事 4 名，占 1/3 以上。在 5 名外部董事中，非执行董事石琨先生（由公司第二大股东复星集团提名）从国际化、多元化发展的视角为公司提供发展意见和成熟经验；4 位独立董事中的肖耿先生是国际金融专家，盛雷鸣先生是法律专家，姜省路先生是法律、金融专家，张然女士是会计专业人士，他们从不同的专业角度为公司的发展和决策提供意见和建议，公司以合理的董事结构保证了董事会专业、科学的决策。

董事会下设审计与内部控制委员会、战略与投资委员会、提名与薪酬委员会。独立董事在各委员会中任职，审计与内部控制委员会、提名与薪酬委员会全部由外部董事和独立董事组成。除战略与投资委员会外，独立董事在董事会下设的两个专门委员会担任主席。董事会在董事长的领导下，在公司的发展战略、管理架构、投资及融资、财务及风险监控、人力资源

等方面行使管理决策权，并致力于实现股东价值最大化。在《公司章程》和《董事会议事规则》中，详细列明了董事会在公司发展战略和管理方面的职权以及董事会对公司发展和经营的监督与检查职权。

公司外部董事（包括独立董事）和外部监事具有较高的独立性，保障了公司治理结构的有效运行。外部董事、独立董事以认真负责的态度出席董事会及相关专业委员会的会议，既广泛参与决策也对管理层形成监督制约，对所讨论的事项提供独立的判断、知识和经验，为保障本公司及股东整体利益提供了良好的监察和平衡作用。公司定期组织相关董事参加境内外监管机构举办的专门培训，以确保董事能了解其应尽的职责。公司还安排独立董事每年单独与董事长进行经营管理情况的沟通，让外部董事充分发表意见，并定期向其提供相关资料（定期编写证券市场的动态信息、工作汇报等多种形式），以及安排子公司实地考察活动，使独立董事能够及时了解公司的业务发展、竞争和监管环境以及其他可能影响公司和啤酒行业的资料，以确保董事能了解其应尽的职责，使其对公司经营状况及监管法规有最新的了解，进而对公司的经营决策作出正确的判断。

（二）法人治理结构完善，运作规范

公司建立并完善了规范的法人治理结构（“三会一层”）及运行机制，并建立了《股东大会议事规则》《董事会议事规则》《监事会议事规则》等制度和相关的工作流程，有效规范运作。公司法人治理结构中董事会、监事会和高管层责权明确、各司其职、各尽其责、相互制衡，董事长和总裁分设。董事会和监事会对股东大会负责。我们曾总结为“董事会决定干什么，监事会监督哪些不能干，高管层研究怎么干”。监事会独立运作，行使独立的监督权，为公司整体运营起到保驾护航作用。

公司监事会主席由青岛市国资委推荐提名，经公司股东大会选举产生。公司监事会主席除列席董事会外，有权列席公司总裁办公会，参与公司重大决策的全过程。由于监事会主席与公司没有直接的利益关系，从根本上保证了其领导的监事会能就公司的重大决策行使独立的监督职责。

公司经理层由董事会聘任，由在企业发展战略、财务、营销、技术开发等方面的专业人才加入，形成了专业化、职业化的经营团队。总裁按照

《公司章程》的规定，组织实施董事会决议及公司年度预算和投资方案，并向董事会报告公司经营情况和重大合同的签订执行情况；总裁在董事会的授权范围内行使对公司资金、资产的运用权及代表公司签订合同。同时，公司明确了经理层人员各自具体的职责及其分工，以保证其切实履行诚信义务和勤勉尽责。

公司于2018年6月28日召开股东大会审议通过了《公司章程修正案》，已将党建工作列入公司章程，贯彻落实了党组织在公司法人治理结构中的法定地位这一重要制度安排，把加强党的领导和完善公司治理统一起来。把党的建设总体要求写入《公司章程》，进一步明确了党组织的架构、任务，加强了党委把方向、管大局、保落实的政治核心作用。党委主要成员通过法定程序进入公司法人治理结构，分别出任执行董事和高级管理人员。目前公司党委书记由公司董事长黄克兴同志兼任。

（三）充分发挥战略投资者在公司治理上的积极作用

公司于2002年率先在国有上市公司中引入国际战略投资者，目前公司第二大股东—复星集团已分别提名一位非执行董事和一位股东监事，经股东大会审议通过后加入公司董事会和监事会，并积极发挥其民营资本的机制优势和活力，依法合规参与公司的董事会决策和运营活动以及监事会的监察等工作，推进与其在业务、产品等全方面的战略合作，并积极推进青啤公司建立管理团队的长效激励机制。

（四）抓住机遇，推出公司上市后首次股权激励计划

2020年春季在新冠肺炎疫情影响最严重、资本市场普遍悲观的时刻，公司董事会把握时机，在市国资委大力支持下及时决策，推出了公司上市后的首次股权激励计划——青啤公司A股限制性股票激励计划，激励对象中既包括了公司执行董事、高管人员，也涵盖各管理职能岗位和基层单位的其他核心管理人员及核心骨干人员，形成了良好的激励效果。

公司在激励计划中提出了颇具挑战性的未来股票解锁的经营目标，实现核心人才与企业利益共享、风险共担，极大地提升了广大股东和投资者的信心。激励计划推出后，2020年公司境内外综合市值首次突破人民币千亿元，国有资产也实现了较大幅度的增值。

（五）规范运作，树立形象，获得认可

公司股东大会、董事会、监事会和管理层分别严格按照法律法规要求规范运作，在资本市场树立了良好的形象，获得了监管机构和广大投资者的认可。2009 年公司获选上海证券交易所首次举办的“上市公司最佳董事会奖”。2016 年 12 月，公司在由中国上市公司协会、上海证券交易所、深圳证券交易所共同主办的“上市公司监事会最佳实践评选活动”中获得“上市公司监事会最佳实践 20 强”荣誉。

二、在信息披露和投资者关系管理方面的工作情况介绍

（一）公司信息披露制度建设情况

本公司作为全国首家 A 股和 H 股同步发行的境内外上市公司，自 1993 年上市以来，公司董事会和高管层高度重视信息披露工作，根据境内外上市地交易所的上市规则及其他监管规定建立和完善了《青啤公司信息披露事务管理制度》，并严格按照两地交易所的上市规则和公司信息披露管理制度等规定执行。

2021 年 10 月根据监管环境的变化和监管法规的更新，公司对信息披露管理制度进行了适时修订，使信息披露工作不断符合最新的监管要求，实现了境内外信息披露零差错，较好地履行了公司的信息披露义务。充分的信息披露使投资者和监管机构对公司的经营发展情况有了相对全面、准确的了解，信息披露工作获得了国内外投资者和分析师广泛的认可，树立了在资本市场的良好形象，公司曾两度荣获英国《IR Magazine》（《投资者关系杂志》）评选颁发的最佳投资者关系相关奖项。

（二）公司日常信息披露情况

公司在信息披露工作中一直秉承真实、准确、完整的原则，还根据境内外监管要求的不同，在实践中提出了信息披露“三从原则”，即“从严不从宽、从长不从短、从重不从轻”，保证了信息披露的质量。公司董事会秘书按照有关监管规定及《公司章程》的规定，经董事会授权负责协调和组织公司的信息披露工作，以及负责与投资者、证券监管机构及新闻媒体

的联络工作。凡涉及信息披露的内容，均按照中港两地不同的监管要求，在获得董事会授权后，于第一时间向中港两地监管机构作出汇报，并根据监管要求同时在国内和香港指定信息披露媒体上作出公告。

董事会秘书作为公司的高管人员，通过参加公司总裁办公会、经济活动分析会和公司战略运营推进会等专题会议，能够及时获取有关公司经营、发展和投资活动的第一手信息，从而确保其协调和组织做好公司的信息披露工作。

（三）公司定期报告的编制和披露情况

公司对于定期报告（包括年度报告、中期报告和季度报告）的编制和披露工作非常重视，并建立及执行了《定期报告编制及披露的工作流程》，对定期报告的编制、审议、披露程序作出严格规范。根据中国证监会及两地交易所对定期报告编制和披露的有关要求，公司在每次定期报告编制前均制定严格的工作时间安排表及任务分工表，将定期报告工作程序中的每项具体工作责任进行分解，并明确时间要求和责任人，公司严格按照此工作计划进行定期报告的编制、审议和披露。公司自 1993 年发行 A + H 股并上市以来，已历时 28 年，公司的定期报告均做到了及时披露，从无推迟情况，公司年度财务报告从未被出具非标准无保留意见，也从未出现定期报告“打补丁”等情况，保证了定期报告信息披露的质量，使投资者及时看到了公司真实准确而完整的公司业绩情况。

为做好年度报告的编制和披露工作，在管理层与审计师保持长期沟通的基础上，公司积极探索建立一套公司独立董事、管理层及审计师三方沟通的长效工作机制。

1. 公司独立董事在年审会计师进场之前（一般安排在每年 10 月末），即针对下一年度的审计计划召开审计委员会专题会议进行沟通，了解审计师的关注重点、工作团队、时间安排等。

2. 在年审会计师进场工作一段时间后，公司择时安排三方进行年报审计事项事中沟通，就审计师实施独立审计过程中发现的问题及管理层的回应内容向独立董事作出汇报，方便独董了解年报审计编制进程和需关注事项。

3. 在年报提交董事会审议之前，公司还将安排召开董事会审计委员会现场会议，组织三方进行最后一次沟通，并由独立董事对年审会计师的工作质量作出评价及就续聘审计师事项予以审议，同时，对公司的担保事项和关联方资金往来情况作出确认，确保了年报的顺利披露。

通过年审会计师与公司管理层和独立董事就年报审计事项进行事前、事中和事后的全面沟通，使独立董事对年报审计、编制的全过程进行了解和掌控，也使得董事会审议年报的议事效率获得提升，确保了公司年度报告的真实、准确和完整。

（四）注重主动性信息披露，不断完善披露质量

本着对投资者负责的态度，公司认真做好定期报告的编制和披露工作，在法律法规许可的范围内加强了披露信息的广度和深度，不但实现了信息披露的合法性与投资者需求深度性的平衡，也实现了信息披露的零差错。

公司在编制定期报告时注重主动性信息披露，在不涉及商业机密的前提下，不断完善定期报告中“管理层讨论与分析”的内容，充分披露投资者重点关注的经营、财务和市场信息。比如，将公司产品品牌结构、生产成本构成及变动及国内啤酒行业分析等投资者最为关注的信息编入定期报告，对投资者准确了解公司经营状况帮助极大，获得投资者广泛好评。

2021 年年初，公司还积极响应监管机构号召，根据公司的年度业绩披露计划和审计进度，首次披露了公司年度业绩快报公告，使广大投资者能够更加便捷快速地了解公司经营业绩情况，增强投资者的持股信心。

（五）严格遵守上市规则，确保重大事项的公平披露

根据公司在香港和上海两地上市监管要求不尽一致的客观实际，公司在信息披露工作中，坚持了“从多不从少”和“同步公平披露”的原则，在国内和香港市场对信息披露事项同时作出详细公布，能够使境内外投资者及时获得公开、充分的信息。同时，另外，公司还严格遵守相关规则，对披露之前的事项作出相应保密安排，最大限度防止拟披露信息泄露可能导致的内幕交易，确保投资者公平获取信息。

（六）公司管理层重视做好投资者关系工作

公司的投资者关系工作得到董事会和管理层的高度重视。公司建立了

由董事长、财务总监、董事会秘书等主要高管人员组成的“投资者关系工作小组”，近年来积极组织并参加公司年度业绩说明会、重要的分析师会议和路演、推介等活动，与分析师和基金经理进行广泛深入的交流，及时传递公司的发展战略和经营举措。

公司管理层高度重视投资者提出的问题和意见。公司主要领导每年都定期对董秘室汇总提交的投资者关注的热点问题进行认真的讨论和分析，并提出回复意见和解决措施。另外，公司近几年清晰、超前的经营发展战略以及完善的法人治理结构及依法规范运作，充分、透明的信息披露获得了广大投资者的广泛认同。

2021 年上半年，为进一步有效贯彻落实《国务院关于进一步提高上市公司质量的意见》的精神，公司主要领导高度重视、积极参与，经过周密筹备，以董事长为首，财务总监、董事会秘书等高管人员全过程参与，我们分地区、分层次地于五月份内连续组织及召开了三场投资者交流会议，分别是：借助上交所路演平台以网络 + 视频直播方式召开了“2020 公司年度业绩说明会”，与投资者进行了线上高效互动；在上海召开“卖方分析师沟通会”，在青岛公司本部召开“买方投资者及分析师现场交流活动”，通过上述投资者交流活动满足了不同层次投资者的沟通需求，推动了公司市值的快速增长。同时也在新情况下贯彻落实了新冠肺炎疫情防控要求，努力保障了参会人员的健康及安全。

（七）机构配置及资源充分，夯实投资者关系工作基础

公司积极主动开展投资者关系工作，制定《投资者关系管理制度》并严格遵照执行。成立有专门信息披露机构、设立专门工作人员从事投资者关系工作。工作内容包括信息披露、路演、组织业绩推介会、日常接待投资者来访、电话咨询，并定期组织投资者反向路演参观工厂等。公司目前负责投资者关系管理工作的专职机构为董秘室，配备了投资者关系管理等专业人员，并每年安排这些专业人员轮流参加上交所和香港联交所组织的各类专业培训和后续培训，着力提升上述人员的专业素养和业务水平，目前负责投资者关系工作的人员有 20 年以上投资者关系工作经验，对公司生产、市场销售、投资、财务状况等各项业务情况娴熟，深获投资者认可。

在办公保障方面，公司管理层高度重视，三部外线直拨电话保证了投资者来电畅通无阻，在其他办公费用方面，公司都给予了充分的保障，良好的资源配置和软硬件支持为行之有效的开展投资者关系管理工作打下了扎实的基础。

三、在协助董监高合规方面独特的创新履职特色和价值贡献

1. 根据公司上市地的监管法规要求，全体董事须参与持续专业发展，以更新其知识及技能。目前，本公司已为董事会成员提供了相关培训及发展课程，包括：（1）为新委任之董事提供就职课程（董事责任备忘录）；（2）为董事提供持续培训及专业发展课程。例如，公司结合董事会、监事会换届及或董事、监事更换之后人员调整情况，及时组织新任董监事和高管人员进行《证券法》和履行职责的专业培训，方便公司董监高人员了解其对上市公司信息披露事务应承担的法定责任。

2. 公司全体董事定期接受有关公司业务、营运及企业管治事宜的简报及更新，董事并获提供适用于本集团的新订重点法律及条例或重要法律及条例的变动。公司董事会秘书室每周还会编写一期有关证券市场发展及监管政策的动态信息发送给公司全体董事、监事和高管人员。

3. 公司定期组织独立董事和外部监事到公司下属工厂和营销公司等各分支机构进行工作调研，与生产和营销管理团队进行座谈交流，了解公司产品市场销售和生产运行情况，并提出相关意见和建议。

39. 浙商证券：

优化公司治理水平　提升资本运作能力
打造高效能金牌董办

围绕公司战略和董事会工作要求，浙商证券董事会办公室（以下简称“董事会办公室”或“董办”）继续推进部门战略，精准定位发挥信息披露、公司治理、投资者关系、资本运作、市值管理五大功能，提升部门能力完成五大职能。

一、规范开展信息披露工作，连续评为 A 级

（一）坚守信息披露的合规底线

董事会办公室作为信息披露的传递者，在做好强制披露的基础上，积极拓宽自愿披露的信息量，坚守上市公司信息披露合规底线，传递社会责任。公司上市以来，董事会办公室严格按照《上市公司信息披露管理办法》和公司《信息披露管理制度》等规章制度的要求，规范公司信息披露工作，2021 年起草、披露各类公告和上网文件 113 份，所有公告均未收到中国证监会、浙江证监局、上海证券交易所、证券业协会等监管部门、自律组织的警示函件。资本运作相关事宜的信息披露及时准确。高质量公告可转债、定向增发预案及相关文件；可转债赎回期间，董办充分提示投资者及时转股，有效促进了公司股本的增加并保障了投资者的权益。

（二）不断提升信息披露内容的价值

董事会办公室通过不断的学习及积累，近年来逐步提升信息披露能力，以投资者需求为核心开展信息披露工作，真实、准确、完整、及时、公平

地披露投资者关心的相关信息，提升信息的价值量，为投资者投资决策提供依据。

近两年，公司在上交所信息披露工作评价考核中连续获得最高评级 A 级（优秀）。

二、不断夯实公司治理机制建设，为董事会提供制度保障

（一）建立健全现代法人治理机制

董事会办公室作为公司治理健康运行的守护者，不断推动并建立健全适合浙商证券自身的法人治理结构，维护“股东大会为权力中心、董事会为决策中心、经理层为执行中心、监事会为监督中心、党委会领导核心”的治理机制能够规范运作。作为“三会”的筹备者和组织者，积极协调各治理主体间的关系并充分发挥其治理功能，努力成为金融行业内上市公司治理标杆。

（二）不断完善公司治理规则体系

在公司治理实施层面，不断推进完善以董事会为核心的公司治理规则体系，董事会下设审计委员会、合规与风险控制委员会、提名与薪酬委员会、战略发展委员会4 个专门委员会。9 名董事中包括3 名独立董事，这些机构和董事在参与公司董事会决策中能够积极发挥专业优势，为董事会决策提供有益的咨询意见。2021 年至今，董事会办公室持续完善和强化公司治理规范化运作，共组织召开 2 次股东大会、9 次董事会、6 次监事会会议。从每次会议的召集、召开到表决等程序，都依法合规进行，实现了公司治理的高效率和科学性。

（三）服务和支持公司治理体系高效运转

董事会办公室积极契合公司发展战略，不断优化调整部门定位，努力将自身打造成为“董事会日常运行和董监高履职的服务者”“董事会决策事项的智囊”“董事会研究事项的参谋”，努力成为公司治理专家”和“合规运作能手”。

三、投资者关系管理平稳开展，有效提升企业形象

（一）架设公司与市场沟通的桥梁

董事会办公室努力成为公司价值的传播者和维护者，成为公司和资本市场内外沟通的窗口，成为公司在资本市场的探头，努力讲好浙商故事，传递浙商价值。

2021 年至今，董办共接待投资者电话咨询 200 余次、回复上交所 e 互动近 30 问，接待重要投资机构洽谈近 30 次，组织并实施路演近 50 次，为公司与投资者架起线上互动 + 线下交流的立体沟通平台，建立稳固的投资者关系，并全方位展示公司价值。

（二）积极响应并坚决贯彻落实国务院/省政府/交易所等相关政策部署安排

2021 年上半年，董办牵头组织公司领导及部门工作人员在上证路演中心参加浙江国有控股上市公司集体业绩说明会，详细介绍公司 2020 年业绩情况，并与投资者做了充分的沟通，贯彻落实了《国务院关于进一步提高上市公司质量的意见》、“凤凰行动”计划和浙江省国企改革三年行动实施方案，助力于提升国有控股上市公司形象，推进上市公司高质量发展。

（三）充分重视投资者对于分红的需求

公司重视对股东的回馈，上市后，董办制定相关制度，建立并实施稳定的高分红政策，凸显价值投资，积极回报广大投资者。

四、资本运作助力公司战略，提升公司核心竞争力

董事会办公室积极提升资本运作能力，积极协助公司制定资本市场发展战略，参与实施资本运作项目。董办在近 3 年牵头完成可转债项目、定向增发项目、国开证券资产收购项目，并于 2021 年启动新一轮可转债项目，助力公司资产规模及竞争力的提升。

（一）“浙商转债”顺利转股实现多方共赢

2020 年可转债顺利转股。公司股票自 2020 年 7 月 31 日触发“浙商转债”赎回条件，董办及时与交易所沟通并组织召开董事会作出行使赎回权的相关决议。赎回期间，“浙商转债”累计 34.7 亿元转换为公司股票，占发行总额的 99.21%，公司总股本增加至 36.14 亿股，当期净资产达到 182 亿元，净资本达到 185 亿元。

（二）“逆势”定增吸引多家机构投资者关注

2021 年定向增发，董办牵头组织近 50 次的线上线下路演活动，引入了浙江省内多家知名的国有和民营企业，及上海、安徽、四川等多地的区域国有龙头企业，同时也吸引到中国银河证券、海通证券、广发基金、诺德基金、财通基金等市场活跃机构投资者的认购。此外，UBS AG 也代表了外资对公司有较高的关注。公司本次定增的投资者结构丰富，也体现了不同类型投资者对公司长久发展的广泛认可。本次定增为公司的发展奠定优秀的资金基础，发行完成后，公司总资产、净资产和净资本实力均相应提升，各项风险控制指标将更加稳健，与净资本规模挂钩的业务发展空间也将进一步扩大，从而整体上提升公司的市场竞争力和抗风险能力。

（三）“首例同业资产收购”为行业树立典型范例

2021 年，董办牵头完成国开证券 9 家营业部资产的收购，全程参与收购案的洽谈、标的资产的定价、收购方案制订及内部决策程序。该项收购是近年来券商完成的首例同行业资产收购案例。通过收购国开证券 9 家证券营业部，浙商证券业务规模实现快速扩张，各项业务之间产生协同效应，有利于促进浙商证券稳步迈向第一流梯队行列的战略目标的实现。

五、市值管理凸显成效，有效提升企业价值

通过市值管理促进股东实现财富增值。董事会办公室提升市值管理能力，通过与证券分析机构的联络互动发现价值，通过与投资人深入交流传播价值，通过与监管层和财经媒体交流维护价值，从而使股价更为合理准确地反映公司内在价值，使浙商证券的资本市场形象更为丰富多彩。2020

年度，董事会办公室通过信息披露的规范管理、资本运作的积极施行、投资者关系的良好维护，市值管理成效显著。公司 2020 年年初开盘价 11.4 元/股，年末收盘价 15.3 元/股，涨幅 34.21%，2020 年年涨幅在 57 家资本市场行业上市公司中位于第 8 名（除去 2020 年首发上市的公司），显著高于同行业年平均涨幅。

浙商证券董事会办公室精准定位，以五大功能全力服务董事会。结合公司战略和资本市场发展变化，董事会办公室的工作定位在原有基础上进行了深化和创新。规划工作愿景，树立高远目标，重塑部门功能和价值理念，积极探索打造优秀董事会办公室。

40. 东方证券：

以专业高效的董办推动打造优秀上市公司

东方证券于 2015 年实现 A 股上市，于 2016 年实现 H 股上市。作为一家综合实力位于行业前列的综合类证券公司，公司董事会办公室团队共有 9 人，发挥好上市公司规范运作看门人和重大资本运作牵头人职责，认真履行在公司治理、信息披露、投资者关系管理、资本运作等方面的职能，体现了自身工作应有的价值，为打造一家规范优秀的 A + H 股上市公司作出了积极的贡献。

一、完善公司治理，确保运行规范有效

公司持续健全各司其职、各负其责、协调运作、有效制衡的上市公司治理结构，确保股东大会、董事会、监事会和经营管理层归位尽责。

第一，推进党的领导与公司治理深度融合。作为国有控股金融企业，公司持续探索党的领导和公司治理有机融合的有效模式，明确党组织在法人治理结构中的法定地位，通过双向进入交叉任职、“三重一大”事项前置审议等形式，将党的路线方针和经济金融政策落实到公司治理运行中，不断完善中国特色国有控股上市公司治理机制。第二，持续加强对公司治理制度的顶层设计。从制度层面为公司治理有效运行提供扎实保障。第三，确保股东依法平等行使权力。公司按照《公司章程》《股东大会议事规则》等规定召集、召开股东大会，确保所有股东享有平等地位，充分行使自己的权利。第四，依法持续提高董事会质量，确保董事会科学决策。公司董事会结构合理，现由 13 名董事组成，其中，执行董事 2 名，非执行董事 5

名，独立非执行董事5名，职工董事1名。公司董事会下设战略发展、合规与风险管理、审计和薪酬与提名4个专门委员会，分工明确、权责分明、有效运作。第五，加强公司的经营班子建设，推进领导班子激励约束机制改革，经营班子的责任感和进取心明显增强。第六，有效发挥上市公司监事会监督职能。公司监事会一直坚持以提高上市公司质量为己任，始终秉持“到位不越位”的工作原则，全力保障监事会的“知情权”“监督权”和“建议权”，构建起以财务监督、履职监督、合规风控监督为中心，以日常监督、巡视调研监督为抓手的基本监督工作体系。2016年，公司监事会获评“上市公司监事会最佳实践20强”。公司监事会发布的《以有效监督促进高质量发展》入选上海市委组织部、市国资委“中国特色现代国有企业制度”创新实践案例。

二、对投资者负责，严格履行信息披露责任

伴随新《证券法》的落地，在注册制改革的大背景下，作为公司向投资者和社会公众传达信息的纽带，高质量的信息披露在展示公司形象、体现公司价值方面至关重要。

作为A+H股上市公司，公司严格按照监管部门和两地交易所的要求，建立重大信息内部报告体系、定期报告编制体系、内幕信息知情人登记管理体系和信息披露备忘录、公告复核表、交易事项台账等一系列信息披露质量控制表格，履行好真实、准确、完整、及时、公平等信息披露要求。2021年7月，上交所对公司年度信息披露评价结果为A（优秀）。

三、加强投资者关系管理，助力公司市值提升

公司秉承真诚、合规、专业的投资者关系工作理念，注重加强与投资者的沟通交流，倾听投资者的意见，传导公司的发展价值。投资者关系的工作内容和体系是比较丰富的，包括业绩说明会、参加上市公司策略交流会、接待分析师调研、一对一拜访路演交流、投资者接待日等一系列活动，

也包括上证 e 互动、电话、邮件、微信公众号等渠道体系。

2021 年前三季度开展各类路演交流活动 60 多场，同比增加 70%。公司积极维护股东关系，挖掘业务协同空间。2021 年，公司通过视频直播方式召开 2020 年度和 2021 年半年度业绩说明会，累计收看人数突破 10 万人次，有效提升了投资者认可度和公司的市场影响力。公司获得中国上市公司协会组织评选的“2020 年报业绩说明会最佳实践案例”奖。

2021 年以来，公司业务提升以及资产管理、财富管理业务发展受到市场认可。截至第三季度末，年内公司 A 股股价涨幅为 33.48%，在 40 家上市券商中排第 1 名；公司总市值 967.77 亿元，较 2020 年年末增长 30.7%，市值排名行业第 11 位，较 2020 年年末提升 5 位。

四、做好配股工作，积极推进资本补充

公司自成立以来，有效抓住发展机遇，规模逐步壮大，业绩稳步增长。2015—2017 年，公司借助资本市场的力量，完成 A 股、H 股 IPO 以及 A 股定增，实现股权融资近 280 亿元。上述 3 轮股权融资为公司近年来的跨越式发展奠定了关键基础。

2021 年经公司董事会和股东大会审议通过，为积极把握行业发展机遇，提升综合竞争力，公司拟通过配股方式扩大资本规模，增强资本实力。本次配股预计募集资金将不超过 168 亿元，预计配股后公司的净资产将达到 700 亿元以上。董办积极做好配股推进工作，当前相关工作正在有效推进中。

五、机制创新，组织实施 H 股员工持股计划

经公司董事会和股东大会审议通过，2020 年公司组织实施了上市公司 H 股员工持股计划，公司 3588 位员工参与，出资 3.17 亿元现金，委托资产管理机构从二级市场购入 H 股 6000 多万股。

员工持股计划的实施，密切员工与公司发展的利益关系，进一步增强

了主人翁的精神。截至2021年9月末，公司H股员工持股计划累计收益率43.71%，为员工带来了较好的投资回报，有效增强了公司员工的凝聚力。

六、积极回报股东，推进ESG工作

高于市场水平的分红率。公司坚持对股东现金分红，2017—2020年，公司近4年平均分红比率为50.87%，均高于市场水平。

推进ESG，推动可持续发展。公司自上市以来，每年披露企业社会责任报告和ESG报告。公司通过设立可持续发展专业委员会和开展绿色金融、责任投资等方式，多管齐下推进公司和社会的可持续发展。2021年8月，恒生指数公司公布2021年可持续发展指数系列名单结果，东方证券获新纳入恒生A股可持续发展企业指数，标志着公司ESG管理和行动受到了国际资本市场的认可。

41. 潍柴动力：

全力打造董办品牌　倾力提升公司运作水平

潍柴动力在监管要求框架下，持续探索提升公司治理、信息披露和规范运作水平，积极加强投资者关系管理和资本市场研究，注重以资本运营助推企业战略落地，形成了独具特色的工作体系和机制。

一、提高信息披露质量，助推公司质量提升

以“A＋H＋Dax”特色信息披露体系为基础，持续提升信息披露质量，深交所2020年度信息披露考核再获A，且连续5年获A。

1. 统筹兼顾，搭建特色信息披露体系。结合公司A＋H股上市、主要子公司凯傲集团在德国上市的实际情况，积极与境内外中介机构对接，紧跟监管政策要求和最新信息披露理念，适应各地法律法规差异，搭建起“A＋H＋Dax”特色信息披露体系，兼顾内地、香港、德国等多地跨国信息披露，确保境内外投资者平等获取公司重大信息的权利。

2. 适应监管，提升信息披露制度化水平。（1）遵照从严原则建立以《信息披露管理办法》为核心的信息披露制度体系，在实践中不断修订完善。（2）严格按照监管规则及公司制度要求，制定《信息披露事项审批管理流程》《定期报告管理流程》等，履行上市公司内部审批程序，通过宣贯培训方式贯彻执行。持续促进信息披露工作规范化、流程化、制度化。

3. 加强沟通，建立信息披露联络员机制。搭建起信息披露联络员机制，在主要单位设立信息披露联络员，负责所在单位信息披露事项的资料整理、提报和后续工作，并及时通报可能会对公司股价产生较大影响的重

要事项，提高信息披露及时性与准确度，为信息披露工作筑起一道牢固的“防火墙”。

二、规范内部运作，推动公司治理优化升级

持续规范上市公司董监高履职、“三会”运作，防范监管风险，打造上市公司“金圆桌”旗舰品牌。

1. 搭建证券业务一体化平台，实现数字化转型。在业内率先搭建起集“三会”运作、信息披露、董监高、关联交易、股东信息分析等功能为一体的证券业务平台，实现公司治理从线下到线上的转变。同时开发手机客户端，电脑端和移动端双向提升董监高履职体验。2020 年公司“三会”开始应用证券业务一体化平台，极大提高“三会”运作效率。

2. 紧跟监管动向，提高董监高合规意识。新《证券法》颁布后，对董监高的监管要求更加严格。我们对近年来董监高履职制度以及董监高违法违规案例进行梳理总结，形成宣贯材料，及时向董监高传递“讲规矩、守底线、知敬畏”的监管信号。同时积极组织董监高人员参加监管机构和自律机构的培训活动，提高董监高的综合素质和履职能力。

3. 抓住公司运作核心，打造务实型董事会。制定以董事会运作为核心的全面管控制度流程体系，确保规范运作；通过董事会成员多元化机制、“A＋H＋Dax”特色信息披露机制、高管履职评价机制、中英双语沟通机制、监管新政及时汇报机制，增强董监高履职意识，提升董监事履职水平；依托证券业务一体化平台，实现董事会运作数字化，全面构建创新型董事会治理体系。即通过“一个体系支撑、五项机制搭建、一个平台依托”优化董事会治理体系，打造上市公司董事会旗舰品牌。

三、主动式 IR 管理，助力公司价值发现

建立“投资者关系维护＋市值管理＋资本市场研究”为一体的投资者关系管理体系。以信息披露和规范治理为基础，强化价值投资理念，与资

本市场保持良性互动，维护投资者合法权益；注重分析资本市场热点、聆听汲取资本市场发展建议，为公司战略决策提供支持。

1. 开展投资者关系维护。（1）坚持真诚平等、深度专业原则，采用“走出去 + 请进来”相结合的方式，搭建股东大会、业绩说明会、正反向路演、调研接待、电话会、投资者热线、互动易平台等渠道，引导投资者对公司的价值发现及持续关注。（2）利用现代信息化工具，传递公司经营情况和战略规划，增进市场认同。一图看懂系列材料提炼定期报告重点，以更加简明易懂的形式展现给投资者，提升推介质量和传播效率。

2. 加强市值管理。通过系统性思考和再造资本市场投资逻辑，以提高上市公司质量为核心，我们科学、合规、高效地开展市值管理，致力于价值创造和价值实现。择机适时运用股份回购、定向增发等工具，推动市值向公司内在价值回归。

3. 注重资本市场研究。我们研究资本市场规律，为公司中长期发展战略谋划提供有效输入；紧盯资本市场动向，充分研判宏观大势、行业趋势和竞争格局等，为内部日常生产经营决策提供有益思路；运用资本市场思维，为规避资本市场风险提供有力支撑。

四、借力资本运作，加快公司产业转型升级

潍柴动力资本运作实践，始终坚持以产品经营为基础、以资本运作为工具，双轮驱动，聚焦主业搞改革、促创新、抓并购，延伸产业链条，提升公司核心竞争力，实现高质量跨越式发展。

2021 年，抓住发行窗口，圆满完成上市以来首次非公开发行 A 股股票，募集资金 130 亿元，所募资金用于包括燃料电池、大缸径发动机、道路用发动机、液压和 CVT 动力总成等成长前景好、发展潜力大的战略新兴业务产业化落地。该项目是公司积极响应“碳达峰”“碳中和”战略，聚焦增长性与前瞻性战略部署的重大融资项目，对于充分发挥主业优势和加快新业态产业化，实现快速、稳健、可持续性增长具有重大战略意义。

42. 以岭药业：

准确定位　提升能力　服务董事会建设

一、信息披露方面

董事会办公室（以下简称“董办”）是公司信息对外传递的桥梁，是公司的重要对外窗口。董办一方面及时、公平、真实、准确、完整、客观地做好信息披露工作，将公司最新变化及时向资本市场传递；另一方面，还在做好法定强制披露的基础上，积极拓宽自愿披露的信息量，坚守上市公司信息披露合规底线，以增大公司股东和投资者对公司经营信息的需求为核心，加大信息的价值量。

二、公司治理方面

公司已构建了股东大会、董事会及专门委员会、独立董事、监事会制度，形成权力机构、决策机构、监督机构与公司管理层之间权责分明、各司其职、有效制衡、科学决策、协调运作的法人治理结构。董办是公司治理健康运行的守护者，亦是董事会日常运行的服务者。董办积极主动地参加各项培训，提高董办人员协调、沟通等职能水平，以便更好地对董事会决策的执行情况进行监督，保持与外部监管部门的交流，促进公司规范“三会”运作工作的顺利实施。为了支持独立董事履行职责，公司内部除董办作为董事会与公司经理层及各部门之间的桥梁，协助其及时了解公司的情况和掌握履职所需的信息外，董事会各专门委员会均有对口的部门支持其日常运作，如审计部负责支持审计委员会工作，人力资源部负责支持薪酬委员会和提名委员会工作，投资部负责支持战略与规划委员会的工作等。董办还组建了董监高微信群，定期发布行业动态、监管部门动态、监管政策、证券市场典型违法违规案例等，搭建了公司与治理层、资本市场、行业优秀上市公司和监管部门的全方位学习窗口。

三、投资者关系方面

董办始终把尊重和维护投资者的利益放在首要位置，建立了一套包括信息披露、与投资者的沟通和交流，以及重大信息保密等较为完整、完善的制度，并严格执行落实。在合法合规的前提下，董办高度重视投资者关系管理工作，设立了多种与投资者沟通的渠道和方式，增强了公司信息披露的透明度。董办尊重每一位投资者，通过网上业绩说明会、深交所互动易、股东大会、投资者热线、投资者邮箱、现场调研、券商策略会、路演与反路演等方式与投资者和潜在投资者沟通，注重尊重投资者诉求，实事求是地与投资者交流，以真实、真诚换得投资者的理解和支持，及时修正投资者对公司的认知预期。公司还积极参加河北证监局、河北上市公司协会、深圳证券信息有限公司、财经媒体等组织开展的“投资者走进上市公司”专题活动，通过与投资人的深入交流，大力传播公司价值，从而使股价更为合理准确地反映公司内在价值，使公司的资本市场形象更为丰富多彩。

四、资本运作方面

董办努力成为公司资本运作的参谋者，积极开展创新研究，提升市场研究能力，定期或不定期地推出专项报告，为管理层决策提供参考。如每半月推出《医药行业快讯》，围绕行业政策和资本市场热点，针对行业动态、资本市场走势、股价波动分析等内容，形成专题研究报告；对标中药行业同类上市公司，对年报、半年报和季报进行比较分析，对生产、经营、效益、效率等核心指标进行对比，形成研究报告；分析中药行业和资本市场热点事件，如针对颁布的《中药注册分类》及新《药典》的解读报告、近年国家关于促进中医药发展的政策综述报告、中成药集采市场关注度报告、股份回购统计分析报告等，及时、准确、有效地向管理层传递行业和资本市场信息，积极协助公司制定资本市场发展战略，制定与实施资本运作项目，保证公司资本运作工作合法合规开展。

五、管理实践创新方面

为了发挥董办对规范上市公司董事会建设的推动作用，公司不断加强董事会办公室的各项职能，持续完善构建合理的组织结构。公司依照自身行业特点、未来发展规划、公司经营情况、发展阶段需求等情况合理配置董办人员，选取具有专业技能、工作经验丰富同时又廉洁自律的人员，并从专业水平、综合素质、性格特征等方面全面分析，对其作出合理的职责划分和工作安排，在“三会”运作、信息披露、投资者关系、资本运营等方面做到分工明确又相互配合，切实履行各项职能，从而使董办能够从公司实际情况出发，推动公司规范董事会的建设，保障董事会的建设水平。同时，董办不断加强与董监高、各职能部门和子公司的交流与沟通，促进公司规范董事会建设信息的传递性，落实相关的规章制度。此外，董办的部门文化建设也非常重要，这是保障公司规范董事会建设健康发展的关键与保障措施。董办以建立学习型部门为目标，加强团队建设，以团队活动、学习分享、定期培训为抓手，加强企业文化学习，培育团队成员的忠信力、学习力、执行力，提高董办人员的法律及责任意识，努力提升综合素质，力争打造更专业、更优秀的董办团队。

43. 国电南瑞：

发挥桥梁纽带作用　助力企业高质量发展

上市公司是资本市场发展的基石，自1990年沪深交易所建立开始，中国资本市场不断发展壮大，上市公司数量快速增长，已成为中国改革开放深入推进和经济发展的中坚力量。国电南瑞科技股份有限公司（以下简称“国电南瑞”）自2003年上市以来，专注主业并借助资本运作将企业不断做大做强做优做新，已发展成为中国能源电力及工业控制领域卓越的IT企业和电力智能化领军企业。证券管理部在董事会及管理层的正确领导和大力支持下，持续提高信息披露质量，坚持企业规范运行，支持公司生产经营，助力企业高质量发展，向股东展现公司内核价值，国电南瑞的资本市场影响力不断提升。

一、公司基本情况

国电南瑞成立于2001年，2003年在上海证券交易所挂牌上市。公司以先进的控制技术和信息技术为基础，以“大数据、云计算、物联网、移动互联、人工智能”等技术为核心，为电网、发电、轨道交通、水利水务、市政公用、工矿等行业和客户提供软硬件产品、整体解决方案及应用服务。历经数十年自主创新和产业发展，国电南瑞已发展成为总资产规模超650亿元，年营业收入385亿元、市值规模突破两千亿元的板块龙头上市公司。

二、董办团队工作开展情况

国电南瑞董事会秘书负责“三会”运作、信息披露、投资者关系等工作，设证券管理部（以下简称“证券部”）负责具体实施工作，承担董秘办相关职责。在本评价年度（2020 年 9 月 1 日至 2021 年 8 月 31 日），证券部凭借出色的专业能力、组织协调能力在信息披露、规范运行、市值管理等方面取得优异成绩，为上市公司保持稳健快速发展发挥了重要作用。具体体现在以下 5 个方面：

第一，加强宣贯和指导，做好合规的传播者。规范运作意识是企业避免经营风险的源头。随着企业发展壮大，公司管理体系更为复杂，一方面，证券部提高关键少数合规意识，组织董监高积极参加国资委、证监局、交易所、上市公司协会等各类专题培训，编制并定期向公司董监高报送《上市公司市值运行情况月度简报》，及时传递上市公司市值变动、投资者对上市公司关注重点、上市公司监管政策及违规案例等，持续加强董监高合规意识，更好指导上市公司日常经营管理。同时关注董监高持股规范，在定期报告、离职、新任、股权激励解禁等关键时点以短信、邮件等形式进行合规建议和提示，防范出现违规情形。另一方面，增强员工的规范意识和警醒意识，修编并在内部宣贯《上市公司规范运行主要注意事项》，筹划针对公司全员的证券类基础知识培训，涉及《证券法》、上市公司证券违法典型案例解析、上市公司关联交易管理、投资理财及大类资产配置风险防范等课程，提高员工规范运行和风险防范意识。

第二，支撑上市公司规范运行，推动企业高质量发展。证券部以上市公司治理规则为准绳，以企业内部控制制度为依据，严控“三会”审批前置程序完备，增强重大事项事前合规论证、过程监督和风险提示，根据企业实际情况推动相关部门完善并履行上市公司内部控制流程，健全“三会”治理机制，推动上市公司在对外担保、投资、重大经营项目等方面执行上市公司及国资管理相关规定，有效防范上市公司经营风险，企业保持持续健康发展。截至 2020 年年底，公司总资产、营业收入、归母净利润分别较上市当年（2003 年）增长了 80 倍、56 倍、103 倍、86 倍。

第三，持续提升信息披露质量，公司连续 7 年获 A 类信息披露评价。为保障信息披露传递的有效性和及时性，证券部不断优化信息披露联系人工作机制，在 38 个分子公司及职能部门设置证券联系人和分管领导，并进行证券事务专业培训和政策宣贯，避免发生信息遗漏、错报风险，防范内幕交易发生。着重提升信息披露有效性和可读性，在国家“双碳”目标及电网公司能源互联网发展战略等行业背景下，针对上市公司行业特征及产品特性，采取图表、注释等方式进行通俗转化，持续改进上市公司非财务信息，国电南瑞年度高质量完成 4 份定期报告和 66 份临时公告等文件挂网披露，充分展现企业价值。加强社会责任及环保成效宣传，按照国际主流 ESG 标准，完成社会责任报告 ESG 改版披露，同时发布了第一份英文版社会责任报告，积极向境内外投资者有效传递上市公司责任担当，获得市场投资者的认可。公司连续 7 年被上海证券交易所认定为“信息披露 A 级”上市公司。积极支撑公司股权激励工作，国电南瑞 2019 年开展了首期股权激励，证券部及时研究股权激励解禁政策，对解禁指标进行预警及跟踪，公司于 2021 年 3 月成功实现第一批解锁上市，企业员工凝聚力进一步增强。

第四，持续加强投资者关系管理，主动传递企业价值，上市公司市值突破两千亿元。证券部积极推进上市公司多层次投资者关系平台建设，加强不同类型投资者沟通，引导市场预期，提升投资者关系管理工作的针对性、有效性和系统性，稳定上市公司市值。一方面积极利用业绩说明会等多种形式开展投资者交流。今年以来，公司统筹组织，董事长、总经理参与并圆满完成 2020 年度业绩说明会，中小投资者通过业绩说明会进一步了解上市公司的发展战略，并提出了宝贵意见和建议。同时，公司深化投资者关系管理，开展每日股价走势、每十日股东结构常态化监测分析，通过上市公司业绩说明会、长期股东走访、券商策略会沟通、行业政策及市场热点解读、主流证券媒体报道等系列工作，加强与行业分析师、投资者、证券媒体等市场主体沟通，实现企业估值水平有效提升。面对日益增加的机构投资股东及潜在股东，我们采取分类管理方式，根据投资者不同的特点和需求，提供差异化、个性化、精准化的服务，进一步提升投资者关系管理工作的针对性和有效性，目前公司股东结构持续优化，境内外长期机构投资者持股比例显著提升。本评价年度证券部通过接待现场调研、参加券商线上/线下策略会、每季度定期报告业绩解读会、专项电话会、上市公司路演等方式累计开展投资者交流 190 场，完成 e 互动回复 142 题。企业稳健快速发展得到境内外长期资金的认可，公司市值表现亮眼，截至 2021 年 8 月 31 日，公司总市值 1942 亿元，较年初上涨 60%。9 月 3 日，公司总市值突破 2000 亿元，位列 A 股第 66 名。

第五，积极配合监管机关专项调研及上市公司同行学习交流。证券部积极组织董监高及相关部门负责人参加证券监管部门、国资监管部门的专项调研，包括国资委主办的央企控股上市公司专题培训、中上协关于上市公司业绩说明会专项调研等。同时，公司积极开展上市公司业务交流，在信息披露、资本运作、市值管理等方面与多家拟上市企业开展经验交流，取长补短，加强对最新监管政策学习。

董办工作是一项既繁杂又专业的工作，需要董办人员时刻保持着严谨认真的工作态度、不断学习的工作精神，努力架起股东、中小投资者、企业内部、监管、媒体的沟通桥梁，为企业创造更多价值。

44. 京东方：

董办工作实践创新亮点总结

董事会秘书室团队积极与投资者进行沟通，确保投资者服务渠道畅通，期间，通过调研、电话会等方式，服务机构投资者1327家次；答复交易所互动易1138题；举办2020年度、2021年半年度业绩网上说明会，董事长、总裁、财务总监、显示事业CEO 4位公司执行董事和公司董事会秘书在线与投资者进行了交流，合计回答问题263个。充分与投资者进行互动交流。面对新冠肺炎疫情带来的出行上的不便，投资者关系团队积极应对，通过更新投资者关系小程序、联合进门财经平台开发电话、网络端会议系统，完善电话、网络等远程会议参会报名、承诺书签署、会议纪要披露等环节，在合规要求不降低的前提下，方便投资者与公司的远程沟通，及时传递公司价值信息。

2020年在新冠肺炎疫情期间，条件非常艰苦的情况下，公司公开发行可续期公司债券（面向合格投资者）（疫情防控债）共计3期，共计60亿元（利率均低于4%，再创新低），疫情债缓解了武汉京东方运营压力，弥补了因新冠肺炎疫情造成的各项防疫支出，有利于武汉京东方光电复工复产，对公司整体的稳健经营、武汉整体复工复产和武汉当地经济恢复起到重要作用。

在资本运作方面，完成非公开发行A股股票，募集资金总额203亿元，向实际控制人、关联关系人，包括京国瑞基金在内的20名投资者，合计发行A股股票36亿股，占发行前总股本的10.49%。发行价格5.57元/股，相当于本次发行底价5.07元/股的109.86%，相当于发行期首日前20个交易日均价的87.99%，相当于发行期首日前一交易日收盘价的88.69%。在发行阶段克服新冠肺炎疫情的影响，与5家联席主承销商密切配合，与境内、境外机构密切沟通，积极进行线上、线下路演工作，获投资者的好评和认可。获配投资者涵盖了政府平台、产业基金、外资机构、知名私募和公募基金多类型投资者，前期沟通效果显著。募集资金用于收购子公司股权、对享有项目增资、偿还地方政府贷款、补充流动资金等6项用途。募集资金到位后，公司资本实力增强，募集资金项目实施后，有助于公司把握市场机遇，顺应产业发展；深化公司主业，扩大竞争优势、满足资金需求。整体而言，有利于提高公司未来的行业竞争能力。同时，募集资金到位后公司资产总额与净资产额将同时增加，公司资本结构更趋稳键，资金实力将得到有效提升，有利于降低公司财务风险，提高公司偿债能力，也为公司可持续发展提供有力的保障。

推出公司首期股权激励计划，并于2020年12月完成首次授予。公司首期股权激励计划既包含限制性股票，也包含股票期权，激励方式多样。授予股票期权和限制性股票的总股数约占公司总股本的2.82%，激励力度及授予额度名列近3年国有控股上市公司前三甲。激励对象包括管理团队、技术团队的核心骨干2781人，其中研发及工程技术人员占比64%，营销人员占比15%，40岁以下中青年骨干占比80%，充分体现了向技术和市场，向年轻后备和京东方未来发展倾斜的价值导向，获得干部员工高度认同和关注，公司上下创业创新激情高涨。

股权激励计划多个方面为北京市国有控股上市公司的首次突破，突破首次股权激励授予额度不超过总股本1%的上限；率先使用股票回购方式解决激励来源；激励人员数量北京市最多，且针对不同人员实施不同激励方式；实现提出授予指标“宽进严出”的考核原则；创新性为股权激励拟定滚动业绩目标，避免行业周期对考核影响；突出科技创新导向，对标企业全部选择国际行业巨头，体现高质量发展；激励对象结构体现未来导向，以80后、90后公司骨干员工为主，并将境外核心人才纳入激励范围，开创行业内先例。

激励计划中，解锁条件的设置不仅仅以收入、利润作为目标，充分考虑公司物联网转型发展的需要，涵盖ROE、毛利率、新业务增长率、创新专利数等多维度指标，全面激励员工。

在其他资本运作方面，2020 年 9 月，推出 A 股股票回购计划，通过集中竞价方式回购 A 股股票合计 20 亿元，占 2020 年归母净利润的 39.7%；在该次股份回购中，在如期足额授予和窗口期限制的双重压力下，充分考虑市场因素的影响，在仅有的两天的回购期限内，足额完成 20 亿回购且未造成明显的市场异动，圆满完成项目需要。

2021 年，再推 30 亿元 A 股股份回购计划，拟通过集中竞价方式进行 A 股股份回购。两期股份回购将全部用于股权激励。股份回购既表明公司管理层对市值被低估的态度，也满足股权激励计划的需求，充分利用公司良好的现金流回报股东。

45. 青岛银行：

董办团队工作实践创新亮点

青岛银行董办团队既是青岛银行董事会、监事会的日常办事中心，青岛银行全体股东的服务中心，又是青岛银行面向资本市场与广大投资者的营销推介中心。

青岛银行董办团队自成立以来，切实服务青岛银行各项重大战略部署，以高效精干的条线队伍、敬业奉献的工作态度、专业务实的工作作风、精益求精的工作标准，不断在实践中积累与提高。在资本运作方面，2010 年以来，董办团队配合青岛银行顺利实现 A + H 两地上市，完成境外优先股发行及两次定向增发等重大资本运作项目，为全行发展提供有力的资本支持。在规范治理方面，董办团队搭建并不断优化“三会一层”、股权管理、信息披露、关联交易、投资者关系管理等方面的制度体系与运作机制，探索出一条具有青岛银行特色的公司治理实践道路，为全行实现健康发展夯实治理基础。青岛银行董办团队在工作实践中存在一定的创新亮点。

一、担当实施资本运作项目的“先锋”

青岛银行董办团队根据全行发展战略及资本管理规划，深入研究监管规定，牵头研究制订各阶段股权融资方案，并统筹协调行内外各机构，全力推进股东沟通、监管报审与方案实施，为全行各项业务的跨越式发展提供资本支持。近年来，董办团队协助青岛银行顺利完成两个 IPO 项目，推动青岛银行成功实现 A + H 两地上市，成为山东省内首家 A 股上市银行，全国第 11 家 A + H 上市的商业银行，并综合运用定向增发、发行境外优先股、发行二级资本债等资本补充方式，累计募集资本近 300 亿元。

二、担当“三会一层”合规运转的“枢纽”

青岛银行董办团队按照 A + H 上市银行各项规范性要求，充分结合青岛银行经营管理实际情况，推动公司治理制度建设、加强内外沟通协调、凝聚各方治理合力。建立并不断优化专门委员会专业议事与董事会集体决策相结合的运作机制，组织开展主题丰富的独立董事及监事会专题调研，不断丰富董监事履职渠道，切实服务保障董事会科学决策、监事会有效监督与经营层规范经营，推动青岛银行公司治理体系合规、高效运转。

三、担当展示综合经营成果的“窗口”

青岛银行董办团队始终将尊重与保护投资者利益作为信息披露工作的基础，以真实准确完整为信息披露合规底线。对内建立完善的信息披露工作机制，明确信息披露的职能分工与审核发布流程。对外坚持合规披露与主动披露，以投资者需求为导向，不断提升公告内容的可读性，全面、客观、真实地向资本市场和广大投资者展现青岛银行的经营发展成果。同时，丰富与畅通中小投资者沟通渠道，通过安排专人接听投资者热线、及时回复 IR 信箱来函、在官方网站开设投资者专栏等方式，切实保障投资者尤其是广大中小投资者享有公平的知情权。

四、担当资本市场价值推介的“桥梁”

青岛银行董办团队秉承尊重市场、尊重投资者的理念，不断提高投资者关系工作主动性，深入挖掘提炼青岛银行投资价值，持续提升价值传递与价值创造能力。自 2015 年 H 股上市以来，即坚持每年组织开展年度及半年度业绩路演，通过业绩说明会、分析师交流会、一对一路演会议等方式加强与投资者的沟通与交流。A 股上市以来，关注青岛银行的分析师与投资者逐渐增多，董办团队着力搭建渠道多样、系统持续、频度与深度并重的投资者关系管理机制，通过线上与现场相结合的方式，认真组织筹备定期业绩发布会、投资者网上集体接待日、投资者反向路演等交流活动，变单向的强制信息披露为双向、互动的沟通机制，与投资者在同一沟通频道上回应市场关切，使自身投资价值全面、准确地得到投资者的理解与认可，培育认同青岛银行价值的市场中坚力量，不断扩大投资者关系“朋友圈”，构建经营管理与价值增长的良性循环，在中小银行中形成了独具特色的投资者关系工作体系。

五、担当统筹各项股权事务的“管家”

青岛银行董办团队切实维护青岛银行资质优良、互相制衡、长期稳定的良性股权结构，贯彻落实监管部门关于股东股权管理的各项要求，加强股东行为管理和定期评估，引导与规范主要股东行为，维护并增进与主要股东单位的良好合作关系。同时，坚持合规、高效的良好服务态度，规范完成股权确权、变更、质押、分红等各项股权事务，切实维护股东合法权益，为全体股东提供优质、专业的股权服务。截至 2021 年 10 月末，青岛银行质押股份占比 7.95%，前三大股东均未质押所持股份，未发生股权质押引起的股权纠纷或股权变更问题，不存在被质押股权涉及冻结和司法拍卖的情况，股权质押风险稳定可控。

六、担当关联交易风险管理的“阀门”

青岛银行董办团队准确识别关联交易管理中的潜在风险点，推动管理关口前移，建立事前管理模式。董办团队以准确认定关联方为基础，按照穿透原则认定关联方，并建立关联方名单持续更新机制；以加强系统管控为保障，在各类业务系统中专门嵌入关联交易识别认定和监测功能，通过系统进行关联交易管理的“硬约束”；以实行额度控制为手段，每年开展关联交易额度预计，加强总额控制；以完善配套制度为保障，建立关联交易审批机制、关联交易定期报告机制、关联交易内部审计机制等配套制度，保障关联交易合规开展。截至目前，青岛银行各项关联交易比例均满足监管要求，授信类关联交易连续多年保持零不良。

经过多年来的精心培育和实干历练，青岛银行董办团队的综合能力和专业素养得以持续提升，公司治理、信息披露、投资者关系管理等核心工作亦形成了良好的运作机制，得到了各级监管部门、专家学者及主流媒体的认可与好评。公司治理初结硕果：在中国银保监会2019年度公司治理评估工作中，青岛银行在全国城商行序列中监管评分位列前茅；在青岛银行登陆A股市场的第一个完整年度，即获得深交所信息披露考核最高评级A级，是当年深交所主板青岛辖区唯一获此评级的上市公司；荣获中国上市公司协会颁发的“上市公司2020年年报业绩说明会优秀实践案例”；吕岚董秘荣获新财富金牌董秘、《证券时报》天马奖之中小板最佳董秘；《中国证券报》《中国金融》《金融时报》《董事会》等对青岛银行公司治理特色实践进行多次专题报道，相关报道被新华社官方微信公众号转发。

46. 红塔证券：

建制度　强协同　重合规
打造以信息披露为中心的专业董办

红塔证券股份有限公司（以下简称“红塔证券”）董事会监事会办公室（以下简称“董办”）工作团队是一个具有较高业务素质和专业能力、工作认真负责、充满热情和活力的团队，在信息披露、公司治理、投资者关系、资本运作等各个方面的工作中不断总结、锐意进取、勇于实践，通过建制度、强协同、重合规等有效措施，致力于打造以信息披露为中心的专业董办，为公司规范运作、创新发展发挥了应有的作用。

一、建制度、强协同，信息披露工作不断夯实基础

1. 信息披露工作的有效开展，离不开公司内部信息披露相关制度的建立。虽然公司上市时间尚短，但是已经完成了信息披露事务管理、内幕信息管理、对外信息报送、重大信息内部报送等制度以及流程建设，并且通过多次内部培训宣讲，使全公司各个部门、各子公司都充分认识到信息披露工作的重要性，确保公司各部门、各子公司能够切实履行相关信息报送及内幕信息保密的义务。

2. 建立信息披露数据库，不断夯实信息披露基础数据。针对公司已经披露过的所有公告类型，董办将相关公告内容与外部信息披露法律法规进行统一整理，明确披露条件、披露格式以及披露文档模板，确保信息披露工作延续性；对于公司尚未披露过的事项，董办主动根据外规要求并结合工作实际进行数据整合。

3. 加强对公司内部其他部门培训与考核，强化协同机制。公司明确要求各部门、各分支机构、各子公司报告可能涉及信息披露的一切事项，并将相关标准与事项及时在公司内部培训，方便各部门各子公司遵照执行。

4. 加强与股东单位尤其是控股股东以及5%以上股东，董事、监事等关键少数的联系，主动了解“关键少数们”可能涉及信息披露的事项并及时为其提供相关业务支持与服务，不定期发函提醒各主要股东单位可能涉及信息披露方面的注意事项。

5. 加强与上海证券交易所、云南证监局等监管部门之间的沟通，对于信息披露实践中一些不确定的问题，积极主动向监管部门咨询、学习。

二、重党建、优服务，公司治理水平不断提升

1. 上市以来，公司严格按照《公司法》《证券法》《证券公司监督管理条例》《证券公司治理准则》《上市公司治理准则》等相关法律法规及《公司章程》的规定，稳健经营，规范运作。按照建立现代企业制度的目标，健全和完善法人治理结构，形成了股东大会、董事会、监事会和经理层相互分离、相互制衡、各司其职、各尽其责的运作机制。

公司全体董事、监事、高级管理人员忠实、勤勉，严格按照法律法规、《公司章程》及相关议事规则的规定履行职责，积极出席股东大会、董事会、监事会及各专门委员会会议。董办主动加强会前沟通，积极协调各个部门对上会议案相关背景材料持续细化补充，对董监高提出的问题第一时间予以回复、解答，不断提高优化对董事、监事以及高级管理人员履职的服务水平。

2. 公司重视党委会在公司治理中的作用，将党的领导融入公司治理，所有提交董事会、监事会的议案都将提交公司党委会前置研究。董办在实际工作中予以严格贯彻落实。

3. 董办将股权规范管理列为重点工作。例如：向控股股东、主要股东等报送涉及其权利义务法规内容的《股东履职手册》；在中国证监会发布《证券公司股权管理规定》后，及时跟进各位存量股东对照规定进行自查；

定期与股东保持联系，并及时提醒股东在交易敏感期避免增持公司股份；协助控股股东建立与上市公司有关的包括重大事项决策、信息披露、内幕信息管理和保密等内容的制度及工作机制等。

三、领导抓、真沟通，投资者关系管理工作迈上新台阶

1. 公司投资者关系管理工作得到董事长、总裁等公司领导的重视和支持。董事长、总裁多次对投资者关系管理工作作出重要部署安排，亲自参加公司年度业绩说明会、配股投资者交流会，与投资者直接交流，为投资者关系管理工作顺利开展提供了有利保障。

2. 精心准备年度业绩说明会，受到投资者的好评和欢迎。董办在 2021 年年初精心筹备，及时向上海证券交易所、云南证监局报告相关准备情况，收集整理投资者关心的各类问题，组织公司管理层、部门负责人等骨干力量参与，取得了非常好的效果，回答了投资者提出的全部问题。中国上市公司协会将公司业绩说明会评为“优秀实践案例”。

3. 董办在包括子公司在内的全公司范围内建立了信息采集机制。信息采集机制明确了各部门信息采集内容、标准、方式和责任人员，让投资者关系管理工作人员能及时全面掌握相关信息，为提前预防和较好处理突发事件创造条件。

4. 董办制定了舆情危机公关应急工作手册，规范舆情处置程序和流程，进一步提升公司舆情处置水平。同时，董办与证券行业主流媒体建立良好关系，保持经常性的交流与沟通，对于媒体和投资者关心的问题均能第一时间予以答复。

四、早统筹、抓落实，再融资工作交出优异答卷

董办作为公司上市以后第一次配股工作的牵头负责部门，参与了配股公开发行股票的筹划论证、材料申报、发行审核及配股实施的各个阶段。每个阶段，董办都提前统筹协调中介机构，制订包括详细任务图和时间表

的工作方案，着力抓好落实工作，解决关键节点问题，以出色的专业能力和强烈的责任担当保障着配股工作的顺利开展。

在配股实施阶段，董办制订了完善周密的实施方案。真实、准确、完整地做好配股信息披露工作，向投资者及时公布配股的各项进展；精心筹备并完成配股网上投资者交流会，解答投资者关心的全部问题，受到投资者好评；与主流媒体充分沟通协作，利用多种渠道发布公司配股信息，使投资者客观全面了解公司配股情况。通过不懈努力，公司最终实现了99.39%的配股率，达到整个券商行业乃至近三年整个资本市场配股率的新高。

五、谋全局、重合规，董办上下一盘棋

董办在全面做好信息披露、投资者关系管理、公司治理、资本运作等一系列复杂而具体工作的基础上，不断总结经验，创新工作方法，推出一些新举措、新做法、新亮点，使董办的各项工作不断取得新进步。

1. 统筹安排，理顺各岗位职责，使董办作为一个整体来谋篇布局。董办各个岗位都负有独立职责，但实际上是一个相辅相成的有机整体。公司治理工作、资本运作连接着信息披露，信息披露又和投资者关系管理工作密不可分，反过来投资者关系管理工作又会对公司治理和资本运作造成影响。所以，董办在年度工作计划以及重大资本运作中，会对董办全局做统一部署和安排，各个岗位做到既有分工又有协作，既有信息的及时传导又有岗位工作的动态调整，做到董办上下一盘棋。

2. 工作前置，不断提高董办主动服务和管理水平。董办主要服务公司各类股东、董事、监事、高级管理人员等，工作细微琐碎，但责任重大，不容有半点差错。尽量把问题想在前面，把各项工作最大程度前置，把服务做深做细尤为重要。比如，董办为了进一步提高董监事履职的服务水平，会定期或不定期制作各类情况简报，内容包括公司经营管理情况、合规风控情况、监管检查情况以及突发重大情况等，涵盖了公司经营管理的各个层面，这些情况简报对董监事履职尽责发挥了重要作用，受到公司董监事

的一致好评。

3. 强调合规，始终在合规的前提下开展各项工作。董办负责的信息披露、公司治理、资本运作、投资者关系管理等工作，对上市公司经营管理以及声誉形象等都特别重要，不容有任何不合规之处。比如说，对于董办接触到的各类信息要加强内部信息管理和登记，必须做到不该看的不看，不该说的不说，不该问的不问。再比如说公司治理，必须严格按照法律法规和公司章程的要求，一步一个脚印地按程序推进，在规范和效率之间必须选择规范，等等。

47. 广联达：

精益求精　守正出新　做合格董办人

为配合企业快速健康发展，广联达董办秉持“合规、务实、高效”的工作理念，不断改进工作方式、创新工作方法，以使企业自身发展和监管环境更加契合。我们认为，董办团队不仅是监管规则的学习者、传达者、执行者，而且更是监管规则的思考者、完善者、创新者。

广联达董办在信息披露、公司治理、投资者关系等方面的工作取得了一定成绩。

一、信息获取更加高效、信息筛选更加有效、信息披露内容更有实效

信息披露是上市公司董办最基础的工作，做完简单，做好却难。我们不局限于点到即止，也不满足于中规中矩，而是追求尽善尽美。

第一，高效的信息获取机制是做好信息披露的前提。董办对外披露的信息来源于企业内部，因此信息获取顺利与否对信息披露工作至关重要。尽管企业都制定了《重大事项/信息内部报告制度》，并且进行经常性培训宣贯，但信息是否提报和及时提报很大程度上依赖于提报人的意识和意愿。为有效改善被动提报的局面，我们参考交易所分业监管、分类监管的思路，对公司重大事项进行划分，如投资类、股权激励类、行政类等，并安排专人对接，保持日常沟通，确保事无遗漏、及时披露。

第二，有效的信息筛选是做好信息披露的关键。判断信息披露与否，不仅是对照规则条文的金额标准，更需要深刻理解最后一条“监管认为的

其他情形”。我们会从行业情况、经营情况、财务指标等内外部多方面衡量信息的有效性，扩大信息面，增加信息量，真正为投资者决策提供全面的参考依据。

第三，实用的信息披露内容是对投资者最好的负责。一方面，要保证信息披露内容的准确性，我们根据实践经验，对不同类别信息披露事项，分别汇总归类了日期、数据、格式、错字等日常信息披露易错点，从而有助于信息披露前后期都能快速定位错误、发现问题，提升公告撰写准确性；另一方面，要保证信息披露内容的易懂性，董办会从投资者角度，设身处地改进措辞和行文，确保真正简明易懂。

二、发挥专委会价值，让三会运作更加高效

在中国，公司治理经过多年的完善和衍化，已经形成“三会一层”的基础架构，能够各司其职、有效制衡、协调运作，为进一步提升“三会一层”运作效率，有效发挥董事会专业委员会价值是关键。为此，董办协同多个部门，共同担起董事会专业委员会的业务支撑，切实发挥董事会专业委会的公司治理价值，如战略委员会（支撑部门：董办 + 总裁办）、审计委员会（支撑部门：董办 + 审计部）、薪酬与考核委员会（支撑部门：董办 + 人力资源部）等。在董办和专业部门的协助下，董事会专门委员会对董事会真正起到了先锋队和辅助者的作用，帮助董事会更早的识别问题，更好地讨论问题，更快地解决问题。

三、忠诚、真诚、坦诚，让投资者感受公司投资者关系温度

对董办来讲，信息披露、公司治理等工作是基础项，投资者关系工作则是加分项，是真正能够直接与投资者交流、听取投资者建议、促进公司改进的一项有温度的工作。投资者是公司的股东，也是公司的朋友，对待股东、对待朋友，都需要忠诚、真诚、坦诚的态度，以心交心、主动作为。除了不定期做好日常投资者关系工作之外，公司每年年报披露之后，都会

精心组织投资者大会，公司高管进行主题演讲，会议邀请投资者、分析师、财经媒体等现场参会，线上平台支持所有境内外投资投资者实时观看。公司就行业整体情况、企业发展思路、面临风险与挑战等战略问题及部分具体问题与投资者进行深入交流、思想碰撞，并认真听取投资者关注重点和意见建议。截至目前，公司已经连续 9 年举行投资者大会，境内、外投资者踊跃参加，投资者大会已经成为广联达和广大投资者的共识，也成为广联达的优良传统。

董办工作看似简单，实则不易！中国资本市场风雨三十余年，每一个部门的诞生、每一项制度的出台、每一条规则的撰写，都是前人无数次的摸索碰撞而来，都是为解决问题而来，都是为资本市场健康发展而来，董办是实实在在的亲历者，更应是上市公司合规发展的践行者，勤学之，慎思之，明辨之，笃行之，既要担当合规的基石，又要担起冲锋的重任。

生逢其时，重任在肩，精益求精，守正出新，做一名合格董办人，才不负时代，不负韶华！

48. 中联重科：

多元平衡的股权架构　专业高效的董监事会

中联重科股份有限公司（以下简称“中联重科”）创立于1992年，主要从事工程机械、农业机械等高新技术装备的研发制造，主导产品涵盖11大类别、70个产品系列、近600个品种，是业内首家A+H股上市公司。中联重科经历了科研院所企业化转制、A股上市、研究院改制和整体上市、H股上市等阶段，最终形成了湖南省国资委、管理团队和骨干员工、战略投资者及其他流通股东共同持股的混合所有制企业，是国务院国资委混合所有制改革“样板”企业之一。公司董办团队在公司治理、信息披露、投资者关系、资本运作实践方面取得了一定成绩。

一、公司治理

中联重科的公司治理注重董事会、监事会建设，遵循法律法规，贯穿市场化原则。一是董事会真正成为资本意志表达和决策的平台。不同性质的资本均以董事会为平台，按股权比例表决，实现了同股同权。中联重科董事会成员共7名，其中，独立董事4名，分别为财务、管理、人力资源和战略方面的专家，占比超过50%，拥有充分的话语权。二是监事会有效行使监督权。公司3名监事中，第一大股东湖南省国资委提名监事担任监事会主席，股东提名监事作为技术、财务等方面的专家参与公司日常监督，职工监事代表职工行使监督职能。监事会成员列席公司股东大会、董事会会议，充分参与重大事项讨论，对决策程序进行有效监督。中联重科通过上述董监事会治理方式，完善法人治理结构，具体效果如下：

1. 构建了多元平衡的股权架构。股权合理分散的架构，避免了一股独大，形成多元平衡的利益共同体。

2. 构建了专业高效的董事会，独立董事占比超过50%，更好的保护中小投资者的权益，并多次获评“金圆桌奖”的“最佳董事会”奖项。

3. 构建了有话语权、有担当的监事会。监事会中有财务专家，行使日常监督权。

二、信息披露

在信息披露实践过程中，中联重科根据新《证券法》对信息披露的要求，在“真实、准确、完整”的基础上，充分考虑了投资者对公告内容的需求和阅读习惯，通过事前了解投资者的关注点、事中根据投资者的关注制定披露策略、事后通过与投资者的沟通了解投资者对公告的态度，做到了“简明清晰、通俗易懂”。近12个月，公司在深港两地交易所高质量披露公告合计近400份。2018年至2020年，中联重科连续三年在深交所信息披露考核评级为A。

三、投资者关系

中联重科一直高度重视投资者关系工作，严格按照国家法律法规及深圳证券交易所对上市公司信息披露规定的其他原则，建立完善的投资者关系管理工作制度。首先，将投资者关系管理作为日常工作的重点。在媒体报道、投资者问题释疑、机构调研等方面进行系统管理，规范公司接待和推广工作，增进外界对公司的了解和认知，及时掌握媒体对公司的评论、投资者关注公司的重点内容等，并向公司高层传递投资者的真实诉求。其次，保障中小投资者知情权，对全体股东负责。公司积极尝试用多种方式与投资者开展广泛而深入的交流，聆听他们的意见，传递公司的信息，维护投资者和公司之间的长期信任关系。通过深交所互动易、投资者热线、公司邮箱等，加强与投资者进行及时沟通，公司安排专人定期维护上述渠道和平台，保证投资者沟通顺畅。最后，积极组织和参与公司推广和投资者接待活动。在2020年年度股东大会上及公司资本市场开放日等活动中，中联重科接待多名中小投资者到公司园区生产基地参观和调研，向投资者展现公司真实客观经营面貌。公司于2021年4月9日通过网络直播形式举办了2020年年度网上业绩说明会，并提前向投资者征集相关问题，会议过程中公司董事长和多名高管主动介绍公司情况，积极回答投资者提出的问题，并广泛听取投资者的意见和建议。伴随这些活动的开展，公司与投资者之间搭建了更加良性的互动平台。

四、资本运作

中联重科的资本运作工作忠实服务于公司长期发展，紧紧围绕公司战略积极开展，同时充分重视公众股东的利益。在公司不同的发展阶段，资本运作都对公司主营业务起到了的重要支持作用。

2021年1月，中联重科完成H股增发，募集资金11.36亿港币，中联重科管理层持股平台全额认购，彰显发展信心。该次发行有效地提振了海外投资者信心，发行完成后公司H股与A股之间的折价进一步缩小，体现了海外投资者对公司H股投资价值的充分认可。

2021年2月，中联重科完成A股增发，募集资金51.99亿元人民币，引入基石资本、JP Morgan、UBS AG、Morgan Stanley、财通基金以及迪策鸿泰等多家海内外知名投资机构。中联重科本次发行获得市场火热认购，有效认购倍数高达3.19倍，最终发行价格相较发行底价溢价20%。本次募集资金投向围绕公司主营业务，主要投向挖掘机、零部件、搅拌车等智能制造项目，推动中联重科挖掘机械的制造竞争力迈入世界先进水平。此外，公司近一年以来通过超短融、ABN、ABS共募集资金80亿元人民币。

智能制造是装备制造企业转型的必由之路，2021年度中联重科完成的A+H股增发将进一步提升公司的核心竞争力，保证公司未来的可持续、高质量发展。

49. 旗滨集团：

恪守规范　心怀敬畏
筑好上市公司诚信经营的第一道防线

董事会办公室（以下简称“董办”）是上市公司规范运作、信息披露的第一道防线，是协助董秘工作的参谋和助手，也是上市公司证券事务工作的中坚力量。作为旗滨集团董办人员，我们见证了公司从单一的玻璃原片生产企业转型升级并快速发展壮大为集优质浮法玻璃、节能建筑玻璃、低铁超白玻璃、光伏光电玻璃、电子玻璃、中性硼硅药用玻璃的研发、生产、销售为一体的创新型国家高新技术企业的成长历程。2021 年是旗滨集团蓬勃发展、提高创新的一年。在这一年中，旗滨集团董办人员秉持“专业敬业、勤勉尽责、认真进取”的态度，积极为公司在强化信息披露、规范治理、董监高合规履职等方面出谋划策，也为推动公司公开发行可转债、实施员工持股计划等重要资本运作项目贡献自己的力量，保障了公司信息披露真实、准确、完整、及时，推动了控股股东、上市公司规范运作不断完善，维护了和谐的投资者关系。在助力企业规范发展的同时，也实现了自我能力的积蓄、提升，促进了部门人员的职业素养、专业技能和业务经验的不断提高，对关键信息、重要事项的敏感度也不断增强，工作效率和质量也得到了较大提升。

一、信息披露履职情况

信息披露是上市公司所有工作的基础，也是上市公司价值管理的重要环节。透明、公开、及时、有效的投资者信息传递是展现公司活力的源泉。

信息披露也是董办最为日常的工作，更是考验我们对于规则把握的一项重要工作。随着资本市场不断发展和多元化，法律规则、制度不断更新迭代，我们需要及时了解并更新自己的知识库，从而准确判断当涉及需要披露事项时我们需要履行的程序及披露要点。2021 年，董事会办公室协同财务部、人力资源部等相关职能部门，根据定期报告披露要求，认真制定、落实定期报告编制和议案编制分工，并积极加强与相关责任部门、责任人协调、沟通，做好财务、非财务信息资料的收集；积极协助公司审计委员会、独立董事、会计事务所做好年报履职和年度报告审计工作，有效保证了定期报告编制质量，确保信息披露透明度。在各部门的共同努力下，按时完成了各定期报告的编制和披露，得到了交易所的肯定，近 5 年均未收到定期报告审核关注意见。报告期，公司共计完成了 163 份各类临时公告及 490 份挂网及报备文件（其中挂网文件 100 份）的信息披露工作，未出现信息披露“打补丁”、更正情形，且全部在规定时间内完成，所有信息披露符合真实、准确、完整、及时、公平，以及简明清晰、通俗易懂的要求；信息披露内容无遗漏，无虚假，无误导，有效执行和维护了信息披露责任机制，保证了对所有股东的公平、公开、公正，保障了所有股东依法享有的各项权益，有效促进了公司价值反映。2020—2021 年，公司获得的上海证券交易所信息披露评价为 A。近年来，公司年平均披露公告份数达 130 余份，还有众多需要与公告同步上网披露的报告文件、中介机构文件、报备文件等，这需要我们准确的知道每一个披露事项正式执行前有哪些准备工作要做，需要随时翻阅披露事项的相关规则，并查看交易所披露要点，同时列出时间表，推算什么时间需要召开董事会、股东大会，列出各阶段需要披露的公告及文件，从而确保披露事项的完整、准确、无误。

我们在信息披露方面的具体做法有：一是制定健全、有效、可行的信息披露相关制度，包括《公司信息披露事务管理制度》《公司重大信息内部报送制度》《外部信息使用人管理制度》《年报信息披露重大差错责任追究制度》《内幕信息知情人登记备案制度》等，制度的及时建立和有效执行，确保了公司信息披露及时有效的传递、汇总和披露，信息披露工作合法合规。二是制定严谨的定期报告及临时公告的编制、披露程序。为确保高质量地做好定期报告的信息披露工作，公司董事会办公室协同财务部、人力资源部等相关部门，根据定期报告披露要求，认真制定、落实定期报告编制和议案编制流程和分工，就定期报告的编制及审议过程的关键节点予以明确和跟进，并积极加强与相关责任部门、责任人协调、沟通，做好财务、非财务信息资料的收集；积极协助公司审计委员会、独立董事、会计事务所做好年报履职和年度报告审计工作。在每一次定期报告完成后，均及时进行经验总结，对流程进行不断补充和完善，有效保证了定期报告编制质量，确保信息披露透明度。三是不断提升信息披露工作责任心，对每一份公告斟字酌句。董办人员努力提高自己的写作水平和逻辑能力，不断增强工作的责任心，严肃认真地吸取教训，想方设法减少文稿错误和“打补丁”情形，将企业的信息真实、准确、及时地传递给投资者，与资本市场保持准确、及时的信息交互传导。四是健全双向、多级复核信息披露机制。目前公司信息披露工作由董事会办公室负责，在董办内部根据工作职能职责实施信息披露 A/B 角编制、复核机制，相互熟悉信息披露工作流程和业务要求，确保快速进入信息披露工作状态和核对信息披露工作误差，既要相互联系，又要相互支持、密切配合，做好做实细节工作，确保日常工作正常顺利开展。公司信息披露事务工作由董事会秘书亲自管理，所有公告董事会秘书都认真把关。重大信息采集、核实、信息披露文本审核、重大事项与交易所监管老师沟通情况等事宜董事会秘书都会详细了解，公告最终经董秘审核同意后才能发出。日常管理中，董秘通过参与公司重大决策会议，及时了解公司信息，并参与公司经营决策，对敏感信息都作出是否披露、如何披露的专业判断。同时，董办根据公司业务的变化，定期或不定期的向事业部、财务管理部、战略投资部等相关部门和业务子公司采集重大事项的进展情况及市场关注的信息，介入生产经营及项目投资等重大事项中去进行深入调研，了解、掌握一手信息，确保公司信息披露的真实、准确、完整、及时。五是积极调整信息披露工作和沟通方法。为顺应工作需要，公司及时通过微信建立董监高工作群，便于相关工作快速、高效对接。同时，及时根据董监事对审议材料的意见，调整相关资料，并进一步完善会议材料的内容和数据，为董监事依法履职提供更加全面资料。

六是保持与监管部门有效沟通，认真、主动加强与证券监管机构的沟通联络工作，落实、传达监管通知文件、完成调查问卷、专项报送信息等事项，尊重监管建议，充分发挥公司与证券监管机构之间的桥梁纽带作用。七是持续加强内部培训，保证传递的信息表达准确。为了保证公司信息披露工作高质量完成，公司组织董办人员持续地、系统地学习股票上市规则等相关披露操作要求，不断提高业务素质，并在工作中保持高敏感度，在发现疑点、寻找依据、明确答案的过程中，提升自己判断的精准度。

二、推进公司治理履职情况

股东大会、董事会、监事会是上市公司的中枢系统，在上市公司治理中处于核心地位。作为三会基础工作的对接部门，董办充分发挥在“三会”会议组织中的作用，根据公司统筹安排，董办认真做好“三会”会议召开筹备工作，合理确定“三会”召开时间，按照《董事会会议提案管理制度》要求及时做好会议准备；热情接待股东代表，充分解释股东大会流程，为中小股东前来参会提供了必要的便利。报告期，公司共组织召开股东会 6 次，审议议案 20 个；董事会 14 次，共审议议案 71 个；监事会 14 次，共审议议案 64 个；专业委员会 28 次，共审议议案 74 个。上述会议做到了会议资料完备齐全、会议记录客观完整、会议召开顺利流畅，董事会印章保管安全合规。董事会办公室在上述工作中，能够严格按照公司治理要求，以严格的法定程序、严谨的工作态度，努力为公司股东大会、董事会及其专业委员会和监事会履行会议职能、贯彻落实股东大会和董事会决议、公司治理结构的进一步完善，推动公司科学决策与规范运作水平持续提高，有效促进了公司“三会”程序化、规范化水平提升。

三、投资者关系管理履职情况

在投资者关系管理方面，我们建立了多层次立体沟通机制，和资本市场近距离接触，充分传播、展示、维护上市公司价值。报告期，我们与投资者继续保持了密切交流互动，公司积极利用 e 互动、投资者集体接待、路演等多种方式，耐心回答投资者提出的各种问题，并通过积极参加湖南上市公司面对面机构交流会、安排实地调研、出席策略会及电话沟通等方式接待机构投资者。对个人投资者，我们也建立了《旗滨集团投资者电话咨询登记表》对来电咨询的投资者进行登记、问题回复和后续跟踪管理。报告期，数家券商机构共对公司发布了 98 篇研报，给予了“增持”或“买入”推荐，公司研报数量和热度在行业内居于前列，舆情环境整体稳定。报告期，董办对集团官网投资者关系栏目内容进行及时更新，包括公司股本结构数据、公司公告网页、财务摘要数据、普法宣传及公司治理制度等相关信息。报告期，公司接到并登记、回复的投资者咨询电话为 316 个。公司通过上交所投资者关系互动平台回复投资者各类咨询问题达 213 个，e 互动平台回复率达到 100%。2020 年 9 月 11 日，参加湖南证监局及全景网组织的投资者集体接待日，公司对全部投资者提问的 21 个问题进行了详细回复，回复率为 100%。2020 年 11 月 3 日，公司在上交所南方中心举办了三季度业绩说明会，交易所邀请参加的机构、媒体及个人投资者 26 人，公司回复投资者问题 29 个，回复率 100%。2021 年 4 月 8 日，公司在中国证券网（深圳路演中心）成功举行可转债发行路演，公司回复投资者问题 42 个，回复率 100%；5 月 7 日，公司在上证路演中心召开 2020 年年度业绩说明会，公司回复投资者问题 27 个，回复率 100%；8 月 25 日，公司在上证路演中心召开 2021 年半年度业绩说明会，公司回复投资者问题 45 个，回复率 100%。通过举办上述活动，进一步介绍了公司未来发展规划、行业的竞争格局、业绩状况等情况，倡导资本市场长期投资、价值投资、理性投资观念，进一步拓宽了公司与机构投资者交流的渠道。

四、资本运作履职情况

董办是资本市场和上市公司沟通的桥梁，让资本市场发现、认可公司价值并积极投资公司也是我们的重要工作。2020 年，为加快完善节能产业链布局和积极贯彻公司中长期战略规划，进一步发挥规模优势，公司决定分别在浙江长兴、天津新建节能建筑玻璃项目，在湖南醴陵投资建设二期节能产能扩建项目。我们根据公司业务发展需要，协同券商及其他中介机构一起，充分利用好资本市场融资工具及手段，通过资本运作助力中长期发展战略的落地，高效推进了上述项目公开发行可转换公司债券再融资工作，募集资金15亿元，有力地支持了公司的节能玻璃版块产能扩建和规模发展。经上海证券交易所同意，公司可转债于2021年5月7日起在上海证券交易所挂牌交易，债券简称“旗滨转债”，债券代码“113047”。

五、协助董监高合规履职情况

合规是上市公司实施内部治理和规范运作过程中最基本的准则，也是对证券事务工作最基本的要求。董办始终坚持职业操守，不断提升自身专业能力，加强规则意识，对市场始终保持敬畏之心，协助董秘做好内部治理与规范运作的工作，坚守防线。除了董办工作人员自身需要恪守规则以外，董办还必须协助董监高做好合法合规工作。一是加强培训，提高合规意识。公司积极组织董事、监事、高级管理人员及相关人员认真学习上市公司相关法律法规及规章制度，及时向董监高、内部管理人员传递监管法规（最新的法律法规、规章制度），帮助董监高及时掌握最新规则讯息，熟知规则的变动情况，同时熟知自身的权利、义务，有利于董监高正确履职，并进一步提高合规意识、增强决策效率及科学性。二是做好主动提示，降低违规风险。公司披露定期报告或重要事项前，主动向股东、董监高发布敏感期提示，提醒其在敏感期不得进行交易。三是强化案例警示，推动合规落地生根。除了做好内幕信息知情人登记备案工作和组织新规培训外，为了持续增强公司董事、监事、高管及公司关键岗位职工的守法、合规意识，经常组织董监高人员学习资本市场违纪违法典型案例，进行警示教育，强化了董监高人员内幕信息保密责任和担当意识，增强前述人员在日常工作中对于防止泄密和窃密的敏锐性，时刻提醒前述人员要引以为鉴，警钟长鸣。报告期，公司董监高所持本公司股份的数据和信息管理清晰有序，未出现公司董监高人员违规买卖公司股票的行为。

六、管理实践履职情况

一是整章建制，夯实公司管理和内部控制基础。随着新《证券法》《上市公司治理准则》《上市公司信息披露管理办法》等新规的实施，强化了资本市场的法治环境，尤其强化了信息披露和投资者保护。董办结合公司的实际情况，将重点风险环节的控制与信息披露有关要求联系考虑，专门针对信息披露，进行了制度完善、流程建设与优化，确保公司制度的有效性、时效性，明确责任，进一步优化、完善了信息披露、关联交易、内幕信息管理等方面的流程控制，有效提高了公司内部管理水平和风险防范意识。二是协助开展和推进公司可转债债发行、上市、跟踪评级、募集资金管理、可转债转股等工作，为公司提升资金使用效率服务。三是认真配合，合规审查，优化方案，积极服务公司战略发展。报告期，为紧抓行业发展机遇，加速产业链延伸，持续贯彻落实旗滨集团中长期战略规划，公司决定投资新建宁波光伏、漳州光伏项目作为公司的光伏产业延伸发展项目，决定投资新建资兴超白石英砂生产基地，以进一步增加资源战略储备，增强集团的发展后劲；决定投资建设醴陵电子二期项目，以加快大市场份额提升竞争力，为配合以上项目的上会讨论和尽快实施，根据工作要求，董办参与了上述项目可行性报告、审计评估报告的审核以及电子玻璃二期跟投摸底等事项。董办人员对上述项目上会和信息披露所需资料进行了认真梳理，提出了可研报告、议案等资料修改和补充建议，进一步增强项目可研报告等上会资料的严谨性和科学性及具体项目的可操作性，确保工作进度要求。上述项目已及时提交董事会（或股东大会）并履行了决策程序，进入了实施阶段。四是服务公司“共创、共享、共担”愿景，推动公司股权激励实施和长远发展。报告期内，公司继续稳步推进和完善了公司员工持股计划制度。2021 年 2 月，管理委员会完成了第一期员工持股计划的财产清算和分配工作。2021 年 4 月，第二期员工持股计划参与公司发行可转债原股东配售。2021 年 6 月，公司按规定对第二期员工持股计划组织开展公司层面、个人层面业绩考核，按照考核结果、实际任职时间以及二次分配原则及方法归属每一个参与对象的权益。经对2020年度公司层面业绩以及持有人个人层面绩效的综合考核，第二期期员工持股计划持有人均符合归属条件，归属的条件已达成，公司办理了2020年员工持股计划484名持有人对应份额86631831份的权益归属手续。针对结合第一期、第二期权益变动存在的问题，及时组织对公司第三期员工持股计划核心条款（包括参与对象范围、规模、股份来源、认购标准及价格、权益处置、业绩考核）等事宜进行探讨，重新调整确定了第三期持股计划权益变动处置条款，拟定持股计划草案，在进行筛选、摸底后，提前做好了参与对象人员、股份数量确定；同时配合争取价格窗口，降低第三期持股计划员工的认购成本，进一步调动中层员工的参与积极性，进一步激发参与人员的工作创造性，提高凝聚力和公司竞争力，激励其与公司实现价值共创、利益共享，为公司长期、持续、健康发展提供强有力的支撑和助力。2021年9月，实施中长期发展计划第三期员工持股计划。

凭借规范的公司治理、卓越的董事会建设和优秀的投资者关系管理，2021年5月14日，公司荣获“天马奖·中国主板上市公司投资者关系最佳董事会奖”。2020年9月，由人民日报金融传媒集团指导、证券时报社主办的“第14届中国上市公司价值评选”活动中，旗滨集团成功入选“中国主板上市公司价值100强”榜单。凭借在股东治理方面的成绩，旗滨集团于2021年6月入选湖南省上市公司协会“公司股东治理优秀案例”。自2020年11月起，公司主动举办业绩说明会达三次，通过业绩说明会进一步增进交流面的广度和深度，获得了投资者的价值认同，同时也获得了上海证券交易所的好评，2021年11月上海证券交易所将《业绩说明会持续提升获得感　沪市公司“面对面”话高质量发展》一文列为典型案例。在首届“中国基金报·机会宝上市公司投资者关系价值经纶奖”评选中，凭借着投资者关系管理方面卓有成效的工作，荣获2021年度最具投资者关系价值公司、年度精英董秘奖项。

未来，董办工作人员将持续秉承着敬畏之心，进一步提升专业能力、综合素养，坚守公司信息披露、规范运作、诚信经营第一道防线，最大限度发挥部门价值和力量，继续推动公司规范运作不断完善，进一步提升公司良好的资本市场形象。初心不改，与旗滨携手共进！

50. 玲珑轮胎：

识法学法懂法守法　切实维护公司及投资者合法权益

山东玲珑轮胎股份有限公司（以下简称“玲珑轮胎”）自2016年上市以来，一直严格遵循《公司法》《证券法》等相关规定，高度重视信息披露工作，在历年上海证券交易所的信息披露评价中获得了“良好”及以上的评价，并连续2年获评信息披露A级。同时，公司以持续有力的业绩分红践行企业社会责任，自上市以来，公司累计现金分红为20.51亿元，并且连续4年主动披露社会责任报告。

一、公司简介

玲珑轮胎自1975年成立以来，以“团结拼搏、争创一流”的企业精神，历经四十余载砥砺前行，已发展成为一家集轮胎设计、开发、制造与销售为一体的技术型轮胎生产企业，主要产品为乘用及轻卡子午线轮胎、卡客车子午线轮胎和非公路轮胎，广泛应用于乘用车、商用车以及工程机械等。

公司实施“7+5”全球发展战略（中国7个生产基地，海外5个生产基地），目前在中国拥有招远、德州、柳州、荆门、长春五个生产基地，计划在陕西铜川、安徽合肥建设中国第六个、第七个生产基地；在海外拥有泰国、塞尔维亚两个生产基地，并在全球范围内继续考察建厂。公司目前在全球拥有7个研发机构、7个生产基地、17000多名员工，形成了“玲珑”“利奥”“ATLAS”“EVOLUXX”等面向全球市场的差异化品牌。

2016 年 7 月 6 日，公司成功登陆 A 股市场，先后被 MSCI 指数、富时罗素指数、标普新兴市场指数以及沪深 300 指数纳入其中，赢得了国际资本市场的一致青睐。

二、日常工作公司经验分享

（一）通过不断学习法律法规、监管政策，丰富自身知识储备，持续提高信息披露质量

1. 结合证监会、上交所等部门发布的法律法规并结合公司实际情况，及时对《信息披露管理制度》《内幕信息知情人登记管理制度》等多项制度进行修改。

2. 公司内部编制《重大信息报备管理制度》《董事会议案管理规定》等制度，要求各部门应按照该制度内容，深入学习，掌握信息披露的工作要求，及时向董事办报备可能对公司股票交易价格产生重大影响的信息，由董事办履行信息披露义务。

董办团队协助控股股东、大股东及一致行动人编制《玲珑轮胎大股东及实际控制人行为规范细则》，使其知悉在发生所持公司股份变动，受到刑事处罚、经营状况恶化等情形时需提前以书面报告或者邮件的形式告知上市公司，并配合公司做好信息披露工作。

3. 多参考信息披露评价为 A 的上市公司相关公告，并积极参与上市公司之间的交流活动，通过相互间的经验交流、取长补短。公司所有对外披露信息均需履行董办内部执行的“4 + 1”审核原则，确保对外披露信息真实、准确、完整。

（二）积极与券商、律师等中介机构交流，了解当前及未来资本运作的亮点及发展方向，从中选择与公司发展协同的资本运作方式

1. 公司于 2018 年 3 月 22 日公开发行 A 股可转换公司债券 2000 万张，每张债券发行面值为人民币 100 元，合计人民币 20 亿元，实际募集资金净额为人民币 19. 94 亿元，募集资金用于建设柳州子午线轮胎生产项目（一期续建）。经公司董事会审议通过，目前该项目已实施完毕并将节余资金

永久补充流动资金。

2. 公司于 2020 年 11 月 26 日增资发行 63798000 股人民币普通股（A 股），每股发行价格为人民币 31.21 元，募集资金净额为人民币 19.79 亿元，募集资金用于荆门年产 800 万套半钢和 120 万套全钢高性能轮胎生产项目。

3. 2021 年 9 月 13 日，公司披露非公开发行 A 股股票预案，拟定向发行股票数量不超过 1.37 亿股，拟募集资金总额不超过 25 亿元，扣除发行费用后用于长春年产 120 万条全钢子午线轮胎和 300 万条半钢子午线轮胎生产项目以及补充流动资金。公司 2021 年度非公开发行 A 股股票事项已经由第四届董事会第二十七次会议及 2021 年第五次临时股东大会审议通过，且关于非公开发行 A 股股票申请已获得中国证监会受理。公司本次非公开发行 A 股股票事项尚需中国证监会核准。

4. 2019 年 5 月 29 日，公司完成二级市场 21999951 股的回购工作，占公司总股本的比例为 1.83%，累计支付的资金总额为 362128834 元（不含交易费用），用于公司后期员工股权激励。公司于 2020 年 1 月 17 日完成向符合条件的 291 名激励对象授予登记工作，授予股份为 12807000 股，授予价格为 10.38 元/股；于 2021 年 2 月 25 日完成向符合条件的 554 名激励对象授予登记工作，授予股份为 8172000 股，授予价格为 16.59 元/股。

（三）高度关注与投资者的各项互动，公平对待所有股东，通过电话回复、现场接待、推介路演、邮件往来等方式向投资者介绍公司的经营情况、发展战略、企业文化等

在投资者关系管理方面，公司目前已经形成定期沟通机制，即定期报告后主动召开年度/半年度业绩解读电话会，进行北上广深各地反路演，参加具有影响力的机构策略会，月度组织投资者调研交流活动，分析师座谈会议等，通过多元化的沟通方式，增进投资者对公司价值的认可。

对于投资者普遍关注的问题及建议，及时传递给管理层。并在定期报告中详细披露公司所在行业格局和趋势，结合行业情况，深入分析公司所处行业情况、发展战略、核心竞争力、经营计划等，供投资者进一步了解行业情况。增加公司网站投资者关系管理各模块内容，实时更新公司股票

走势及各项公告。

未来，公司将持续深入学习资本市场相关法律法规及规范性文件，不断完善内部管理规定，加强董监高及控股股东的合规意识，持续提升公司治理水平，注重投资者关系维护，全力推进公司高质量发展。

51. 光大证券：

多措并举求创新　凝心聚力谋发展

“唯创新者进，唯创新者强，唯创新者胜。”光大证券股份有限公司（以下简称“光大证券”）董事会（监事会）办公室（以下简称“董监办”）在实践中深入贯彻新发展理念，积极创新方式方法，全面推动董监办工作高质量发展。

一、党的领导与公司治理有机融合

完善证券公司治理，推动新发展阶段证券公司全面深化改革，必须以习近平新时代中国特色社会主义思想为指引，以服务实体经济为宗旨，坚持和加强中国共产党的全面领导，在筑牢国有企业“根”和“魂”的基础上，发挥党委把方向、管大局、促落实的重要作用，实现党的领导与公司治理有机融合，构建党领导下的公司治理利益共同体，提升治理效能，实现高质量发展。光大证券作为中央金融系券商，有责任有义务在党领导下的公司治理实践中先行先试，为探索建设中国特色证券公司治理体系搭桥铺路。公司研究成果《中国共产党领导下的证券公司治理问题研究——以光大证券实践为例》于2021年7月1日建党百年之际，以专刊专文形式发表在中国证券业协会内刊《传导》（2021年第50期）。

（一）通过党的领导防范和化解证券公司治理体系风险

公司就防范和化解证券公司治理中的五大风险进行了深入分析和探讨，包括大股东侵害中小股东利益的风险、内部人控制的风险、薪酬过度激励侵占公司利润的风险、经营模式短期化的风险以及承担社会责任不到位的风险。立足新发展阶段，证券公司必须坚定不移坚持党的领导、加强党的建设，逐步实现党领导下公司治理不同利益主体的目标融合、利益融合和力量融合，才能有效化解风险，焕发中国特色证券公司治理体制机制的生机与活力。

（二）处理好党的领导与公司治理的十大关系

公司就处理好党的领导与公司治理的十大关系，推动实现党的领导和公司治理有机融合进行了有益探索。一是党委会与股东会的关系，坚持股东利益和公众利益的辩证统一；二是党委会与董事会的关系，实现党委把关定向和董事会科学决策的有效融合；三是党的领导和监事会等监督机构的关系，实现监督制衡和协同联动的统一；四是党的领导和经营层的关系，把党委的凝聚力和经营层的执行力形成合力；五是党委书记和董事长的关系，通过抓好关键少数和关键节点，实现公司治理理论与实践的升华；六是党管干部与职业经理人的关系；七是党的领导与职工代表大会的关系；八是党的领导与参股公司治理体系的关系；九是党的领导与履行社会责任的关系；十是党的领导与企业文化建设的关系。

二、ESG 与绿色发展

光大证券秉承“红色基因，绿色发展”的发展理念，致力于打造“价值领先、特色鲜明”的一流投行，为股东、客户、员工和社会创造价值。作为上市公司，光大证券持续做好合规信息披露工作，历年均在上交所和联交所披露年度社会责任报告，对 ESG 相关信息进行积极披露。同时，公司高度重视与投资者的沟通，坚信与投资者的良好沟通是增强股东信心的有效手段。通过股东大会、投资者热线、邮件、上证 e 互动等方式，回复投资者各类问题，与 H 股基石股东举行沟通会，向股东全面介绍公司战略、发展改革、经营业绩、风险处置等动态情况，坚定股东信心。公司持续关注股东回报，严格遵守《公司法》等相关法律法规和行政规章的规定，建立科学、持续、稳定的股东回报机制，切实保障股东合法权益。

三、整合 IR 和 PR，统筹推进

投资者关系管理是衔接公司经营和资本市场的纽带。投资者关系（IR）应与媒体公共关系（PR）紧密协同联动，建立资本市场和公司之间的良性互动关系，充分发挥投资者关系（IR）和媒体公共关系（PR）在市场预期管理、市场传导管理和资本战略管理等方面的重要作用，共同服务于公司的资本市场战略和价值管理。

在过去一年中，光大证券着力于整合投资者关系（IR）和媒体公共关系（PR）的协同，不断完善管理层与资本市场的持续沟通交流机制，提升管理层与资本市场的沟通频次和效率，并在沟通模式上不断创新方式方法。一是整合投资者关系（IR）和媒体公共关系（PR）的日常工作，相关团队矩阵化管理。统筹开展业绩说明会、机构路演、中小投资者维护、媒体宣传、舆情处置、市场开放日策划等工作，共同挖掘公司改革发展亮点，提炼投资故事，利用全方位宣传资源，同频共振，放大资本市场影响力，切实维护公司市值。二是通过协同组织“顶层思享会”专题活动、资本市场开放日等，加强平台和渠道资源整合，主动出击，讲好光证故事。在舆情管理工作开展中双统筹，即统筹公司 PR、IR 资源统一、口径统一，统筹正面宣传节奏。三是协同组织召开公司 2020 年年度业绩说明会、2021 年中期业绩说明会，通过线下与线上的方式与境内外知名机构分析师、机构投资者及媒体记者进行了深入交流。配合公司定期业绩，在主流媒体发布公司业绩新闻稿，展示公司业务发展亮点，提升资本市场影响力和美誉度。

52. 回天新材：

以合规为基石　多措并举创新突破 助力高质量发展

2021 年面临外部监管规则系统性修订变化，回天新材公司内部的规范治理、“三会”运作、信息披露、投资者关系管理、资本运作项目、监管中介及媒体沟通联络等事务繁杂、要求高、容错率低，需要董办人员具备超强的学习能力、专业素养和沟通协调应变能力，既要当好内外联络人、参谋，也要做好办事员，以专业和敬业开拓创新，扎实推进每一项具体工作落地，多方面促进上市公司合规运营、做优做强。一年来，在监管部门及公司领导的指导和支持下，公司董办团队通过自身的努力，认真履行职责，确保公司规范运行，取得了较好的成绩。

一、持续完善公司治理，促进公司规范运行

2021 年度，公司董办团队严格按照相关法律法规要求，不断完善公司的法人治理结构，建立健全公司治理制度，及时完成上市公司治理专项自查及整改，完成 1 名独董的补选变更，促进公司规范运作，持续提升公司治理水平。

1. “三会”运行：期间高效筹备、组织召开股东大会、董事会、监事会及专门委员会共 30 次会议，共审议 41 项董事会议案，确保公司治理决策程序合理、规范有效，促进公司重大事项的科学决策，保护投资者利益。针对公司董监高分布五地、忙于日常经营的现状，在会议通知、会议召开方式、议案提炼、会议流程、股东大会股东参会及交流等细节方面下功夫，

如灵活运用视频会议与现场会议结合的方式，提前对复杂议案梳理提炼要点供董事宣读，以聚焦会议议案的焦点、提高会议效率，提前与参会董监高及中介机构沟通并在会前达成共识，年度或重大事项的股东大会邀请机构投资者到公司会议现场交流，提供现场和网络投票方式并对所有议案的中小投资者投票情况单独计票，大型会议统筹安排会务接待、充分协调其他部门资源等，会议流程无缝衔接，对参会人员而言便捷高效，各项会议及时、合规、准确率达到100%，“三会”运作规范，为上市公司规范运行、健康持续发展奠定良好的基础。

2. 公司治理制度的健全和完善：期间根据监管规则修订情况，并结合公司管理实际，对《公司章程》等七项公司治理制度进行修订完善，新增制定一项公司治理制度并进行制度宣贯培训。

二、夯实合规基础，连续多年信息披露获 A 类评级

2021 年度，董办团队优质高效地完成各项信息披露，公告文件共计 143 份，均做到合规、零差错，及时、准确率达到100%。公司连续多年信息披露考核获深交所 A 类评级，并获得《证券时报》上市公司价值评选“信息披露杰出董秘奖”等奖项。2020 年度公司信息披露考核再次获得深交所 A 类评级（第四次）。在注册制改革、深化分类监管、提高上市公司质量的背景下，信息披露规范有利于提升公司在资本市场的形象，促进公司经营持续健康发展，并为公司资本运作顺利开展奠定良好的基础。

三、积极开展培训、合规建议，促进董监高规范履职

1. 董监高培训：为了增强公司董监高的合规意识，提升其履职能力，组织公司董监高参加了刑法修正案（十一）解读、湖北辖区上市公司高质量发展培训、董监高风险专题培训、上市公司税务风险管控与税务规划培训等十余次，并结合公司内部控制管理需要，组织了《重大信息内部报告制度及实施细则》《项目投资管理规范》等专题培训，受到公司董监高一

致好评。

2. 股份合规管理：对大股东、董监高股份变动、质押等管理要求及时响应，进行各个专题分析和书面建议，确保其股份交易合规。

3. 合规建议：结合公司经营实际，对各阶段需要重点解决的问题及可能出现的风险提前预判，提出可行的书面建议和措施等合规性意见，有利于公司大股东、管理层科学决策，有效避免各类重大事项的违规风险，推进各项资本运作事项加快推进，从而提高公司运行质量，促进公司良性发展。

四、与投资者立体多面互动，实现价值传递

在投资者关系管理方面，我们特别注重投资者的关注热点，包括再融资、对外投资、并购、股份回购、股权激励、权益变动、高层变动、财务状况、经营管理、技术创新、分红送股、战略调整等一系列重大事项。通过加强投资者关系管理，进一步提高公司治理水平和透明度，维护投资者合法权益，不断提升公司市场影响力，树立上市公司良好形象。

1. 投资者交流：（1）在进行法定信息披露的同时，公司在每年年报披露后，及时组织召开年度网上业绩说明会，公司管理层就年度生产经营情况及公司发展战略等与投资者进行深入交流，有效回复率 100%；（2）每年积极参与湖北省辖区上市公司投资者集体接待日活动，在线回复投资者提问，有效回复率 100%；（3）日常工作中通过接听热线电话、及时回复深交所互动易平台投资者提问（有效回复率 100%），高频接待机构投资者、研究员分析师及媒体现场调研，定期或不定期组织路演、反路演活动、电话会议、参加券商策略会等方式与投资者进行全面、深入的沟通互动，在公平合规的前提下保障投资者对公司享有充分的知情权，以传递和提升公司投资价值，树立和维护公司在资本市场的良好形象。

2. 媒体互动：积极与主流财经媒体、权威新闻媒体、行业媒体、新媒体等实现良性互动，围绕公司经营、业务转型、对外投资、产品创新、研发突破、荣誉奖项、“抗疫”募捐和公益慈善等方面，与法定信息披露互

补，全方位、多角度将回天稳健经营、创新发展的企业形象及时、客观地展现，增强公司价值传播渠道和效果，提升公司的品牌形象和社会影响力。

3. 信息收集分析：定期收集公司、行业及同行公司相关舆情、股价动态，编写月度舆情报告、周市场动态简报等，定期分析公司股东名册，反馈给公司决策层，提高投资者关系管理的针对性。

五、顺利实施资本运作项目，助推公司快速发展

1. 非公开发行股票：2020 年 3—12 月，公司筹划及实施了公司向特定对象发行股票事项，董办团队与项目组协同完成向特定对象发行股票的预案制定以及多次调整、尽调、审核反馈回复及注册、新股登记发行上市等大量具体工作。协调公司众多部门，在疫情期间克服困难推进项目进度，顺利完成再融资项目，公司向特定对象发行人民币普通股（A 股）5175983 股，发行价格为人民币 9.66 元/股，募集资金全部用于了补充流动资金，新增股份于 2020 年 12 月 18 日上市。

2. 两期员工持股计划：

2020 年 7 月至 2021 年 6 月，推进公司第一期员工持股计划股份锁定期届满后的股份处置及清算等，所持股份于 2021 年 6 月 29 日出售完毕，本次持股计划已终止。

2020 年 8—9 月，公司筹划实施了公司第二期员工持股计划，此次员工持股计划参与对象包括公司董监高、公司及控股子公司中层管理人员、核心骨干员工以及经董事会认定对公司发展有卓越贡献的核心技术人员、核心业务人员或关键岗位员工共计 337 人，以 7.00 元/股的价格购买公司回购股份中的 870.44 万股。本次员工持股计划方案贴合公司实际、覆盖面广，董办团队协调中介机构对草案充分论证，对后续动态管理中可能存在的问题提前制定解决措施，实施及动态管理流程清晰、可操性强，合规高效，强化了核心员工激励效果。

两期员工持股计划的顺利实施有利于公司进一步建立和完善员工、股东的利益共享机制，激励员工与公司实现价值共创、利益共享，调动其积

极性和创造性，促进公司高素质人才队伍建设。

六、高效配合监管工作，充分发挥桥梁纽带作用

严格按照要求及时提报相关调研信息，及时回复各类问询，配合监管工作，保持与监管机构的顺畅沟通，充分发挥监管部门与上市公司的沟通桥梁作用，主动进行日常咨询沟通，并通过积极组织参加监管部门开展的各项培训、交流活动，加强对证券监管法规规则的学习，提升了大股东、董监高的合规意识和依法履职能力，增强规则敬畏感，提高董办团队的履职水平。

2021 年 7 月，湖北省上市公司协会举办董秘专委会信息披露业务培训暨交流活动，带领会员单位走进回天新材，湖北省上协领导以及 50 余位湖北省内上市公司董秘、媒体代表参会，公司为协办单位，积极履行省上协副会长单位职责，作为优秀上市公司代表展示了企业良好形象，受到协会秘书长及参会各上市公司领导的高度赞许。

近年来，公司在资本市场的品牌影响力持续提升，并先后获得“中国创业板最具投资价值十强企业”、“2017 年中国最具投资价值上市公司 100 强”、全景网 2017 年、2019 年“年度全景投资者关系金奖”、“2018 年度 A 股上市公司 IR 互动活跃度榜单上榜企业”、2018 年度中国上市公司杰出股东回报“金智奖”、2021 年湖北最具社会责任上市公司等荣誉。2020 年公司入列中上协联合沪深交易所评选的“上市公司真诚回报榜单”，公司董事长荣获全景投资者关系金奖（2020）最佳 IR 董事长，公司董秘荣获 2020 年新浪财经第六届金麒麟 · 金牌董秘、《证券时报》“信息披露杰出董秘奖”。诸多荣誉和奖项是对公司董办团队工作的高度认可，也是对全体董办人员的鞭策和激励，我们将发扬优良传统，持续努力提升自身素养和专业水平，为公司高质量发展贡献力量。

53. 中信银行：

加强公司治理创新　开创高质量发展新局面

中信银行是改革开放后率先获批成立的股份制商业银行，传承中信国企与生俱来的“红色基因”，始终牢记国有金融企业职责使命，以习近平新时代中国特色社会主义思想为指导，按照习近平总书记关于国有企业两个“一以贯之”的重要要求，在银行业和证券市场监管机构指导下，积极探索公司治理特色实践，为银行高质量发展提供有力保障。

一、务实笃行，深入推进党的领导融入公司治理

国企发展史就是一部坚持党的领导、加强党的建设的历史，实践证明，只有加强党的领导融入公司治理，才能始终正确把握国有企业政治和经济属性有机统一，始终坚持正确的经营发展方向。面对新时代实现高质量发展的新发展格局，以及商业银行股权结构和管理模式日趋多样化的客观实际，中信银行牢牢把握党委在公司治理中的法定地位，牢牢把握党委发挥领导作用的本质内涵，正确处理加强党的领导与完善公司治理的关系，正确处理党委同各治理主体的关系，重点从加强治理架构、战略决策、经营管理、监督工作融合入手，积极推动党的领导融入公司治理。2018 年中信银行在全国性股份制商业银行中率先完成党建入章，坚持“双向进入、交叉任职”领导机制，完善党委会工作规则，制定“三重一大”决策全流程清单，对标党委会和董事会、监事会议事清单，明确党委在公司法人治理结构中的法定地位，以及在决策、执行、监督各环节的权责，严格履行党委前置研究讨论程序。2021 年，中信银行根据党内法规，将坚持党的全面

领导相关内容写入公司章程并履行公司治理程序，再次走在银行同业前列。通过多措并举，确保党委发挥作用组织化、制度化、具体化，促进党委领导作用与现代公司治理机制有机融合，健全各司其职、各负其责、协调运作、相互制衡的治理体系，构建“党委全面领导、董事会战略决策、监事会依法监督、管理层执行落实”的良好公司治理运行机制。

二、守正创新，全面提升公司治理规范运作实效

近年来，中央加强治理体系建设和治理能力提升，监管机构强化上市公司及金融机构公司治理监管。外部压力和内部动力相统一往往是成功的关键。中信银行自觉将落实监管政策的刚性要求与自身追求高质量发展的内在动力相结合，以落实银保监会公司治理三年行动方案为指引，主动开拓创新，在公司治理规范运作的基础上，积极提升公司治理效能。比如，中信银行从落实国家加强资本市场建设发展、加强中小投资者合法权益保护、进一步扩大金融业对外开放大局出发，2021 年 6 月股东大会选举董事会、监事会换届人选首次采用累积投票制，走在银行同业前列。建立董事会现场会议“第一议题”机制，定期听取中央政策和监管文件有关公司治理要求的汇报，保持对宏观政策的敏感性，力争公司决策走在外部环境变化之前。制定董事会、监事会议题管理办法，进一步规范议题全流程管理，确保上会事项及应由现场会审议表决事项“应上尽上”，董事会、监事会议事成果切实转化为生产力。中信银行不满足于按照规范化监管的需要而编制公司治理制度、推进公司治理工作。为着力推动银行集团党的领导融入公司治理，提升公司治理整体规范性和有效性，近两年中信银行深入研究优化子公司管理模式和改革行动方案，全面系统制定加强子公司党的工作和公司治理意见，自发建立总行对附属机构年度公司治理评估并与考核及资源配置挂钩机制，探索全资和控股并表子公司设立独立董事制度，创新采用“工作参考”“工作交流”方式向子公司传达对中央精神、监管政策的研究解读，分享母行公司治理优秀经验和做法。这些都充分体现了中信银行坚决落实中央政策和监管要求的政治立场和公司治理进取作为的积

极态度。2021 年，中信银行在不是会员的情况下，首次获得香港上市公司商会颁发的年度公司管治卓越奖。

三、统筹兼顾，妥善把握公司治理效率与制衡关系

妥善处理效率与制衡的关系是公司治理的重要内容。商业银行特别是国有控股商业银行受政府主管部门、监管部门、社会组织等多元性政策统辖和监督指导，需妥善处理公司治理决策的约束条件及时效性。中信银行一方面通过不断完善工作机制落实公司治理制衡原则，另一方面通过加强精细化管理提升公司治理运作效率。比如，董事会运作坚持“三个充分”，即所有董事和列席监事均可充分发表意见，充分发挥独董和监事以及审计和法律顾问的监督作用，充分发挥董事会专门委员会的重要作用，凡是独立董事和监事提出合理异议和疑问的董事会议题，均暂缓审议表决。同时，为确保董事会运作效率，切实加强董事会工作的计划性和会议材料的质量管控，加强与外部董事监事和监管机构的沟通。加强监督是实现制衡的应有之义，中信银行建立健全党委领导下的全面监督体系，持续加强政治监督，积极支持监事会监督、纪委监督、出资人监督、职工民主监督、审计监督、舆论监督等充分发挥作用，推动各类监督有机贯通、相互协调。比如，保证纪委对董事会用权履职的监督，邀请纪委书记列席董事会及其专门委员会现场会议。监事会强化监督职能，通过顶层设计体系化、监督事项清单化、履职监督常态化、监督手段多元化、自身建设专业化，加强对重点领域和重大问题以及公司治理主体履职的全面监督。实践证明，效率与制衡犹如一枚硬币的两面，完全可以做到有机统一。

四、锐意进取，系统加强投资者关系管理工作

受宏观经济、市场流动性、投资者偏好等因素影响，上市银行投资者关系管理工作普遍面临不少新形势新课题新任务。中信银行秉承“尊重投资者才受投资者尊重”的理念，从战略层面系统加强投资者关系工作。对

中信银行而言，投资者关系工作不仅仅停留在合规层面，而是在行业和资本两个市场中，针对不同的主体做换位思考、代位表达，既让银行了解资本市场的看法，推动银行内部加强资本市场运营思考，也确保机构投资者、中小投资者、行业分析师充分理解银行的战略方向和所做的努力，增进对公司脚踏实地的战略规划和业务能力的信心。为此，中信银行加强主动策划，以管理层访谈等形式，突出在财富管理、资产管理、综合融资等方面的差异化竞争优势，有针对性地传导战略目标和经营亮点。同时，聘请银行业主流分析师担任咨询专家，通过授课、研讨会等多种形式，紧跟市场导向，提升投资者关系工作的针对性和灵活性。行胜于言，中信银行深知，要让资本市场对中信银行未来发展增强信心，首先莫过于银行管理层自身展现信心和决心。2020 年中信银行实施中高级管理人员自愿持股计划，共 332 人买入金额超 2 亿元，向市场传递管理层看好中信银行长期投资价值的信号。更重要的是，将绩效考核这个重要工具引入投资者关系工作，充分发挥考核“指挥棒”作用。在做好“显绩”的同时，做好基础性工作，比如结合理论和市场实践，编制《市值管理 100 问手册》，提高全员市值管理意识。信息披露是提升上市公司透明度的重要窗口，中信银行站在投资者角度起草好每一份信息披露文件，信息披露工作连续五年获上海证券交易所 A 类评价。

扬帆破浪正当时，策马扬鞭踏新程。面对金融强监管新政策以及资本市场新形势，中信银行将在以习近平同志为核心的党中央的坚强领导下，坚持和加强党的领导，不断开拓创新，进一步加强公司治理体系和治理能力建设，助力高质量可持续发展，为国家、股东和社会创造更多价值！

54. 特锐德：

提升信息披露价值　加强投资者保护
助力公司高质量发展

围绕公司战略和董事会工作要求，在公司领导和董事会秘书的领导下，董事会办公室推进部门战略，精准定位，在信息披露、投资者关系管理、资本运作等方面，形成了具有自身特色的董办工作体系。

一、信息披露方面

信息披露是上市公司市值管理工作的重要一环，信息披露的价值不仅仅在于合规，还希望可以通过主动地披露维护品牌价值、塑造公司文化以及与资本市场建立密切联系以挖掘再融资的机会。特锐德董办团队建立了有效的信息披露机制，提升信息披露能力，以增大公司股东和投资者对公司经营信息的需求为核心，真实、准确、完整、及时、公平的披露公司相关信息，加大信息的价值量。一是建立了信息发布的授权体系和发言人制度，防止相关人员泄露敏感信息，在敏感期严守保密纪律。二是建立董秘参与公司经营决策的机制，确保董秘对公司经营决策的参与和充分知情权。三是建立日常工作中重大信息报告制度，董办在第一时间汇总可能需要披露的信息，可以做到及时搜集信息，统一信息发布的口径，了解不同利益相关方所关注的要点。四是建立外部信息反馈机制，确保董办可以及时获知外部信息，有助于提升信息披露水平。五是定期对涉及信息披露人员进行培训，董办团队及时了解监管政策的变化。六是建立快速应急机制，有效确保任何重大事项都能够及时通过临时公告进行必要的澄清。此外，特锐德董办还对年度报告等定期报告的披露有着严格的把控，除了披露定期报告之外，董办团队积极通过临时公告、路演、业绩说明会、投资者见面会、分析师电话会议、接待投资人参访等方式有效进行信息披露。

二、投资者关系管理方面

为进一步提升公司的投资者关系管理水平，做好投资者关系管理工作，自 5 月份以来，青岛特锐德积极参与 2020 年第十一届“投资者教育和保护百日讲坛活动”，树立了以人民为中心的发展思想，坚持创新、协调、绿色、开放、共享的发展理念，把保护投资者特别是保护广大中小投资者作为恪尽职守、勤勉尽责的“初心”。一是积极参加新《证券法》学习宣传工作，董办团队积极组织董监高及董事会秘书、财务总监、证券事务代表参加了由中国证券监督管理委员会青岛监管局、青岛上市公司协会等单位举办的“新政讲堂”活动。二是积极参与“创新创业 共迎发展”创业板改革投资者教育专项活动，董办团队在吃透吃深创业板改革相关制度规则的基础上，为投资者深入讲解涉及的规章规范性文件、自律规则，帮助投资者理解创业板改革制度要点，准确解答投资者相关问询。三是参加青岛辖区上市公司“投资者网上集体接待日”活动，与投资者进行深入交流，就公司治理、发展战略、经营状况、融资计划和可持续发展等投资者关注的问题进行沟通，深入、详细地解答投资者的提问。四是通过及时更新公司网站内容、深交所互动易平台、投资者关系管理工作电子邮箱、专线咨询电话等加强与投资者的多渠道沟通。五是热情接待投资者的来访，投资者、分析师、中小投资者到公司现场参观、座谈沟通，实行预约制度，由公司董事会办公室统筹安排，并指派专人陪同、接待，合理、妥善地安排接待工作并按照深圳证券交易所的相关规定，要求来访人员签署承诺书。

三、公司治理方面

董办团队协助董监高进行合规工作，积极组织控股股东、实际控制人和董监高对《证券法》《公司法》等相关法律法规进行集体培训学习；组织董监高及董事会秘书、财务总监、证券事务代表参加由中国证券监督管理委员会青岛监管局、青岛上市公司协会等单位举办的“新政讲堂”活动，通过线上线下等方式学习领会新《证券法》。

四、资本运作方面

公司向特定对象发行股票，有助于公司增强财务稳健性，降低债务违约风险；实施员工持股计划，有利于为公司更好地吸引并留住核心人力资本，充分调动员工工作积极性和创造力，有效降低了企业经营成本并提高利润。

55. 陕国投 A：

守正专业 勤勉履职 当好董事会参谋助手

一、公司基本情况

陕西省国际信托股份有限公司（以下简称“陕国投”）成立于 1984 年 11 月，1992 年在陕西省内首批进行了股份制改造试点，1994 年 1 月 10 日在深圳证券交易所上市，是我国第一家上市的信托公司，目前也是全国 68 家信托公司中仅有的两家 A 股整体上市信托公司之一，为陕西省委管理的国有地方金融机构。

成立 37 年上市 27 年来，在公司历届董事会的科学带领下，陕国投积极发挥信托投融资功能，为大批客户提供债权融资、股权投资、资产管理、财富管理、私募投行、财务顾问等多样化的优质金融服务，公司业务获得了快速发展。近 10 年来，公司积极抢抓资本市场机会，先后成功实施了 4 次增资扩股，通过资本市场累计募集资金 76 亿元，有效提升了公司综合实力、抗御风险能力和市场竞争力，发展逐级跃升。截至目前，公司拥有员工 620 人（硕研及以上学历员工占 63%，在国内上市公司中排名第一）。

截至 2021 年 6 月底，公司总资产 157 亿元，净资产 120 亿元，资本实力在行业中排名中上游水平，管理的信托资产 2400 亿元。2020 年实现营业收入 21.26 亿元，利润总额 9.18 亿元，净利润 6.86 亿元。截至目前，累计服务和支持省内外实体经济超过 4000 亿元，每年向西安、西咸新区、咸阳等省内重点区域提供投融资服务超过 300 亿元。公司连续 11 年被评为“区域影响力信托公司”，连续多年被陕西省政府评为“优秀金融机构”，被陕西省国资委考核为 A 级企业和“稳增长贡献”企业，被人民银行西安分行综合评价为“A 类非银行机构”，被税务部门评为陕西省纳税等级 A 级企业。公司董事会获得第十四届、第十五届、第十六届金圆桌“优秀董事会”奖。

二、参评奖项及理由

董事会办公室作为董事会的日常办事机构，承担着为董事会在资本运作、公司治理、投资者关系管理、信息披露等工作的信息搜集、基础管理和决策参考功能。多来年，作为陕西省重要的省属金融机构和我国第一家上市信托公司，陕国投董事会办公室助力董事会始终将资本、机制、人才作为重点，特别是将增资扩股作为首要战略任务，通过资本市场改革倒逼公司不断优化完善法人治理结构，推动“三会一层”建设，提升投资者关系管理和信息披露等，积极回馈各利益相关方，陕国投在资本市场的美誉度不断提升，品牌影响力不断扩大。

（一）紧紧围绕董事会战略使命，守正创新，勇于担责，高效执行多轮资本运作

“十二五”以来，面临以净资本为核心的行业监管格局，董办积极研究资本市场变化，科学助力董事会充分发挥上市优势，不断建立和完善资本补充机制。在董事会的带领下，通过实施 2012 年定向增发引入世界 500 强陕西煤业化工集团作为第一大股东，后通过 2013 年实施权益分派、2015 年非公开发行股票、2016 年资本公积金转增股本、2018 年配股等资本运作，累计为公司募集资金 76 亿元，公司注册资本金增至 39. 64 亿元，净资产从当初的 3 亿元增至 118 亿元，增长 38 倍，总资产突破 150 亿元，公司资本实力跃居行业中上游水平，业务空间不断拓宽，抗风险能力大大提升。2020 年以来，面临全球疫情冲击、国家宏观经济下行和信托行业强监管的严峻形势，公司董事会根据资本市场新变化，在董办的高效执行下启动了新一轮非公开发行股票，此次增资计划完成后，陕国投注册资本将突破 50 亿元，公司市场竞争力将显著增强。

（二）坚持依法合规办事，推动优化和完善规范有效的公司治理体系

1. 在上市历程中，董办始终遵循公司稳健发展、合规经营的管理理念，坚决按程序办事、依法合规办事原则，以规范“三会一层”程序为抓手，不断修订完善《公司章程》《股东大会议事规则》《董事会议事规则》《监事会议事规则》《总裁办公会议事规则》等顶层设计制度，助力董事会不断优化完善董事会、监事会和经营层成员组成结构，公司形成了“股东大会最高决策、董事会战略决策、监事会依法监督、经营层执行落实”相互有效制衡的公司治理机制和格局，各治理层决策边界和程序明晰，运行规范。

2. 2017 年和 2018 年，董办根据《中华人民共和国宪法》《公司法》《上市公司治理指引》等重要法规的重大变化，通过修改公司章程明确了党委在公司治理中的法定地位，经过几年来的不断探索实践逐步形成了党委会前置研究讨论有关重大事项及“双向进入、交叉任职”的工作机制，党的领导和公司治理深度融合。目前，公司已经形成了党委发挥领导作用，股东会、董事会、监事会、经营层相互制衡的内部法人治理机制，有效保障了投资者以及其他利益相关者的合法权益，公司连续 13 年实现股东现金分红累计达 6.51 亿元，上缴国家和地方税费 20 亿元。

3. 面临近年来市场新变化和行业新特点，董办结合政策变化和公司实际，推进董事会不断优化完善董事会专门委员会功能，适时建议公司董事会增设合规与关联交易委员会，在信托委员会下新增消费者权益保护委员会，建立董事会各专门委员会日常办事机构工作衔接机制和考核机制，进一步规范董事会及各专门委员会办事机构议案格式与提交流程制度，助力做实各专门委员会功能，提升履职能力。

（三）坚持“规范运作”“干净透明”，构建规范有序的信息披露工作程序

1. 2020 年新《证券法》对信息披露在以往要求“真实、准确、完整”的基础上，增加了“简明清晰、通俗易懂”的新要求。为了做到既严谨准确又相对通俗易懂，董办在上市公司公告特定的格式规范以及措辞要求基础上，在草拟公告阶段设置 AB 角，以投资者视角进行阅读审核，如有歧

义或难以理解的内容当即讨论修改。

2. 公司依据国家法律法规和证券交易所股票相关规定及时履行信息披露义务，近一年已累计披露公告 81 份，达到信息披露零失误、零差错。

3. 为进一步加强披露信息的可阅读性，公司针对季报、半年报、年度报告和社会责任报告等信息披露内容，同步制作了系列可视化图解，通过多样化的方式让投资者能够更加通俗易懂地了解公司的经营情况。

（四）探索多维度、多举措，不断做深做实投资者关系管理

1. 董办深入贯彻新《证券法》对切实维护投资者合法权益提出的新要求，近一年接待投资者电话调研超过 150 次，通过互联网平台回答投资者问题 78 条，问题回复率达 100%，通过业绩说明会协助公司高管团队就投资者关心的问题进行了认真的解答和交流，增进了投资者对公司投资价值及未来发展的认识和了解。

2. 近年来，针对市场出现的“杀猪盘”等不法行为，董办积极响应监管部门号召，通过主题海报、系列推文、漫画图解、互动答题、门展及线下宣教等多种形式，组织开展了“3·15 投资者保护主题教育活动”“5·15 全国投资者保护宣传日活动”“世界投资者周”等丰富多彩的投教活动，累计制作主题海报 11 张、系列推文 27 篇、漫画图解 16 条、展板 19 个，开展 3 次 H5 互动答题及 2 次线下宣教活动，向广大投资者特别是中小投资者普及了信托知识和科学理财投资观念，有效提升了投资者风险防范意识和能力。

3. 针对新《证券法》修订，为进一步健全公司投资者关系管理机制，增强服务意识，董办在公司官方微信公众号设立了“投资者教育”专栏，通过原创稿件、长图、条漫、H5 互动答题、MG 动画、年报图解、专家视角、社会责任报告等多种形式做好投资者教育相关工作。

鉴于公司董事会办公室在助力执行公司董事会在资本运作、公司治理、信息披露和投资者关系管理等方面的优秀实践与做法，特申请“2021 年度上市公司董办优秀实践案例奖”。

56. 上海临港：

慎始敬终筑基础　精益求精显价值

上海临港控股股份有限公司（以下简称“上海临港”）是上海临港经济发展（集团）有限公司旗下专业从事园区开发、载体建设和运营服务的国有控股上市公司。公司以“科技创新和产业发展的推动者、区域转型和城市更新的建设者”为使命，践行上海自由贸易区临港新片区、上海科创中心及长三角一体化建设等国家战略，是上海市政府推动“产业升级，转型发展”的重要力量，也是中国（上海）自由贸易试验区建设的主要参与者。

国有控股上市公司在中国资本市场占据着举足轻重的地位，其公司治理水平不但对其自身业绩有重要影响，也直接关系着中国资本市场的稳定健康发展乃至经济社会整体发展水平。因此，作为国有控股上市公司董事会办公室，应当在公司治理、信息披露、投资者关系、资本运作等方面发挥积极的作用。2020 年全球新冠肺炎疫情突然暴发，疫情对世界经济和中国经济造成持续影响。上海临港董办本着“知敬畏、守底线、有责任”的原则，着眼于为公司创造价值、为股东创造价值，全面加强各方面的工作内容，提升董办服务公司发展战略和经营管理的能力。在董办积极的努力下，上海临港已连续多年在上交所年度信息披露评价考核中评为 A，公司先后荣膺上海证券报“金质量·企业领袖奖”、中证报“金牛企业领袖奖”、证券时报“天马奖——主板最佳董事会奖”和“上市公司资本运作标杆奖”等具有资本市场重要影响力的奖项，公司在信息披露、资本运作、投资者关系等方面的表现得到资本市场和监管部门的高度认可。

此外，公司还成功入选中国上市公司协会优秀 ESG 实践案例，被上海市质量协会评为“履行社会责任优秀成果·绿色生态”优秀案例，被中国指数研究院评为“2020 中国房地产上市公司 ESG 最佳实践企业 TOP50”，彰显了上海临港作为国有企业的使命和担当。

上市公司是资本市场的基石，提高上市公司质量是推动资本市场健康发展的内在要求，是新时代加快完善社会主义市场经济体制的重要内容。上海临港董办紧跟监管步伐，自我提高、自我完善，把促进提高工作质量、丰富工作内涵内容作为日常工作的重点，积极拥抱监管，多措并举推动上市公司高质量发展。

一、规范公司法人治理，提升公司核心竞争力

2021 年，在中国证监会的统一安排部署和指导下，董办积极组织开展上市公司治理专项自查，对此次专项活动作出全面系统、有针对性的任务分工。自查期间，公司按要求从提高公司治理水平、严禁财务造假、杜绝违规担保和资金占用、持续强化内幕交易防控、依法依规履行承诺等十个方面逐条对比、逐一检查。以此次专项自查为契机，董办向公司董事、监事及高管进一步宣贯“不披露虚假信息、不从事内幕交易、不操纵市场价格、不损害上市公司利益”四条基本原则，明确必须严格坚守合规底线，增强规范意识。通过此次专项活动，公司在治理有效性、决策科学性、经营稳健性、发展持续性等方面均得到提升，高质量发展已成为公司未来发展的重中之重。

在全面总结和消化《刑法修正案（十一）》修订内容的基础上，年内董办在公司内部组织开展“上市公司合规治理与信息披露”专题培训，从内部信息报送、重大信息披露、关联方资金往来、日常关联交易、对外担保、签订重大合同等重点方面，对公司各部门、关键岗位人员进行系统、全面的培训，有效提升相关人员的职业操守，增强合规自觉性。

为满足日益严格的上市公司监管形势，董办以强化公司、控股股东、实际控制人及董监高责任意识、自律意识及抗风险意识为目标，结合当下监管要求和公司实际情况，编制《监管动态及案例汇编双月刊》，从一线

实际出发，重点选取具有显著实践特征的违规问题和处罚案例，对热点难点问题进行案例分析，供公司、控股股东、实际控制人及董监高参阅借鉴。此外，董办全面梳理上市公司治理要求，提炼上市公司董监高履职要点及风险，起草编写《董事、监事及高级管理人员履职规范手册》，以科学化、制度化、规范化的手段，提升董监高履职的责任意识、规范意识、自觉意识，督促其恪尽职守，切实提高履职规范水平，夯实公司高质量发展的根基和内生动力。

二、坚守合规底线，提升信息披露质量

信息披露是上市公司向资本市场传递公司价值、展示公司形象的重要方式，提高信息透明度和披露质量对于提高上市公司治理水平至关重要。董办以投资者的新需求为导向，在信息披露过程中，主动对公司业务新动态、新方向等投资者关注的内容进行重点介绍，帮助公司股东及时、准确地了解公司生产经营状况和未来发展信息。当前公司的信息披露工作处于优异水平，公司的信息披露考核评价已连续多年被上海证券交易所评定为 A。

随着可持续发展理念深入人心，市场对企业社会责任信息披露的内容需求也在不断提高。尤其是新冠肺炎疫情冲击下，全球责任投资充分显现出更强的避险性和稳健性，具有较强 ESG 基因的公司表现出更强的韧性和抗风险能力，公司已持续多年披露社会责任报告，树立有责任、有担当的上市公司形象，积极向市场传递上海临港是一家治理规范、开放透明、具有长期投资价值的国有控股上市公司，加深公司与资本市场的互动。

三、切实做好“三会”管理，提供业务决策支持

上市公司“三会”是公司治理结构的重要组成部分，董办全员尽职尽责，全力做好“三会”会议服务和会务保障工作。截至 2021 年 10 月底，公司共召开了 8 次董事会、8 次监事会、1 次年度股东大会和 2 次临时股东

大会，共披露公告69份，定期报告4份，总字数超过10万字。报告期内，公司各项会务组织均有条不紊。涉及公司重大决策事项时，董办事前与独立董事、外部监事保持充分沟通，征求专业人士意见，及时报告事项进展，得到了各位董事和监事的充分理解和大力支持。

近年来，董办不断提高服务意识，发挥专业能力、业务能力和支持能力，不断为业务部门提供决策支持及合规分析服务，积极参与公司对外投资项目方案的研究，对项目可行性、可操作性提出建议和意见，提示可能存在的风险因素。此外，董办主动梳理控股股东、实际控制人作出的相关承诺，提醒控股股东、实际控制人承诺的履行要求，与中介机构等对接，配合做好承诺履行的后续事宜，并对市场投资者可能出现的反映进行预判，顺利完成上市公司决策流程。

四、积极维护投资者关系，主动传递上市公司价值

上市公司价值宣传是塑造公司资本市场形象的重要手段，对推动公司发展、提升上市公司质量具有重要的作用。董办围绕提高公司核心价值、提高市场口碑和公司估值，全方位促进提升上市公司质量。

对于投资者而言，股利支付率是反映公司股利支付能力的重要指标之一。公司始终高度重视投资者回报，执行持续、稳定的利润分配政策，股利支付率逐年提高。董办与监管部门的积极沟通协调下，成功解决利润分配中的疑难问题，公司现金分红比例逐年稳步增长，2021年现金分红的比例已达到45%，投资者也对公司形成良好的分红预期，有效激发了投资者的投资热情。

董办是上市公司对外沟通的桥梁。近年来，公司已连续多年召开年度业绩说明会及半年度业绩说明会，帮助投资者更全面、真实地了解公司经营发展情况，有效增强市场认同，稳定市场预期，提升公司价值，两次业绩说明会共吸引3400余名投资者关注，超过1000人观看在线直播，为公司进一步发展创造良好的外部环境。针对政策发布、行业发展、园区动态等重大事项，董办整合多方资源，利用财经媒体、专业网站、微信公众号

等渠道方式，第一时间进行宣传和转载报道，不断强化企业品牌形象。公司主动拜访业内知名投资机构，接待各券商分析师调研，与投资人、分析师建立沟通联络关系，及时传递公司信息，将上海临港打造成为一家治理规范、开放透明、具有长期投资价值的国有控股上市公司，有效增强专业机构的信心及关注度，促进公司与资本市场的互动。

新媒体时代，上市公司所处的舆论环境要比过去更加复杂，面对无处不在的舆情事件，董办时刻做好准备，及时处理各类突发事件。公司在日常舆情监控的基础上，加强针对特定时期、特定热点的舆情信息监控，及时掌握舆情动向，针对重要信息和不实内容，第一时间进行监控管理，及时发布权威信息，引导舆论的正确走向，防止舆情失控，积极有效地维护上市公司的企业形象，为上市公司高质量发展保驾护航。

2021 年，董办以上市公司高质量发展为着力点，重点围绕法人治理、信息披露、投资者关系等方面，突破现有思维，创新工作方法，全力提升工作内容和服务水平，促进提升上市公司价值，努力将上海临港打造成为国有控股上市公司的典范。

57. 乐山电力：

立足新发展理念　夯实公司治理基石

乐山电力是1988年5月17日成立的股份有限公司，发行股份5154万股，于1993年4月26日在上海证券交易所挂牌上市。截至2021年6月底，公司总股本为5.384亿股，总资产38.69亿元。公司目前主要业务涉及电力、自来水、天然气、综合能源、宾馆等多个领域，承担着为地方经济发展提供安全供电、供水、供气，服务社会大众的基本使命。上市28年来，公司治理结构清晰，坚持依法从严治企，建立了科学、民主、依法合规的“三会一层”治理机制，追求社会、经济和环境综合价值最大化，积极践行社会责任，为推动公司高质量发展奠定坚实基础。

公司董事会办公室现有职员5人，其中，取得董事会秘书资格3人，法律资格1人，财务资格1人，均有长期从事法律、财会、管理等方面工作经验，能确保推动董事办工作协同有效、流程输出、信息披露质量等多样化开展，为公司董事会科学决策提供有力保障。

一、推进公司战略转型

公司董事会认真贯彻落实新发展理念，结合公司实际，提出通过全面市场化改革和全面数字化转型，全力推动公司由生产经营型向市场营销型转型、由粗放低效型向精益高效型转型、由封闭保守型向开放创新型转型，经董事会审议提出“以网为纲、融合发展，打造平台型综合能源服务商”新战略，并着手编制公司“十四五”战略规划，以规划引领，逐步推动公司运营管理模式深刻变化，增强组织活力。

调整产业结构，顺利终结乐山沫江煤电有限责任公司破产程序；坚持绿色发展，完成公司小水电站增效扩容改造，实现清洁水电资源的高效利用；对主营从事光伏及可再生能源电站开发、建设、运营的参股公司四川晟天新能源发展有限公司密切关注，积极支持其发展，积极服务国家“双碳”战略。

二、不断完善公司治理建设

公司建立了较为全面的法人治理结构，依法设有股东大会、董事会、监事会和经理层，公司董事会下设有战略委员会、提名委员会、审计委员会、薪酬与考核委员会，并建立了相应治理制度31项，独立董事、各专门委员会、监事会参与公司决策和治理提供了制度保障。公司“三会一层”能够独立运作，各司其职，相互监督，相互促进，形成了一套合理、完整、有效的经营管理框架，切实保障公司规范运作。内部控制制度建设和管理纳入公司治理框架中，公司内部控制制度已涵盖公司主要生产、经营管理等领域，并不断优化、修改、完善，对公司防控风险、规范化管理奠定了重要基础。

为全面推进公司优秀董事会建设，进一步加强公司与董事、监事沟通交流，积极为董监事履职创造有利条件，董事办创新丰富工作内容，制定了《构建新型董（监）事关系工作方案》，建立权责对等，运转协调、有效制衡的决策执行监督机制，加强董事监事与公司的深度融合，定期向董事监事和主要股东汇报公司股东大会、董事会会议决策事项的贯彻落实等情况，加大信息沟通和日常信息推送，编制每季度《乐山电力工作简报》，以便董事、监事和主要股东及时了解公司实际生产状况。组织开展深入基层调研考察，构建股东、董事监事与公司共享共治共担共责的良好机制。

三、严格信息披露管理

董事办一直加强信息披露管理，不断提升信息披露质量，提高信息披露的有效性和针对性，严格按照信息披露规定执行。在信息披露方面，一是制定了《信息披露管理办法》《内幕信息知情人管理制度》《外部信息使用人管理制度》，建立了信息披露工作流程，明确了披露信息的报告、编制、传递、审核，再到公告的过程，明确了信息披露责任人。二是在对外提供季度、半年度、年度统计报表信息时，公司为确保获取信息的公平性，主动在第一时间披露业绩快报、经营数据，之后才将需要提供的相关数据报送股东单位及相关行政管理单位，确保对外提供的时间不早于公司业绩快报的披露时间，业绩快报的披露内容不少于向外部使用人提供主要信息内容，保障了公司股东享有平等获得信息的机会，切实保护投资者的合法权益。三是执行信息披露审核制度，全面加强信息披露风险防范，严格内幕信息知情人管理，通过过程管控，提高信息披露的规范化管理水平。确保公司信息披露不存在虚假记载、误导性陈述或者重大遗漏，信息披露规范、透明，信息披露持续实现零差错。

四、关注投资者需求

不断强化投资者关系管理工作，关注投资者及潜在投资者的需求，董事办设有专责人员负责投资者关系管理，加强与公众股东的及时沟通，不断研究寻求新的方式方法，在遵守信息披露规则的前提下，多渠道、多形式、多层次地积极与投资者沟通，不仅通过股东大会、电子信箱、电话等多种渠道与投资者和潜在投资者之间予以沟通，同时充分重视网络沟通平台建设，积极组织参加四川省上市公司协会举办的“业绩说明会”“投资者接待日”活动，与投资者互动；投资者在上证 e 互动上提问共 35 条，涉及公司治理、行业情况、定期报告等，董事办均在 2 个工作日内解答投资者咨询，增进投资者对公司的了解，加强与投资者的良性互动，持续提升公司透明度。

五、夯实管理基础

公司十分重视重视董事、监事和高管人员的培训学习，加强董监高人员培训，提升规范运作意识和履职能力。董事办及时传达证监会、上海证券交易所最新出台的证券市场规范运作相关规定，督促公司董事、监事、高管和相关部门人员熟悉和掌握新的证券监管法律法规，组织董事、监事、高管和相关部门人员参加上市公司协会、上海证券交易所举办的《上市公司控股股东、实际控制人、董事、监事及高级管理人员培训》《上市公司投资者保护专项培训》《四川辖区上市公司治理培训》《年报披露培训》等共 93 人/9 次，明确自身的权利，强化责任意识，规范运作意识、守法经营意识和诚信意识，及时杜绝公司及相关人员违规事件的发生。

按照中国证监会下发的《关于开展上市公司治理专项行动的公告》，董事办深刻认识到上市公司高质量发展的重要性和紧迫性，以落实新《证券法》为契机，围绕服务公司高质量发展，积极开展公司治理专项自查工作，加强对重点领域工作的风险防范。董事办牵头组织协调财务资产部、法务风控部、综合管理部、审计部等相关部门落实专人负责，反复学习证监会通知精神，参加四川证监局和上市公司协会组织的学习，围绕自查清单共 119 项内容，认真梳理公司 2018—2020 年 3 个年度的公司治理情况，分类准备相关自查问题的支撑材料进行备案。对照治理专项自查清单，认真梳理查找存在的问题，总结公司治理经验，完成专项自查工作。

58. 雅戈尔：

董办工作实践创新亮点总结

一、雅戈尔董办的人员构成和制度保障

（一）人员构成

雅戈尔集团股份有限公司董事会办公室共由 4 名人员组成，其中：

董事会秘书 1 名，兼任公司副总经理，参与公司重大事项的前期论证、谈判及跟踪管理，有利于公司重大事项内部报告制度的有效流转，以及信息披露的及时准确。

证券事务代表 2 名，分别侧重于负责信息披露和投资者关系管理，但在内部事务上注重全流程共享，能够在特殊情况下迅速接手对方的工作。

投资管理专员 1 名，曾担任证券事务代表，现负责公司投后项目的跟踪管理，有利于董办及时跟进及披露投资项目的进展；并且在投资项目的处置上更加专业，能够保证投资决策以及信息披露的合规性。

以上人员均参加了上海证券交易所组织的董事会秘书资格培训并考取资格证书且定期参加后续培训。

（二）制度保障

公司制定并严格实施《董事会秘书工作制度》，明确董事会秘书作为高级管理人员，有权了解公司的财务和经营情况、列席重大事项的会议等，为董事会秘书履行职责、董事会办公室有效工作提供了制度保障。

二、雅戈尔董办在评选期间的工作情况报告

2020年9月1日至2021年8月31日，雅戈尔董事会办公室完成的主要工作如下：

1. 公司治理及“三会”运作：组织召开股东大会2次、董事会会议12次、监事会会议8次、董事会战略发展委员会1次、薪酬与提名委员会3次、审计委员会会议5次，保证了公司治理的有效性和“三会”运作的规范性。

2. 信息披露：提交公告77份，未发生更新、补充等“打补丁”的情形，在2020年度上交所上市公司信息披露考核中再次获得A。

3. 投资者关系管理：通过电话、邮箱、传真、现场及e互动回复等方式，不断拓宽与投资者交流的渠道，共接听投资者咨询电话总计约829个，回复上证e互动提问135个，现场接待机构投资者45人次，有效传递公司价值，并及时向管理层或业务部门反馈投资者建议。

4. 资本运作：（1）实施了回购计划，合计使用资金14.39亿元，回购公司股份2.00亿股，占公司总股本的4.32%，回购股份用于实施股权激励计划；（2）实施了股权激励，针对高层管理人员采取员工持股计划的形式，针对中层管理人员采取限制性股票激励的形式，激励对象合计801人，激励所涉及的股份19463.89万股，占公司总股本的4.20%。

三、雅戈尔董办在信息披露工作上的创新实践

雅戈尔高度重视信息披露工作，以董事长为第一责任人，由董事会秘书负责具体协调各项事宜，董事会秘书领导的董事会办公室为其工作机构。

在工作流程上，雅戈尔董办坚持以制度建设为保障，以内部控制为关键控制措施，在治理结构、组织结构以及子公司管理层面，强化了信息流转的保障基石，重点强调了执行过程中的制度依据和痕迹控制，以及监事会的事中事后监督。

在团队建设上，打造学习型的组织网络。一方面，积极组织公司董事、监事、高级管理人员和相关人员通过参加培训，学习董办汇编的法规要点、案例解析，持续提高其对信息披露重要性的认识和对监管要求的理解；另一方面，注重自身专业水平和职业技能的提高，通过参加培训、资料收集整理，以及对同辖区、同行业上市公司在类似事件上的优秀经验或者监管问询的横向学习，不断优化信息披露的内部机制、披露技巧，持续提高信息披露的质量和水平。

在具体实践中，雅戈尔董办将信息披露与投资者关系管理工作有效结合，协同创新，二者相辅相成，保证了公司价值的有效传递。

（一）以投资者需求为导向

雅戈尔坚持信息披露事务的基本原则和核心要求——真实、准确、完整、及时和公平，并在此基础上，将信息披露事务与投资者关系管理工作有效结合，站在投资者的立场上换位思考，不断增加主动披露的信息内容。

作为消费行业的上市公司，投资者既是股东，也是消费者或潜在消费者，对公司在新材料、新产品、新工艺研发方面的投入和成果更为关注。因此，公司在“释义”中以通俗的语言解释了“汉麻”“汉麻粘胶”“宾霸”“Gore－tex”等原材料纤维以及“DP”“水洗”等工艺处理的特性，提高股东对消费品特性、功能性的认知度，并且早在行业信息披露指引出台以前，即根据三大主业的运营模式，分别披露了服装、地产和投资业务的核心经营指标。

（二）以信息的有效性为核心

雅戈尔在保证信息披露合规性的基础上，更加强调信息披露在价值传递方面的作用，具体而言，就是确保所披露的信息具有可读性、可比性和有针对性。

在可读性方面，如前所述，在释义中以通俗的语言对专业术语进行解释，并且在定期报告“研发投入”的“情况说明”中罗列研发项目的明细等。

在可比性方面，逐步增加了自愿性信息披露的比例，并且坚持将以往披露过的经营指标延续披露，保持信息的可比性；同时将重大事项参照以往披露过的类似事件的金额、类型进行披露，保持披露口径的一致性，避免选择性披露的情况发生。

在有针对性方面，结合投资者关系管理工作，搜集投资者的关注点、舆情的集中点，判断敏感信息、媒体解读对资本市场的影响，通过澄清公告等形式，真实、准确、完整地反映公司情况或者澄清投资者的问题。

通过有效的信息披露和价值传递，增加了投资者对公司、管理层的认知度和信任度，有利于吸引真正认可公司价值的投资者；而通过这些理性投资者反馈的建议和需求，又反哺了公司信息披露及公司治理、公司管理水平的持续提升。

59. 东方财富：

创新驱动规范运作　科技创造合规价值

一、公司基本情况简介

东方财富信息股份有限公司（以下简称“东方财富”）成立于2005年，总部位于上海，公司注册资本103.36亿元人民币，是中国领先的互联网财富管理综合运营商。2010年3月，东方财富成功登陆深圳证券交易所创业板；2015年，成为首家市值突破1000亿的创业板上市公司；2020年7月，公司市值超2000亿；2021年1月，公司市值首次超3000亿。

公司旗下业务及产品包括：“东方财富网”“天天基金网”“股吧”“Choice数据”“东方财富证券”“哈富证券”“东方财富期货”“东方财富基金”“优优私募”等，是国内首家同时拥有券商牌照、期货牌照和公募基金牌照的互联网企业。

二、董办工作情况简介

公司建立了董事会秘书办公室（以下简称“董办”）工作团队，在董事会秘书的领导下，开展“三会”运作、信息披露、投资者关系、公司治理、资本运作等工作。截至目前，2021年内公司召开股东大会3次；举办3次大型投资者关系活动；完成发行可转换公司债券并上市、限制性股票激励计划等重要资本运作事项；试点设立内部控制合规部等内部治理事项；董办工作水平不断提升。截至目前，公司深交所信息披露考核结果连续5

年为 A。

三、董办实践创新亮点特色总结

（一）创新流程，信息披露质量不断提升

公告是上市公司与投资者沟通的桥梁，信息披露工作是董办工作的重中之重。公司董办积极推动信息披露流程标准化，建立从内部报告到公告披露的全流程工作制度，采取高效的质量控制措施，确保信息披露工作高效率、高质量完成。

1. 内部报告敏捷有效。公司董办积极推动建立并实施 7×24 重大信息内部报告制度，通过 OA 办公系统开展全员宣导，组织制度学习，公司全体员工均可以通过 OA 办公系统向董办直接报送重大信息，最大限度防止信息传递过程中因人员原因导致的漏报、错报等情形。

2. 表述内容客观专业。结合重大信息内部报告内容，公司董办加强公告核心内容控制，涉及技术、法律等重要表述单独与相关部门开展对称复核，征询公司内部专家意见，同时董办工作人员从普通投资者角度出发，反复审读，消除疑问、歧义等，确保公告内容专业、客观，易于理解。

3. 公告编制准确无误。公司董办不断总结经验，针对公告编制工作特点，结合以往信息披露实践，总结披露内容编制及复核的关键要素、节点，对投资者关心的重要内容进一步加强控制，严格实行过程导向的精细化管理，制定了信息披露审核确认流程，目前共设置 16 项检查项目，涵盖格式、数据、文字表述、法规指引、系统填写等各项细节，并不断根据信息披露工作开展经验持续更新。

为了准确落实流程要求，公司董办设置流程对应的审核表单，要求相关审核人员按照内容逐项执行确认程序，最终签字确认后归档，进一步加强审核工作人员责任意识。在信息披露工作流程中设置节点、关键点，使信息披露工作进度清晰、质量可控。同时，对审核工作规定标准操作，杜绝随意性、降低经验等人为因素对工作质量的影响。

4. 经验教训及时梳理。公司董办针对日常信息披露工作实践，建立并

持续更新法规库、案例库，对法规更新内容展开重点学习；总结本公司及同行业、同板块公司信息披露经验教训，进行不定期内部交流，不断提升人员专业素养和责任意识。

（二）转变思维，法规执行严格落实

公司内部治理与规范运作工作中，公司董办高度关注“关键少数”行为管理，注重与控股股东、实际控制人、董事、监事、高级管理人员等开展有效沟通。作为公司治理的专业部门，公司董办进一步提高主动意识，在积极开展法规宣导的同时，从实际情况出发，做好、做实宣导工作，确保防范短线交易及内幕交易、规范管理关联交易等法规切实执行到位，公司内部治理与规范运作工作落到实处。

1. 防范短线交易及内幕交易。公司董办除日常宣导法规、要求董监高买卖计划通知报备外，针对定期报告等禁止买卖股票及衍生产品窗口期提前发出书面通知，明确告知公司董监高等相关人员禁止买卖日期范围；重大内幕信息披露前，除书面通知禁止买卖日期外，相关通知进一步丰富内容，涵盖其他与内幕信息管理相关的重要注意事项，同时，对内幕交易相关法律后果进行简要介绍，充分发挥董办专业性，通过详细解读，将法规转化为简明扼要的实践指南，确保沟通无死角，执行无盲区。

2. 规范管理关联交易。公司董办充分考虑实际情况，强调关联交易体系化管理，覆盖事前宣导、事中控制、事后检查等重要环节。事前，为提升法规宣导普及效果，公司董办制定关联方信息申报表，根据法规对关联方定义，逐项、逐步骤分解，引导控股股东、实控人、董监高等如实梳理、申报关联方，为准确识别并有效管理关联交易打下坚实基础。事中，运用技术手段和制度手段，设置多个关键控制点：交易审批阶段，OA 办公系统增加协议关键词控制，识别到相关方为关联人时，自动通知董办，减少人为干预影响；特别加强法务、财务、印章管理人员专项培训宣导，在第一道关口识别关联交易；业务系统自动识别关联方关键词，统计实际交易金额。事后，公司董办联合相关部门，开展定期、不定期的检查和统计，确保关联交易程序无缺陷、统计无遗漏。

（三）科技赋能，助力效率再上台阶

公司作为互联网企业，拥有丰富的技术储备。公司董办与技术部门通

力合作，以科技赋能董办工作。公司通过自有平台开展可转债网上路演、年度报告说明会等投资者关系活动，充分听取用户意见，优化投资者体验，提升活动效果。公司董办仍在持续优化技术手段，运用科技赋能董办工作，进一步助力董办工作效率的提升，目前研发中的技术手段包括：董办档案电子化云管理、文档在线同步及编辑、股东大会自动计票等。

四、未来展望

合规创造价值。新时代的资本市场向公司及董办团队提出更高的要求，公司董办团队将继续在监管部门、上市公司协会的指导下，敬畏规则、不忘初心、创新发展，充分拥抱资本市场改革，坚持探索新方法、新实践，为公司、投资者、股东创造更多价值。

60. 华东医药：

主动　合规　高效
——打造创新灵动的董办

在华东医药领导和董事会秘书的领导下，董事会办公室积极参与并助力公司转型创新战略，秉承“主动、合规、高效，打造创新灵动的董事会办公室”的工作方针和实施路径，以适应新形势、新变化的需要，全面实现公司治理现代化和治理能力的提高。董事会办公室在全面完成信息披露、市值管理、投资者关系管理及市值管理等工作以外，积极参与推动股权收购后子公司的业务和产品整合，新药项目引进和海外收购也取得了开创性成果，在此过程中也锻炼培养了一个能打硬仗、具有很好执行力的团队，团队人员配备、个人能力及综合素养大幅提升，为公司“三会”运作、公司治理及合规运营提供坚强有力的保障。

一、精准定位，董事会办公室全力服务公司合规治理与规范运作

董事会办公室是公司治理健康运行的守护者。董事会办公室推动建立完善适合公司实际的法人治理结构，作为“三会”的筹备者和组织者，积极协调各治理主体间的关系并充分发挥其治理功能。董事会办公室了建立事前审查、事中汇报及事后复盘共享信息的长效沟通机制，加强公司经营发展信息与相关方的信息传递。在董事会办公室的努力下，公司“三会”运作规范，已形成各负其责、协调运转、有效制衡的公司法人治理结构，为公司良性循环、高效运营提供制度保证。为充分发挥独立董事监督效力，董事会办公室特别邀请独立董事参加年度股东大会及公司部分经营事项决

策全过程，为公司发展提供有建设性的意见，协助管理层推进经营活动，提高公司决策水平，提升公司价值。

二、主动、透明、合规，董事会办公室全面致力公司信息传递

在信息披露方面，董事会办公室坚持以公司价值为核心的披露原则，站在投资者角度思考，持续增加主动信息披露的有效性。公司强化主动性信息披露工作，积极宣传公司生产经营、研发体系建设及发展战略，增强资本市场和投资者对公司的了解度，并主动发布英文版定期报告，推动公司国际化发展进程。2021 年至今，已发布公告 80 份，法批上网文件超过 120 份，信息披露的数量、种类和质量均较 2020 年度有较大幅度的提升。

公司自 2017 年以来连续 4 年发布企业社会责任报告。报告本着客观、规范、透明和全面的原则，详细披露华东医药在经营、环境、社会等责任领域（ESG）的实践和绩效，传递社会责任。2020 年，董事会办公室按 ESG 标准披露社会责任报告，获得社会较高关注和认可，公司获得 2020 年资本市场企业文化建设—优秀社会责任奖，获评“医药经济报 40 周年礼赞 · 中国医药新冠疫情联防联控突出贡献企业”、2020 浙江境外投资企业社会责任抗疫贡献奖、“抗击新冠肺炎疫情” 公益企业等荣誉。

通过董事会办公室全面主动的信息披露工作，向全体投资者全面、准确、及时地传递公司各项经营信息，引导投资者全面了解公司经营管理及转型创新方面的成绩，提升公司信息的传递效率，降低公司信息不对称程度，持续改变和提升公司在 A 股市场的外部形象，提升了市场关注度。

三、高效、创新、灵动，董事会办公室探寻投资者关系管理新模式

董事会办公室作为公司价值传播的窗口，努力成为公司在资本市场的探头，传递公司价值。公司十分重视投资者关系管理，近年来投资者关系管理水平不断提升，借助互动易、投资者调研以及投资策略会等平台，增进与投资者的互动交流，积极主动宣传公司生产经营、研发信息及发展战

略，有效保障了中小投资者的知情权，引导市场对公司发展及股票价值进行趋于合理的预期。

董事会办公室制订信息披露计划和投资者关系管理，每年按计划实施公司业务多次专题宣传，全面加深投资者对公司业务发展的认识。配合信息披露计划，董事会办公室“走出去”加大反向路演频次和质量，向资本市场有效传达公司生产经营情况，展示公司创新转型和国际化进展。

董事会办公室每年举办大型特色“投资者接待日”活动，倾听投资者对公司发展提出的建设性意见，加强公司与投资者之间的沟通联系。2021年在接待日现场开设公司产品展示分会场，展示公司经营发展的阶段性成果，建立公司与投资者交流的纽带，使投资者接待活动显得更有温度。

董事会办公室开设投资者关系管理微信公众号和华东医药同顺号，为公司打造了面向个人股东和专业投资者的宣传平台，在信息披露合规的基础上，以更简洁新颖的形式向外界传递了公司获奖信息、定期报告解读等最新动态，取得了较好的推广传播效果。2021 年微信公众号热点文章点击量近 3 万次，订阅人数目前近 5000 人；华东医药官方同顺号截至目前粉丝数量已经接近 180 万人，已发布文章最高阅读量达 4. 5 万次，成为董事会办公室价值传播的又一重要窗口。

凭借在信息披露、公司治理、投资者关系管理、市值管理等方面的努力和提升，公司董事会及董事会办公室获得资本市场及社会高度认可。公司连续多年获得深交所信息披露考评 A 级，连续 8 年获得中国上市公司价值评选——主板价值百强、第二届“新财富最佳上市公司”、荣获第二届“最值得投资者信任的上市公司盘点——生物医药领域创新先锋”奖、同花顺 2020 年度最佳投资者关系奖。董事会秘书也蝉联“中国上市公司价值评选——主板上市公司优秀董秘”、上海证券报 2020 金质量卓越董秘奖。2021 年，公司斩获天马奖三大奖项：中国主板上市公司投资者关系“最佳董事会”奖；中国上市公司“最佳投资者关系”奖；中国主板上市公司投资者关系“最佳董秘”奖。

61. 荣盛石化：

做精做实董办工作　创新创优履职特色

一、信息披露

作为信息披露的直接部门，荣盛石化董办团队严格执行证监会、交易所有关信息披露的规定，以及公司制定的信息披露事务管理制度，持续细致规范地做好各项事务的信息披露，保证信息披露内容的真实、准确、完整，公平公开公正地对待所有股东和投资者。信息披露既是监管机构对公司监管的核心，也是公司规范运作的基本内容，公司已连续五年获得深交所信息披露考核 A 级评价。在执行好交易所信息披露公告格式基础上，董办团队将多年信息披露撰写经验习惯整理形成了一套制度化的公告格式规范要求，按照公告类型分别对临时公告和定期报告的格式作出了具体要求，如页面设置里中英文字体字号、页边距行间距、标题表格样式等一一明确，保证了信息披露公告格式上的统一连续，清晰明了的格式规范也为团队人员提供了公告撰写标准，具有可推广性。

二、公司治理

公司严格按照《公司法》《证券法》《上市公司治理准则》《深圳证券交易所股票上市规则》《深圳证券交易所中小企业板上市公司规范运作指引》及中国证监会有关法律法规的要求，不断完善公司法人治理结构、建立健全公司内部控制体系，规范公司运作。同时，公司不断修订、完善多项管理制度来积极应对日益复杂的经济环境变化，如《投资者关系管理制度》《重大信息内部报告制度》等，内部控制体系构建比较成熟。像近年新出台的《荣盛石化股份有限公司董事会办公室档案管理制度》，正是源于在董办工作过程中团队人员所经手的资料甚多且不乏机密文件，资料保管期限也有不同要求，大量繁多的资料需要分门别类地妥善放置，为方便日常事务中资料的查找及有效的保管，董办团队依据各项档案管理的行业标准和规则，并结合公司实际情况制定了本部门档案管理制度和方案。制定过程中，董办团队参考了《中华人民共和国档案法》《中华人民共和国保密法》《中华人民共和国档案法实施办法》和《企业文件材料归档范围和档案保管期限规定》等法律规定，内部多次开会讨论具体工作细则，如确定归档范围、整理步骤等，连资料摆放位置、包装标记方式都作出一一规范，真正将标准落到实处。

三、投资者关系

公司董办团队始终秉承着“尊重投资者，回报投资者”的理念，多渠道、全方位地与广大投资者开展交流互动。除了日常接听投资者热线、互动易在线回复外，公司定期召开业绩说明会，举办投资者接待日活动，接待机构线下调研和电话会议，积极参加辖区集体投资者接待日活动、机构大型投资策略会等，通过有效充分的交流互动，树立公司良好的资本市场形象。公司旗下浙石化炼化项目自开工起就吸引了国内外众多投资者的目光，因此董办团队更是将投资者关系维护管理列为一项重点工作在执行。浙石化项目处在舟山的独立小岛上，目前的交通条件接待能力都有所欠缺，每次接待五湖四海的投资者上岛调研，董办团队都要花费不少时间精力在访客登记、交通选择、会议安排、餐饮住宿安排等方面，浙石化项目基地是禁止非工作人员进入的，叠加疫情防控因素，访客信息都需要提前整理备案，从公司总部抵达项目基地途中单程就需要 4—5 个小时，不仅要用车调度还需要坐船上岛，一次调研至少需要 2 个工作日，因船只承载能力只能安排分批上岛。人数最多的一次调研是同时接待了 58 位投资者，上岛后积极协调安排项目领导和投资者们的座谈交流，带领人员实地参观感受装置现场，尽最大努力真心、用心地服务好远道而来的广大投资者们。

四、资本运作

2020 年 9 月 10 日，荣盛石化股份有限公司 2020 年面向合格投资者公开发行绿色公司债券（第二期）符合深圳证券交易所债券上市条件，在深圳证券交易所集中竞价系统和综合协议交易平台双边挂牌交易，并面向专业投资者中的机构投资者交易，发行总额 10 亿元；同年 10 月 12 日，非公开发行新增股份 459242250 股在深圳证券交易所上市，募集资金总额 80 亿元。在董办团队协同多部门的共同努力下，公司在资本市场上通过多种融资渠道获得资金扶持，进一步做大做强公司主业，为公司的长远发展奠定坚实的基础。随着募投项目的投产，公司总资产和净资产规模将进一步提升，抗风险能力进一步增强。本次发行能促使公司财务结构更趋合理，资产负债率不断下降，同时本次募集资金的运用一方面能够满足业务发展的资金需求，通过合理调节、配置公司资金，积极发展公司优势产业，提升公司的主营业务收入水平；另一方面有助于实现公司的规模化经营，在增加公司营业收入的同时降低成本支出，进而提升公司盈利水平。

五、管理实践

公司坚持制度化建设，将标准化、流程化、规范化融于企业运作之中。在行业内率先引入 ERP 系统，积极加强信息化建设，全面整合采购、生产、存货、销售等业务环节，持续提升快速反应能力。公司已结合自身实际情况建立了一整套行之有效的管理制度，明确了岗位职责与工作流程，通过精细化管理，有效降低了运营成本。董办团队在日常事务处理中充分运用数字化技术手段提高工作效率，如利用 WIND、易董等软件分析股份变动、法律法规变更、研报更新、市值变化等信息，借助全景网平台开展业绩交流会。

62. 东方明珠：

创新务实　赋能公司主战略

2021 年是各项监管政策、相关制度密集出台的一年，是东方明珠任务繁重的一年，也是董办团队工作繁忙的一年。虽然工作压力大，但在公司的正确领导下，各部门的协助配合下，董事会办公室团队不懈努力，认真履行职责，在信息披露、公司治理、投资者关系、资本运作、管理实践等方面取得了较好的成绩。

一、准确把握市场风向，做好信息披露工作

依据信息披露真实、准确、完整、及时的原则，2020 年 9 月 1 日至 2021 年 8 月 31 日，公司共披露定期报告 4 个，临时公告 68 个，依法合规履行信息披露义务。

1. 高度重视定期报告的披露工作。在定期报告中的公司业务概要及管理层谈论与分析章节，董办会花费大量的时间和精力在相关信息的收集和撰写，详细介绍公司经营情况、发展战略及行业现状，通过提供大量的业务数据、行业数据及行业情况的描述，结合公司自身的行业地位，经营情况、发展战略等向投资者详细介绍公司，且兼顾定期报告的前后延续性，相关数据在往期报告中尽量做到可以回溯比对，使投资者能够具象化地了解公司，了解行业，提高了公司定期报告的质量和价值。

2. 媒体宣传配合公司信息披露。董办高度重视公司的内宣、外宣，高度关注市场反应，在公司重大项目的公告披露的同时，第一时间也会督促公司其他部门投放相关的媒体宣传稿件，向不仅限于资本市场或者机构的

不同层面的人士解读公司业务信息。

二、完善公司治理，促进公司规范运营

董事会办公室在上市公司日常经营管理中发挥着衔接公司股东、董事会和公司经营管理层的重要作用。本着公司健康长远发展的目标，在公司经营过程中，董事会办公室不断发现问题、分析原因，及时学习最新最高政策精神，研究更新法律法规的核心要求，不断健全、完善公司的法人治理结构及内部控制体系建设。

2020 年 9 月 1 日至 2021 年 8 月 31 日，公司共召开股东大会 1 次，董事会 14 次，监事会 7 次，其中，2 次董事会以现场和通讯相结合的方式召开。多次组织务虚工作会议，公司董事会在听取管理层汇报的基础上，通过现场调研、专家研讨会等形式对公司经营情况作了更深入的了解，并在董事长带领下积极参与公司战略规划的制定，从专业角度为公司的长远发展助力。

1. 认真落实“三会”治理自查工作。董事会办公室响应证监会号召，积极开展上市公司治理专项自查工作。根据公司董事、监事（包括离任董事、监事）不同的任职情况，将各位领导任期内审议的会议文件材料逐一对应地装订成册，以纸质版或者电子版方式送达确认并签字，通过上述工作方法，确保了自查报告的真实性及有效性，认真负责地落实了监管部门下达的任务。

2. 助力公司董事会审议决策。公司重大事项决策前，董办会邀请行业专家或相关领域的独立董事与公司各职能部门共同参加项目立项会、项目论证会，全程了解重大事项的各类详细信息，并对重大事项提出建议。在重大事项上会决策前，董办会整理所有会议纪要的重点作为“三会”会议资料的补充，以期为董监事们决策提供最翔实、最有效的会议资料，方便董监事全面了解重大事项，并作出有效的决策。

3. 对于公司治理从制度建设层面进行维护。对公司实际运营过程中产生的问题，进行跟踪、研究，发现公司制度及机制不完善的部分，及时提

示公司管理层进行整改；对于相关经营层面的制度有缺失或与上位法产生冲突时，及时提示相关负责单位进行制度修订、完善。

4. 大力推动关联交易识别机制的优化和落实。为进一步提高信息披露工作质量，董事会办公室大力推动关联交易识别机制的优化和落实，以便于关联交易的管理、识别、披露，提高工作效率。

5. 积极组织董、监、高培训。董事会办公室积极组织并推动公司董事、监事、高级管理人员参加交易所及上市公司协会举办的各项培训，提升董监高专业知识储备，了解最新监管动向。

6. 密切督促控股股东及董、监、高合规。董事会办公室密切关注控股股东和董监高的持股情况，在每次定期报告和重大事项窗口期之前，以邮件、微信形式提示控股股东和各董监高买卖公司股票的窗口期，确保上述主体合规履职。

7. 合规提示，在职、离任全兼顾。董事、监事及高级管理人员离职时，董事会办公室及时将董事、监事及高级管理人员离职合规注意事项告知函同步发给离职董监高，并请其签署确认；对在任期内离职的董监高，在其原定任期到期前做好持续的股份买卖合规提醒工作。

8. 与时俱进，第一时间落实新政。在新的政策发布后，董办第一时间学习，并及时通知各董监高（含离任）与其相关的政策变化及政策中新的要求。

三、统一宣发，创新投资者关系工作思路

董事会办公室推动并完善了公司关于投资者关系管理的相关制度，并通过接待各类调研、举办业绩说明会、战略发布会等多种形式与市场积极沟通。

2020 年 9 月 3 日，东方明珠进行了“BesTV + 流媒体战略发布会”，该活动在上海国际会议中心举行，由全景网、第一财经进行全网直播，现场参会嘉宾包括行业合作伙伴、上市公司投资者及财经媒体，截至 2021 年 9 月初统计数据，累计网上观看人数达 10 万人次以上。

2021 年 6 月，东方明珠参加了上海辖区上市公司集体接待日暨中报业绩说明会活动，公司董事会秘书嵇绯绯参加了上海辖区上市公集体接待日活

动中的圆桌论坛环节，就投资者关系管理心得与几位嘉宾进行了讨论和分享。

2021 年 9 月，东方明珠董事会办公室组织策划了，“精彩生活，不旁观” BesTV + 流媒体战略周年回顾及展望发布会，该活动在梅赛德斯—奔驰文化中心举行，由上海文化广播影视集团有限公司（以下简称“SMG”）主办，深圳市全景网络有限公司、上海第一财经传媒有限公司为承办，上海上市公司协会指导。活动当天深圳全景网全程现场直播，第一财经、东方财富网、万得咨讯同步直播，当天在线观看达 41737 次，全方位、多角度地向投资者、资本市场展示介绍公司。

2020 年度，公司董事会办公室共接听及回复投资者来电 1800 余次；浏览、回复投资者邮件 120 封；共接待投资者调研 711 次，总人数 1045 人；线上调研接待次数 496 次，线下调研接待次数为 215 次。

1. 举行大型战略发布会，资本市场与业务伙伴联动。除了业务合作伙伴外，也邀请公司投资者及资本市场参与者参加，是上市公司的统一宣发行为。

2. 发布会现场直播，并全网转播。由资本市场影响较大的财经媒体及平台同步直播或转播，同时财经媒体的相关图文新闻等以新媒体矩阵形式同步推出，最大范围地触达投资者。

3. 专程邀请资本市场参与主体加入。发布会上除了公司战略投资者以外，还专程邀请资本市场嘉宾出席，包括证券分析师、券商投行、机构投资者等。

4. 恳谈会双向交流。发布会结束后，还有专场的资本市场嘉宾与公司管理层的对面交流，从公司的战略规划、业务模式、行业前景等多个维度进行沟通，公司管理层同时听取嘉宾们了宝贵的建议。

5. 邀请中小投资者参加。中小投资者现场听取公司介绍，更直观地感受公司对中小投资者的重视，2021 年 9 月的战略发布会，还专程邀请海通投教基地组织了十余名中小投资出席，作为上交所“走进上市公司”活动的一站。

6. 重视接听投资者热线，各类投资者进行画像。董事会办公室对于接听投资者热线的同事，进行专门的岗前培训，并且建立通话登记机制，通过对接听记录的分析，对不同的投资者采用最适合最高效的沟通方式，提高了投资者交流的满意度及效率。对于专业机构投资者，董办着重提供数据、图表信息等材料，而面对普通投资者，董办则会具体到投资者本人，建立相关信息库，对个人感兴趣的角度采用有针对性的表述方式解答投资者提问。

四、回购股份，积极维护公司价值

2021 年 2 月，公司股价一度下行，低于每股净资产，当时股价已不能正确反映公司价值。为此，董事会办公室认真研究了《公司法》《上海证券交易所股票上市规则》《上海证券交易所上市公司回购股份实施细则》及《公司章程》中关于回购股份的规定，设计了对于公司最有效的回购方案，并主动向董事会提出建议。

公司本次回购方案为：使用自有资金 5 亿至 10 亿元，通过集合竞价方式进行回购，回购价格不超过人民币 13. 25 元/股，回购期限自董事会审议通过最终回购股权方案之日起不超过 3 个月。截至 2021 年 5 月 25 日，公司已完成回购，实际回购公司股份 52600384 股，占公司总股本的 1. 54%，回购最高价格 9. 77 元/股，回购最低价格 8. 74 元/股，回购均价 9. 51 元/股，使用资金总额 500000157. 78 元（不含印花税、交易佣金等交易费用）。

1. 未雨绸缪，提早修订公司章程，授予董事会决策权，简化回购决策程序。2018 年新《证券法》颁布后，董事会办公室第一时间进行研究，对于新《证券法》中公司回购股票的部分进行学习，启动着手对《公司章程》相应条款进行修订，并于 2019 年 6 月 26 日召开 2018 年年度股东大会审议通过《公司章程》修正案。在这次修订中，简化了上市公司回购股份的决策程序，授权给公司董事会对上市公司回购股份进行决策，回购事项在报国资委审批后并经 2/3 以上董事出席的董事会审议通过后即可实施，大大缩短了回购议案的审批期间。

2. 领会规则精神，灵活设计最高效的回购方案。根据市场及公司实际情况，在遵循回购相关法律法规的前提下，通过选择适用的条款，将回购期间最大限度缩短至三个月，实现回购密集成交，及时稳定了公司股价，增强了短期内回购的效果。

3. 进退有路，合理降低公司回购成本，尽力维护全体股东利益。回购方案明确：回购后的股份将由公司在持有 12 个月后，从二级市场择机卖出，对于三年内未卖出的股份，将会在召开股东大会审批后注销。该等方法便捷易操作，转让库存股的溢价部分还可增加公司资本公积，有利于维护全体股东的权益。用实际行动向投资者表示，看好公司未来三年的成长。

五、推动高比例现金分红，回馈公司价值投资者

每年年报期间，董事会办公室以利润分配预案披露时点，预计利润分配的股息率，并结合公司实际经营情况及历年利润分配数据，向董事会提出利润分配参考建议，以供董事会判断决策利润分配预案，并提交公司股东大会审议。

2021 年公司实施了《2020 年度利润分配方案》，向全体股东每 10 股派发现金红利 2.70 元（含税），合计派发现金红利利润分配总额为 921915054.27 元（含税），利润分配总额占公司净利润高达 56.87%，股息率超过 3%。

公司持续稳定的高比例分红，自 2015 年重大资产重组以来，累计分红约 52 亿元，以较高价值回馈投资者。

六、关注监管动向，向内推动公司治理优化

董事会办公室始终密切关注国家法律法规的更新修订及监管部门的监管动向，根据最新法律规定和监管要求对公司相关制度提出修订和完善的建议。

在碳中和、ESG 越来越普及概念的大环境下，连续五年推动上市公司披露《社会责任报告》，在深入研究“E”“S”“G”的各项含义的情况下，向内推动公司内部治理优化，以满足投资者对于 ESG 越来越高的要求。

63. 佳电股份：

董办谱新篇　规范促发展

2021 年度，哈尔滨电气集团佳木斯电机股份有限公司（以下简称“公司”）在证监会、深交所等监管层的要求下，在上市协会的指导与帮助下，围绕公司整体发展目标，董办认真履行工作职责，不断加强自身建设，提高整体业务水平，出色地完成了监管层、上市协会及公司交办的任务，2021 年公司董办工作实践存在一定的创新亮点和特色。

一、信息披露

（一）定期报告披露

公司根据深交所信息披露规则及定期报告编制指引，在定期报告编制系统中编制定期报告并及时披露。为给投资者更直观的阅读感受、更清晰的内容展示，董办在定期报告中加入产品图片，与产品说明相互配合，并采取列表对比的方式，使投资者阅读起来更加了然、便捷。

（二）临时报告披露

及时对公司经营、管理与发展影响较大的临时性信息及进展情况进行披露，包括：“三会”决议、重大事项、业绩预告、澄清公告、重大合同、应披露的交易、重大投资、董监高成员变动等。除法规规定的临时报告事项外，公司还主动增加自愿性信息披露，使投资者更全面、细致了解公司的生产经营等情况。

（三）内幕信息知情人管理

严谨、合规管理公司内幕信息知情人，严格按照公司《内幕信息知情人管理制度》的规定，要求内幕信息知情人做好保密工作并签署承诺书，督促提醒内幕信息知情人合规买卖股票，及时将知情人信息报备至深交所，维护中小股东合法权益。

二、公司治理

（一）“三会”运作

积极建立健全公司法人治理结构中董事会、监事会、股东大会的筹备及日常事务工作，并建立健全董事会专门委员会的工作制度，了解督促会议决定事项的执行情况；确保公司“三会”运作合法、合规、合理，推动公司持续稳定发展。因国内疫情反复，为保证公司“三会”正常运作，董办采取多元化会议形式，增加视频、电话等通信方式，与现场会议相互配合，提高董监高参会率，保证事项的决策进度。

（二）合规运营

1. 制度建设。根据监管新规及时制定并完善上市公司制度，并对制度执行情况进行监督提醒。

2. 合规建议。保证上市公司按监管层的规则要求合规运营，适时提出合规建议并按规定、程序及时履行信息披露义务。

（三）培训工作

1. 董监高培训。组织公司董、监、高人员参加证监会、交易所、证监局举办的相关培训；及时将监管新规制作成为学习材料，供董监高查阅，辅助公司科学决策、精准施策；考虑疫情防控因素，增加线上培训等多元化培训方式；邀请行业内精英律师来公司进行董监高培训，增强董监高合规意识，促进公司规范运作。

2. 董办业务培训。董办制订年初培训计划，按照计划开展本部门的培训，提高部门整体业务能力，同时积极参加监管层举办的相关培训，全面、综合提升工作能力及业务水平。

（四）网络平台运营

积极运用公司的对外宣传媒介（网站、公众号等公司自有平台），审核报道合规性，提升报道宣传性，使中小股东对公司的生产经营情况了解更加细致、及时。

三、投资者关系

（一）舆情监控

对公众媒体上传播的公司信息进行监测、核实，对敏感信息尤其是负面报道及时整理报告管理层，必要时发布澄清公告；积极应对信息披露及投资者有关方面的突发事件，做好危机公关工作，维护公司形象，避免投资者无故损失。

（二）股东维护

通过电话、邮箱、深交所“互动易”等多种方式，及时解答中小股东的提问；通过接待机构现场调研，举办投资者说明会、业绩说明会、集体接待日等活动，与投资者建立稳定的沟通渠道，方便投资者更加便捷、细致、全面、及时地了解公司经营情况。

（三）投资者保护宣传

积极响应并参与监管层关于投资者保护方面开展的工作，制定活动方案，通过小视频、漫画、ppt 动画、条幅等方式制作宣传材料，部分材料发布至公司官网、公众号等平台，增强宣传效果；与证券公司合作，开展投资者保护宣传“走出去”工作，线下摆设宣传展台接受咨询，并通过发放投教折页书、纪念袋、张贴海报等，做实投资者保护工作，维护投资者合法权益。

四、资本运作

（一）资本运作建议

研究证券法律法规，收集公司证券相关信息，把握证券市场变化，关注本公司股票表现及其趋势，积极为公司决策提供相应信息及建议。

（二）资本运作落实

建立和完善与公司证券、股权投资相关的制度，制订实施证券、股权投资工作计划；负责兼并、收购、合作、股权投资等方案的研究工作，进行可行性分析。

五、管理实践

（一）对外沟通

1. 证监会、证监局及上市协会。完成证监会、证监局及上市协会下发的临时性工作，接待证监局现场调研，积极参与监管层举办的培训与活动，及时传达监管层的各项监管要求。

2. 深交所。与深交所业务对接，完成其下发的临时性工作，通过深交所业务专区报送监管层要求报送的信息，组织公司董监高及董办成员定期参加深交所业务培训等。

3. 中登公司。与中登公司业务对接，完成证券登记、存管、结算等工作，包括解除限售业务、权益分派业务、数据查询业务、名册管理、股权结构查询、股权激励业务、敏感期申报、股票发行、回购及注销等工作。

4. 中介机构。与中介机构（保荐机构、常年法律顾问、指定信息披露媒体）保持良好的沟通，必要时运用中介平台对监管规则进行专业解读，为公司提供合规建议；公司进行资本运作过程中，与中介机构对接，开展尽职调查等相关工作。

（二）对内沟通

1. 党委会、总经理办公会请示汇报。草拟行政公文，对部门及公司涉及的重大事项及时呈报党委会、总经理办公会，履行审批程序。

2. 各部门业务往来。与公司各部门保持良好沟通，配合其他部门按其需求完成相关信息的报送工作，同时根据本部门业务需要，向相关部门征集所需信息。

（三）团队建设

1. 文化建设。高度认同公司企业文化，并以企业文化为理念，健全和完善部门各项制度，打好团队建设的基础。

2. 团队氛围。加强团队沟通交流、激发团队内生动力，增强团队成员的凝聚力、提升团队成员的执行力。

3. 职业生涯。了解本部门的职责职权，结合自身实际情况，制定职业生涯规划。

董办将继续不断提升工作能力，提高投资者服务水平，促进公司合规运营。在出色完成日常及临时性工作的基础上，创新工作方式、丰富工作内容、提高工作水平，并将继续坚决落实监管层、上市协会及公司下发的各项任务，进而提升公司治理水平，推动公司高质量、可持续发展。

64. 天赐材料：

董办工作实践创新亮点

以董事会秘书为首的董办团队是上市公司信息披露主要负责人，是上市公司规范治理的推动力，也是上市公司与投资者、监管机构和新闻媒体的沟通桥梁。从一定程度上来说，董办的专业素质和能力决定了上市公司信息披露、公司治理、投资者关系、资本运作等工作的水平。

天赐材料董办团队本着对公司负责、对董事会负责的态度，恪尽职守，勤勉尽责，维护公司股东利益，充分发挥董办的价值。

一、信息披露方面

信息披露是董办最基础最重要的职能之一，信息披露是投资者了解公司的最直接的途径，监管机构近期通过推动修订公司法、证券法，规范运作指引、完善上市公司信息披露等，加大了对提高上市公司信息披露质量的要求。天赐材料作为上市公司，紧跟监管机构推进步伐，及时对公司信息披露管理制度等进行了修订，并建立了完善的重大信息报告机制，确保重大事项发生时，董办能第一时间获悉，保障信息披露的合规。天赐材料董办始终坚持尽全力做好信息披露工作，在强制性信息披露之外，持续强化自主性信息披露。

自2014年上市以来，公司5年获深交所评级为A级。

二、公司治理方面

作为公司治理的重要一环，公司“三会”的合规高效运转，是公司可持续与高质量发展的重要推手。它需要负责引领公司战略、监督公司运营、控制经营风险、确保股东权益，保证公司能够高效运转。而董办作为“三会”运转团队，董办团队的整体素质及履行能力对“三会”运作的价值贡献至关重要。

公司董办团队通过建立完善的公司治理制度体系、将公司“三会”治理要求嵌入公司业务流程管控、“三会”工作流程化等工作机制，确保公司治理高效合规。同时，积极组织董监高参加董办、中介机构、监管机构及上市公司协会主办的财务总监、董秘、独立董事等各项培训，提高公司高层规范运作意识。

三、投资者关系方面

投资者关系管理是上市公司的形象展示手段，有利于提高上市公司对外部利益相关人的凝聚力，其不仅仅是单向传播公司的价值，更重要的是基于对公司战略发展的了解，通过多层次的沟通方式，不断引导投资者对公司价值的挖掘，从而使投资者认可公司价值，树立公司资本品牌形象。投资者关系还是完善公司治理的重要环节，上市公司除了要以好的业绩回报投资者，还须具备良好的行为基础，行为规范、合规经营，方能经得起市场的考验。

2021 年，董办通过投资者关系精细化管理，使机构投资者持股比例稳定维持在高位，外资持股比例持续上升。同时，充分利用全景网、主流财经媒体、行业专刊等方式进行产业和资本市场形象宣传，公司价值得到很好的传递，公司股票被纳入 MSCI 中国 A 股指数成份股、深股通成分股，二级市场关注度及资本品牌形象进一步提升。

未来，随着国内资本市场的对外开放程度不断提升以及股市的扩容，投资者可选择性增加，也对公司投资者关系管理工作提出了更高的要求。

四、资本运作方面

公司自上市以来，充分利用资本市场资源，实施了3次非公开发行股票，共募集资金25.47亿元，保障公司发展的资金需求。在新能源汽车行业快速发展的态势下，公司通过果断的资本运作和前瞻性的产业布局，凭借自产六氟磷酸锂成本优势和产能规模效应，市场份额持续扩大，电解液连续6年来全球销量第一，是国内唯一同时生产电解液、六氟磷酸锂、新型电解质盐、电解液添加剂、正极材料的厂商。

同时，通过把握资本市场时机，不间断地实施股权激励，发挥公司长效激励机制，完善薪酬激励体系，保证人才队伍稳定，为公司整体核心竞争力的提升提供了充分保障。

得益于资本市场运作便利的助力加持，天赐材料发展加速效应明显，在享受资本市场红利的同时，公司以及董办团队应当更加严格要求自己，努力提高自身整体质量，规范管理，做到尊重市场、敬畏市场，才能使公司持续健康发展。

未来，公司经营规模持续扩大，国内资本市场朝着多元化方向发展及监管趋市场化，这些都给董办团队工作提出了更高要求，公司董办团队需要再接再厉，不断提高公司规范运作水平，做好公司与资本市场的桥梁，为实现公司更快发展增添动力。

65. 酒钢宏兴：

抓管理　提标准　强根基　促发展

甘肃酒钢集团宏兴钢铁股份有限公司（以下简称“酒钢宏兴”）董事会办公室作为服务公司和投资者的专业证券部门，立足岗位实际，对外持续提升服务市场的主体意识和质量，对内充分发挥资本市场与公司治理间的纽带作用，从规范公司法人治理、加强信息披露事务管理、加大投资者权益保护、完善公司内部控制机制建设等方面，积极践行提高上市公司质量的专项行动，助力上市公司高质量发展。

一、持续规范公司法人治理，保障公司规范运行

董事会办公室严格按照《公司法》《公司章程》《董事会议事规则》等有关规定，在认真筹备、组织召开“三会”的基础上，对拟经董事会、监事会、股东大会所审议的重点事项严格审核、把关，确保公司的重要事项依法合规地履行必要的审议决策程序。为提升上市公司质量，强化董事会对公司经营事项的统驭能力，有力推进和落实董事会决议，建设机制更加科学、管理更加高效、治理更加规范的法人治理体系，董事会办公室对年内董事会决议的执行情况进行跟踪、落实，形成专项报告向董事会报告，促使经理层不断提升履职能力和履职效果。

近年来，随着资本市场改革的推进与发展，董事会办公室结合市场实际以及从公司管理需要等方面综合考虑，逐步加强公司内部控制机制建设，制定并下发了一系列以“制度”为纲领的规章制度文件，先后制定《重大事项决策实施管理制度》《董事会重大事项合规性审核制度》《董事会决议

跟踪落实及后评估制度》及《董事会议案管理办法》，进一步提升了公司的管理效能，为持续规范公司法人治理提供了制度保障。

深入开展上市公司治理专项行动，助力公司高质量发展。2021 年董事会办公室深入学习认真领悟《国务院印发的〈关于进一步提高上市公司质量的意见〉》精神，积极响应中国证监会及甘肃证监局提高上市公司治理专项行动，从公司法人治理、关联交易、违规担保、资金占用、内部有效性控制、信息披露、投资者权益保护等八个方面进行系统性的梳理自查，确保公司治理规范、高效运行。

二、发挥职能处室的核心作用，为公司“提质增效、转型升级”助力添彩

董事会办公室为充分发挥企业职能处室“领头羊”的作用，增强企业用足政策、用好政策的本领，加之在国家持续推进的限产政策及“能耗”双控政策体系下，为持续提升公司研究钢铁产业政策、运用政策、落实政策的能力，董事会办公室对国家惠及钢铁产业各领域的政策信息，进行全面收集，会同专业处室对相关政策进行专业判断、准确识别，并迅速安排部署重点任务推进计划。通过压实责任，明确重点任务，逐级汇报的闭环管理模式，逐步推进惠企政策的收集、争取和落实工作，为公司未来生产经营发展提供政策导向和依据。

三、严格执行三级审核制度，确保信息披露质量

董事会办公室以保护广大投资者的合法权益为出发点，持续提升信息披露质量，致力于为投资者传递有参考价值和理性决策的信息。为确保向投资者提供简明清晰、通俗易懂且准确、完整的重要信息，董事会办公室对所披露的信息执行三级审核制度，经业务人员及部室拟定后执行 A、B 角色互审外，再由董事会秘书执行审核，后经公司董事长审批后，对外发布信息，确保了公司所披露的信息全部符合监管要求，在交易所 2020 年度

的信息披露评价中获得 A 级认可。

四、建立违规交易预警机制，有效防控市场风险

新《证券法》修订实施以来，不断提高了证券违法违规成本，加之上市公司接连发生“踩雷爆雷”事件，对上市公司及当事人造成了较为恶劣的影响，为有效避免公司董事、监事、高级管理人员及其近亲属违规交易或操纵公司股票的行为，董事会办公室在公司内部建立了违规交易的预警机制，在全面摸排上述人员持有公司股票的情形外，在交易所规定的披露定期报告“窗口期”之前，有计划有针对性地对公司董事、监事、高级管理人员进行专业性的系统提示、法规详解和风险告知，有效规避和消除市场交易风险，保持公司在资本市场形象的同时为公司创造良好的运营发展环境。

五、以投资者需要为导向，建立良好的信息沟通渠道

为持续加强投资者关系管理工作，增强主动管理市场的价值意识，董事会办公室利用交易所平台，顺利召开 2020 年年度业绩说明会，多渠道、全方位的筹备投资者尽想、所想之问题，及时消除市场疑虑。2021 年年初，公司股价随着大盘调整持续下跌触及上市以来最低价，董事会办公室通过投资者热线电话及上证 e 互动平台等沟通方式积极对接投资者，及时消除市场不安因素，稳定市场预期。随着市场需求表现好于预期和公司经营业绩的带动，公司股价从 2021 年年初的最低价至 9 月末的收盘价，涨幅达 92.30% 。

公司逐步显现的自有矿山成本优势和管理特色，年内吸引多家基金投资者到公司进行调研、访谈。为保证调研工作的顺利开展，董事会办公室从材料的准备、业务梳理等环节全面筹划调研工作，积极利用调研机会，向调研机构宣传公司有价值的投资信息，争取优质的客户群体，增加投资者对公司的关注度和认可度，坚定投资者投资信心，促进公司市值蓬勃

发展。

六、常抓内部培训管理工作，增强“关键少数”风险防范意识

为不断加强公司董监高及相关人员的规范意识、法律意识和操作意识，董事会办公室充分利用上交所、上市公司协会及其他线上培训资源，组织上述人员学习监管法规和最新政策文件；同时结合工作实际，通过编制《董秘月报》为上述人员提供最新监管案例解读、法规重点条款，以简明清晰、通俗易懂、直击重点、深入剖析的方式，审视公司是否面临相似情形以及需要注意防范的重点事项，为公司规范治理和管理层决策提供法律依据和政策指导。适时根据最新监管动态和实际情况，及时向实控人、大股东、董监高人员发出合规工作建议。例如，为防止大股东及董监高在公司发布2021年第三季度报告期间出现违规操作和交易行为，公司对“窗口期”的特别规定、违规成本、法规依据通过“温馨提示”的方式向上述群体进行了预警，不断增强了“关键少数”人员风险防范的意识。

未来，董事办公室也将积极对接监管机构与市场，切实发挥服务公司治理层的核心作用，不断加强法规的学习和运用能力，持续完善内部控制体系和治理能力现代化建设，坚守法律底线，筑牢法律防线，增强公司的竞争实力和风险抵御能力，促使上市公司治理更上新的台阶。

66. 山西焦煤：

奋斗为本　创新引领
助力新焦煤高质量转型发展

2021年是新焦煤高质量转型发展的关键一年。山西焦煤能源集团股份有限公司（以下简称“山西焦煤”）证券事务部全面深入贯彻落实公司整体安排部署，适应新形势，践行新使命，坚持问题导向、目标导向、结果导向，以改革变革为统领，“实”字为先，“干”字当头，高质量推进和落实了各项工作任务，为新焦煤高质量转型发展作出了积极贡献。

一、协同联动，攻坚克难，资产证券化有序推进

2020年10月，正是公司加快资源重整和组织重构的变革期，证券事务部提前安排，精准组织会议，召开董、监事会4次，临时股东大会2次，发布信息披露公告40多份，历经两个半月，紧锣密鼓地完成了上市公司董、监事会和经理层的换届、公司更名和资源整合收购67亿元优质资产三件事，新焦煤资源整合成功开局。

2021年以来，根据资产证券化工作安排，证券事务部与集团公司相关部门协同联动，积极主动，认真梳理存在问题，破解障碍难题。目前，公司发行股份购买资产的重大重组项目已经过第一次董事会审议通过，后续工作正在有序推进。

积极对接资本市场，拓宽直接融资渠道，公司债目前注册可发行额度30亿元，未来择机发行可以提高融资效率和效能，降低融资成本，保证资产重组的资金供给。

二、尽职履职，助力“三会”高效规范运行

严格依照监管规定和公司制度筹备组织“三会”运行。2021 年以来共组织召开董事会 5 次，监事会 4 次，股东大会 2 次；审议通过议案 92 项；发布信息披露 100 多条，“三会”运作高效规范，真实、准确、完整、公平、及时地完成信息披露。

三、加强组织，高质量完成信息披露工作

在总结以往工作经验的基础上，融合“精益化管理”“一事一表工作法”，认真组织，科学分工，统筹规划，形成协同高效的工作机制，顺利完成了年报、季报和中报的编制及披露工作。经深圳证券交易所考核，2020 年公司的信息披露考核结果为优，展示了新焦煤改革变革的新形象、新成效。

四、聚焦服务，焦煤资本市场新形象日益凸显

鉴于煤炭产品价格巨幅波动，公司作为炼焦煤板块的龙头，又叠加资产整合的预期，市场对公司的关注度骤然提升，对公司的各种询问以及调研大增。证券事务部结合学党史、办实事精神，主动接待各类机构投资者现场来访调研，配合参加各大知名券商策略会，答复电话咨询 300 余次，线上互动易回复 96 条，召开业绩说明会即时答复 28 次，各类问询的答复率均为 100%，实实在在分享新焦煤发展战略，传递新焦煤企业文化，保障公司发展的长远利益得到市场广泛认同。

五、对标一流，不断完善现代企业制度建设

为了全面贯彻中央及山西省《国企改革三年行动方案》，坚持依法治

企，持续完善中国特色现代企业制度，证券事务部主动作为，贯彻落实对标一流企业管理提升行动，对照近年来出台的多项监管新规、对标多家优质上市公司，修订完善了《公司章程》、“三会”《议事规则》等6项基本制度，进一步促进公司规范运营。

六、管理升级，持续规范重大信息内部传递

组织公司重大信息内部报告和内幕信息管理专题培训，采取以考促学、以学促用、学用结合的方式，要求各子分公司、机关各部门对信息披露要求准确把握，促使内部报送流程建立和畅通运行，提高相关人员对重大信息的敏感度，防范信息披露有关风险，充分维护投资者的合法权益。

七、开展创新业务，为公司创收增效

持续开展网下新股申购和转融通证券出借等证券创新业务，盘活资产，在保证风险可控的前提下，实现稳健的投资收益。

在新焦煤高质量转型发展的关键一年，证券事务部将在新焦煤“以奋斗者为本，长期艰苦奋斗”的核心价值观引领下，立足新发展阶段，贯彻新发展理念，融入新发展格局，主动适应公司改革和变革大局，紧紧围绕“打造具有全球竞争力的世界一流炼焦煤企业”的奋斗目标，“树牢三个意识，掌握七种方法”，干字当头，苦干实干拼命干，发扬先进的工作经验，开创新的协作模式，全力推动“三年三步走”迈好第二步、取得新突破，不断开创新焦煤建设的新局面，为打赢新焦煤高质量转型发展攻坚战贡献智慧和力量。

67. 新天绿能：

关于做好董办工作需处理好的辩证关系

新天绿色能源股份有限公司（以下简称“新天绿能”），成立于2010年2月9日，是一家专注清洁能源开发和利用的公司，涵盖风电/光伏发电及天然气销售两大业务板块。2010年10月13日，公司在香港联交所主板挂牌上市；2014年年初，公司完成H股定向增发工作，在港累计募集资金近50亿港元。2020年6月29日，公司在上交所主板首发上市。新天绿能历经十余载，在此期间，资本运作与公司相伴相随，为公司插上了一次又一次腾飞的翅膀，助力公司实现一次又一次的突破。公司现已发展成为华北领先、国内前列的清洁能源供应商。

董办团队作为公司历次资本运作事项的主要筹划者、执行者、见证者，帮助公司借助资本市场的力量，能够及时抓住行业发展的历史机遇期，实现了公司的高质量、高速度发展。帮助公司从资本市场拿到真金白银，固然是体现董办团队价值的重要方面，但在信息披露、公司治理、投资者关系管理等方面，董办团队也同样发挥着重要的作用。

不断完善公司治理，严格履行信息披露义务，是一家上市公众公司基业长青的重要保障。作为一家A+H上市公司，面对两地上市不同的监管要求及规则标准，仅2020年度，公司就组织召开了股东周年大会、两次临时股东大会、18次董事会及8次监事会会议；仅2021年上半年，公司就合计披露了271份公告文件，其中，A股公告文件106份，H股中英文公告文件165份。面对外部监管，公司从未停止探索更加适合公司实际的内部控制管理机制，在公司内部控制方面不断查漏补缺，不断完善制度、流程建设。

面对投资者，公司用实际行动，践行着“公平对待、尊重每一位投资者”的信念。除强制披露信息外，公司每月主动披露两大业务板块的主要经营数据；每逢年度/半年度业绩披露，公司都会组织召开业绩说明会，由公司总裁等高管与中小投资者进行实时在线交流。公司历来重视中小投资维护工作，历次业绩说明会及上证e互动平台所涉问题，一直保持100%的回复率。公司还积极前往北京、上海、深圳等地，与投资者进行面对面的交流；并于2021年组织了部分投资者及分析师前往公司项目现场开展反向路演活动。

关于董办工作，网络上有这么一句戏谑的话：“如果，你爱一个人，就让他去做董秘。如果，你恨一个人，就让他去做董秘。”言语中道出了董办工作的挑战与辛酸。而一家A+H两地上市公司，相较单独在A股或H股上市的公司而言，从量的角度看，常规工作是翻倍式的增长；从质的角度看，由于兼顾两地规则引致相关方案或流程的复杂化，想要无差错的完成各项董办工作，除了董办人日常加班加点、业绩期或重大资本运作期间通宵达旦之外，使命感和情怀成为必有的信念。此外，还需要重点处理好如下几个辩证关系：严与松、收与放、内与外。

一、严与松

何为严？主要是工作态度之严谨，对待部属之严格，披露信息之严密。作为上市公司信息披露及合规治理的守门人，由于信息披露工作其固有的内在属性要求，必须时刻牢固树立如履薄冰的严谨工作态度，并延伸到对部属的工作要求上，从结果上实现披露信息的真实、准确、完整。在日常工作中，必须做到严于律己，持续学习，以自身行动向团队传递工作标准，并逐渐印化出整个团队的严之标尺。

何为松？严与松，看似对立，实则互为辩证，特定情境下，松是实现严的重要依托。例如，很多待披露信息，受限于“及时性”的要求，客观上暂无法提供某种确定性表述，此时，以松为持，规避绝对化表述，反而可以达到表意更为准确的目标，既可以降低投资者误解的风险，也利于后续公告的顺畅衔接。

二、收与放

何为收？主要是董秘必须对涉及的重大工作做到全程深度参与，对涉及的重要文件全文做到逐句逐字审核、批改，唯有此才能保障对相关工作的掌控，保障各重要工作事项满足信息披露要求，不出纰漏。但囿于相关职责分工，董秘（或兼任其他管理职责）除了董办工作外，时常还涉及其他管理事项，放又是实现董秘履职尽责的重要保障。

何为放？主要是在给予部属信任的基础上，总体上做到抓大放小，对于常规性工作或已基本形成既有处理模式的工作，可以给部属予充分授权，提供员工独立展示自我的平台，保障员工工作的积极性，能够为部属提供清晰的工作愿景，为其做到自主自发持续学习提供原生动力，保障相关工作在基础环节少出错或不出错。

三、内与外

对内来讲，董办是企业各类重要信息的汇集、加工、披露中心，对于及时获取和识别应予披露或履行特殊审批程序的各类工作事项，是董办工作的核心内容之一，这就需要对内及时搭建起运行顺畅的内部信息流转通道。作为一家上市多年的公众公司，虽然在公司治理方面已不断趋于完善，但与各类监管要求时常会有一定差距，因此董办需要向公司内部做好这些差距或由此引致的额外程序要求的解释工作，做好解释工作，赢得公司的内部支持，是顺利完成信息披露工作的重要支撑。当然除了时刻做好相关解释和提示工作外，还需要借助各种内部交流的机会，向公司领导和同事们宣传相关信息披露要求，并积极争取外部专题培训机会，有针对性地安排相关领导和同事参加公司治理或上市规则类的培训，不断提升公司内部人员的敏感性，把提升合规意识从董办扩大至公司全员，全员合规意识提高了，公司违规的风险就降低了。

对外来讲，董办作为上市公司的窗口部门，日常工作中需要与监管部门、投资者、分析师、各类中介机构保持密切的沟通交流。面对监管部门的各类监管，首先应摆正心态，时刻保持一种认真听取监管指导的态度，以期不断完善公司治理，针对确实存在的问题，应及时查找、分析原因所在，并由此以点带面，根据监管意见及公司实际，尽快修订、完善相关制度或业务流程，防范问题再次发生。面对投资者、分析师，主要需切实做好沟通的纽带桥梁作用，把公司的经营情况、发展愿景、风险属性，真实、准确、完整地传递给对方，同时，将对方向公司提出的意见或建议，及时反馈给公司管理层，做到双向无障碍沟通。面对各类中介机构，主要是做好居间协调，配合中介机构顺利完成受托业务，使各项工作得以有序衔接，同时，充分借助好各中介机构的优势所在，可以更加高效稳健地实现工作目标，所以保持与中介机构的密切联系，做好定期或不定期的业务交流，对于把握最新资本市场动态、监管政策解读、近期市场案例分析都大有裨益。

68. 我爱我家：

戮力同心 奋楫笃行

我爱我家控股集团股份有限公司（以下简称“我爱我家”）是A股主板首家居住综合服务类上市公司，是国内领先的基于数字驱动的卓越居住服务运营商。在深交所信息披露考核中连续3年获评A级，公司股票入选深证成指样本股、富时罗素全球股票指数系列和标普道琼斯新兴市场全球基准指数A股名单。2021年9月，公司获选中国上市公司协会“上市公司2020年报业绩说明会优秀实践案例”；在上海证券报主办的2020“金质量”上市公司评选中，公司和董事长分别获评“社会责任奖”和“卓越企业家奖”；2020年5月，公司获评证券时报主办的第11届中国上市公司投资者关系天马奖；此外，在“全景投资者关系金奖（2020）”评选中，公司获评“中小投资者关系互动奖”及“最佳新媒体运营奖”。

我爱我家证券事务办公室（以下简称“证券办”）作为上市公司证券事务工作及其职能的具体履行部门，从事的主要工作内容是资本市场上市公司的法定专属范畴，承担着公司的信息披露、投资者关系管理的具体工作以及公司规范运作等多项职责。负责协调监管机构、中小投资者和中介机构，并接受来自监管机构、资本市场、投资者以及公司内部的多方监督。对内配合董事会，沟通协调公司决策层、经营层的职责，是公司内连结事业和资本领域的枢纽与桥梁。日常工作主要协助公司按证券监管要求规范运作，建立并持续完善治理结构，实施信息披露、资本运作、投资者关系管理，助力公司持续健康稳步发展。面对不断变化的资本市场新形势和新要求，证券办坚守专业、勤勉的初心及长期持久的细心、耐心加恒心，持续增强学习意识、责任意识、创新意识，不断提高业务素养和综合能力，在加强投资者关系管理，提高信息披露质量等方面取得了一定成效，现将证券办特色工作总结如下。

一、周密规划、严谨筹备，专业谏言，助力提升公司治理及“三会”规范运作

协助董事会统筹及主导相关部门及外部机构积极做好规范运作服务，认真细致进行“三会”会议工作，周密规划、严谨落实包括会议通知、议案材料、会议决议起草，公告的发布等会议的每一个环节。为协助与会人员更好地审议议案、科学决策，证券办除了严格按照规章确保与会人员对提交“三会”审议的议案有充分的审议时间，还通过坚持做好日常基础信息收集、工作台账登记及工作沟通、联络等事务性工作，力求议案的充分、完善和及时审议；并在会后关注会议决策及决定事项的督促落实。对于“三会”审议的如员工持股计划、非公开发行股份等重大事项，认真研究法规及监管规定，加强与证监会、深交所、证监局等监管部门的沟通，实时更新对法律法规和资本市场的认识，向公司董事会提出专业谏言，力争做到合规又不墨守成规。在确保交易合规前提下，助力公司重大事项的推进，确保会议取得实效。过去的一年，公司顺利实施完成了分红派息、员工持股计划、解除限售、股东减持等专项事项，修订了《公司章程》《股东大会议事规则》《董事会议事规则》《监事会议事规则》《投资者关系管理制度》等，制定了《董事会秘书工作制度》《未来三年股东回报规划(2020—2022 年)》等。凭借日常准备工作的完备及长期以来积累的职业及专业素养，公司“三会”均按照有关法律、行政法规等规定召集、召开，并根据相关规定及时履行信息披露义务。

熟悉证券市场的法律法规是证券办人员应具备的最基本专业素质，随着法规的持续更新，调整，证券办不间断对证券监管部门新出台及修订的各种法规、文件进行持续学习更新，提高业务技能。同时，按监管要求，积极组织董监高及相关人员参加中国上市公司协会、深交所等监管机构组织的培训，组织财务、IR、品牌等业务部门进行合规及业务学习及培训，

为财务、投资等部门以及品牌宣传、IR 活动提供合规指导及风险控制。此外，证券办密切关注资本市场动态，通过微信、邮件等多种形式及时向公司大股东、董监高及其他相关人员发送最新法规及学习案例；设置专人及时将中国上市公司协会联系人工作群分享的工作、监管动态、《会员信息交流》及规则汇编等文件转发相关人员学习；在定期报告及重大事项披露前，以书面形式向相关人员发送买卖公司股票提醒函，明确敏感期，提醒公司相关人员遵守规定，按要求做好信息保密义务，避免以任何形式对外泄漏内幕信息，不得利用内幕信息进行交易。通过一系列卓有成效的细致工作，助力公司持续提升公司治理水平和治理能力，对公司“三会”规范运作，为公司规范发展提供了保证。

二、提高信息披露质量，以合规、易懂信息披露为前提和载体，助力公司传递与投资者共建共赢决心

信息披露的规范水平是上市公司治理规范程度的具体体现，是公众公司对投资人、债权人和广大公众的基本责任义务履行的具体体现，是上市公司发展的基石。

为合规、精准向公众传递信息，确保信息披露及时、公平、准确、真实、完整，证券办一方面通过制度建设，将信息披露的管理体制和运行机制文档化、规范化，使信息披露工作有章可循、违章必究；另一方面，通过在实际工作中的不断摸索，逐渐形成了由一人草拟、一人审核、一人以读者身份阅读，定稿后各人分头再次校对的多次复核，如遇内容有歧义或表达不精准就反复斟酌修改的工作机制。针对重要公告，特别是定期报告，证券办协调财务部等相关部门，充分结合投资者需求，在规则允许的条件下增加信息披露的深度和广度。如公司不仅在半年度报告、年度报告，甚至在季度报告中也会详尽说明公司发展战略、经营情况、业务进展情况及未来愿景等事项，让定期报告更具有可读性，增进投资者对公司的了解。通过以合规、易懂为前提，以投资者信息需求为导向的信息披露，向投资者传递了公司与其构建信任共赢关系所作出的努力。

近年来，公司证券办年均发布公告上百个，涉及披露及报备文件数百份，共一百多万字，发布公告数超过了60%的同行业A股上市公司，且无一补充和更正，持续推进了公司信息披露的质量提升和效率提高，没有监管部门质疑或违规处罚的情形发生，确保了公司自上市以来，在深交所上市公司信息披露考核中持续保持良好以上评价，持续维护了公司资本市场的良好形象。

三、真诚交流，用心沟通，助力提升投资者关系管理工作

面对资本市场的发展以及市场参与者专业度和自主意识的不断提升，公司投资者关系管理面对的不仅仅是单纯的投资者关系，而是需要同时做好投资者、分析师、监管机构和媒体关系管理工作。

证券办与时俱进，不断学习和探索，充分发挥投资者关系管理工作在公司与投资者、分析师、监管机构和媒体之间的桥梁纽带作用，一方面，通过与国内具有影响力的财经媒体全景网、《新财富》合作，借助权威媒体的支撑，在保证公平信息披露前提下，搭建与投资者多元化沟通平台；另一方面，努力在公司内部形成与投资者沟通的高效联动机制。通过与投资者的频繁、充分交流，准确翻译他们的需求和协调整合资源，充分做好信息的获取、传递和反馈作用的同时，助力实现公司、股东及市场相关各方利益实现最大化。不论是机构投资者的调研、上市公司集体接待日还是公司组织的业绩说明会，公司董事长、董事会秘书、财务总监、IR负责人及相关业务负责人均亲自出席，直面投资者提问并一一作答。

自2018年以来，公司已连续4年在定期报告披露后主动召开业绩说明会。2020年至今，公司通过“全景·路演天下”召开了2020年度业绩说明会、2021年半年度业绩说明会，积极参加了由中国证券监督管理委员会云南监管局指导，云南省上市公司协会、深圳市全景网络有限公司共同举办的“2021年云南辖区上市公司投资者网上集体接待日暨集体业绩说明会”，将业绩说明会的召开纳入公司常态化投资者关系管理工作。借助权威财经媒体平台的传播能力及影响力，让投资者对公司从战略到业务都有

了深入的了解，并在公司业绩说明会后进行复盘，总结会议效果及不足，为后续投资者关系管理工作积累经验、夯实基础。资料显示，截至2021年上半年A股上市公司拥有5家以上券商投研覆盖的上市公司占比约为20%，而公司获得了8家证券公司为公司出具研究报告9篇，且评级均为“买入”或“推荐”。在日常投资者关系管理工作中，公司设立投资者邮箱，由专人及时处理邮件信息，接听投资者电话，听取和回应投资者提出的各类问题；收集整理投资者接待中遇到的问题，做好信息资料库更新、储备；定期协同召开投资者关系管理及公共关系管理部门联动会议，及时就投资者关系管理中遇到的问题进行讨论和经验总结。此外，公司认真对待，及时回复每一条“互动易”提问，回复内容均经董事长审核，甚至亲自回复。高质量的回复得到投资者认可，一些投资者通过股吧留言“回答得很好，很认真”“虽然股价没涨，但感觉回答问题的人很好，是个向上的公司，相信股价也会上涨的”“服务业的董秘，服务就是好”……

通过与投资者多元化沟通平台的搭建，公司内部形成了与投资者沟通的高效联动机制，确保了与投资者交流的顺畅通道，实现了公司与投资者之间的双向沟通和良性互动，助力公司树立对全体投资者的诚信意识，尊重股东的股权文化，切实维护投资者合法知情权，提高投资者对公司的认同度，树立了公开、透明、诚信的公司形象。

证券事务办公室工作责任重大，工作内容繁复且辛苦，但因为有中国上市协会这样的权威机构不时给予的专业指导和悉心关怀，让我们在这一具有挑战性和创造性的工作中，以贡献感为指引，体会到了付出的幸福。未来，证券办将继续致力于协助公司进行企业价值提升和高质量发展，在依法、依规的前提下高效率履行证券办管理职能和服务职能，夯实基础，不断提高专业技能，在董事会领导下，扎实工作，开拓创新，团结进取，尽职尽责协助董事会顺利完成各项工作任务。

69. 华能国际：

以服务为本 以合规为要 助力公司高质量发展

华能国际电力股份有限公司（以下简称“华能国际”）自1994年成立以来，始终坚决贯彻党中央决策部署，坚持管理和技术创新，持续为社会提供充足、可靠、环保的电能和优质的能源服务，努力为股东带来长期、稳定、增长的回报。公司是国内第一家实现在纽约、香港和上海三地上市的发电公司，同时受3个上市地证券监管部门的监管和广大投资者的监督。经过多年的探索和实践，已逐步形成了规范、高效、完善的公司治理结构，建立健全了适合公司自身发展要求、行之有效的制度体系。

由董事会办公室、证券融资部等组成的董办团队在公司董事会秘书的带领下，勤勉尽责，规范履职，在公司治理、“三会”运作、信息披露、投资者关系、资本运作和管理实践等方面取得了一定的成绩。

一、公司治理方面

公司始终高度重视健全和完善公司治理体系，形成了所有权、决策权、监督权和经营权之间权责分明、各司其职、相互制衡、运转协调的运行机制，保障了股东的所有权，董事会对重大事项的决策权和监事会的监督权得到有效实施，确保了经营班子管理工作的有序开展。

董办团队认真做好服务工作，积极协助公司董监事高效履职，保障董事会及战略、审计、提名和薪酬与考核4个专业委员会和监事会按职权开展工作，为董事会科学决策提供支持。

公司制定并不断完善了《公司章程》及其附件“三会”议事规则、《董事会专门委员会工作细则》《董事会多元化政策》《信息披露管理办法》等20余项管理制度，为公司董事会科学决策，实现均衡发展，提升运营质量提供制度保障。公司定期进行公司治理对标，为企业高质量发展、持续提升公司治理水平提供帮助。

公司以规范诚信、专业透明、尊重股东的良好形象赢得了监管机构和资本市场的高度认可。多年来，公司多次获得境内外资本市场的各项荣誉奖项。2020年，公司获得了中国证券金紫荆“资本市场三十周年杰出上市公司”奖。

二、三会运作方面

公司股东大会、董事会、监事会依法合规、高效平稳运行，严格遵循《公司章程》，切实保障了上市公司和投资者尤其是中小投资者的合法权益。

从“三会”会议的准备、组织到召开，公司制定了工作和服务流程，明确了任务的关键节点和文件标准化模版，在保障董监事履职的同时，有效地提高了工作效率和工作质量。公司高度重视中小股东的参会权和投票权，充分征求参会股东的意见，有效保护中小股东的合法权益。董事会会前及会中，董办团队积极组织与内外部董监事的沟通、汇报工作，确保董监事在充分知悉议案内容的情况下高效决策，会后做到认真督办并及时向董事会汇报决议的执行情况等。监事会成员列席全部董事会会议。

疫情期间，由于受现场会议人数的限制，公司灵活运用现场加通信表决形式。在做好保密工作的前提下，董办团队克服困难，提前做好协调沟通工作，调试、布置好会场及设备，确保在符合疫情防控和监管要求的情况下，按时保质保量完成“三会”的组织和召开。

三、信息披露方面

作为三地上市公司，华能国际高度重视信息披露工作。公司分别从制度建设、管理体系、披露程序、内部控制及持续培训等方面对信息披露工作进行有效的监督和控制，确保了工作质量。公司制定了信息披露事务管理制度，持续加强信息披露培训，在内网门户网站增设监管法规和违规案例警示等学习内容，不断强化全体人员的合规意识和规范运作水平。公司坚持每周召开信息披露例会，做好信息披露规定动作，做到应披尽披，按照上市地监管机构的要求认真履行信息披露义务，同时做好自选动作。公司的信息披露工作始终按照三个上市地最严法律法规执行。

多年来，公司信息披露的真实性、及时性、准确性和完整性得到了3个上市地投资者的广泛认可和充分肯定。公司香港年报屡获国际年报评选ARC Award奖项，2020年度再次获得上交所信息披露A级最优评级。

四、投资者关系方面

公司一直以公开、公平、透明、真诚的态度同等重视机构投资者和中小投资者。积极开展投资者关系工作，灵活运用线上及线下渠道，做到了与境内外投资者沟通工作不断、交流力度不减，有效维护了公司的资本市场形象。2020年9月至2021年8月底，公司共组织召开了4次业绩全球投资者电话会议，参会人数高达五百余人次。积极参与投资论坛，通过线上线下结合的方式开展会议20余次。2021年下半年煤价高涨、电力热力供应保障形势严峻、相关政策频繁出台，公司准确、完整、客观地向投资者传递市场新形势和公司经营业绩表现。行业分析师与机构投资者对公司这方面的工作予以肯定，认为沟通有效，信息披露做到了公开透明，有利于市场对公司的有效估值。

公司还重视个人投资者的关系维护，积极参与2021年北京辖区上市公司集体接待日活动。年均接待来访投资者、接听电话咨询近300次，回复上交所e互动平台提问百余条，积极响应并组织参与上市公司协会举办的投资者调研活动，努力建立公司与中小投资者的互信关系，实现了与中小投资者的良性互动。

五、资本运作方面

当前公司正处于绿色转型的关键时期，资金需求巨大。公司紧紧围绕发展战略和资金需求计划，密切跟踪市场变化，积极研究融资方案，提前做好融资准备。

2020 年 9 月，在投资者对资金面和债市仍偏观望、参与热情有所降低的市场环境下，成功发行 30 亿元永续期公司债券。公司荣获上交所“2020 年度公司债券优秀发行人”。

2021 年 6 月，精准把握市场有利时机，一个多月内连续发行三期共计 78 亿元公司债券，票面利率连创新低，满足了公司绿色能源转型过程中巨大的资金需求，在优化公司债务期限结构、确保资金链安全的同时，为公司综合债务融资成本下降作出了积极贡献。

六、管理实践方面

（一）提高服务质量

公司积极关注监管和行业协会动态，及时向董监高传递最新监管要求和履职培训等信息。定期汇编《独立董事通讯》，及时传达监管机构和能源领域新颁政策及工作要求、公司生产经营等重点工作开展情况，方便独立董事更好地了解最新监管方向、掌握公司管理动态，凝聚董事会共识。每年组织独立董事现场考察工作，深入一线调查研究，了解行业的研发前瞻技术和发展趋势，使独立董事在全方位、多角度了解公司生产经营情况的基础上，更好地为基层企业以及公司经营管理提供专业意见。公司自 2007 年起持续购买董事责任保险，降低董监高正常履职可能引致的风险。

作为三地上市公司，公司董办团队始终与三地监管机构保持密切的联系和有效的沟通，发挥好公司管理者与监管机构、投资者之间的纽带作用。公司还积极履行协会职务会员义务，积极参加《上市公司治理准则》修订、央企控股上市公司专题培训，认真配合“在美上市公司相关调研”和

“上市公司高质量发展研究”等课题研究和反馈，相关工作均得到协会的肯定。

（二）ESG 体系建设

公司根据境内外上市地监管法律法规的要求，按照“全面设计、动态完善”的原则，结合行业特点和管理实际开展 ESG 相关工作。公司建立了全员参与的 ESG 管理模式和规范统一的信息收集机制，实现了编制及披露流程的标准化管理。报告编制过程中，通过现场访谈、调查问卷等方式了解利益相关方对于公司 ESG 议题的重视程度，并根据形成的重要性议题分析矩阵对报告披露内容进行动态调整。报告发布后，公司持续关注资本市场的反应，积极解答投资者及投资机构提出的疑问，充分尊重投资者知情权。通过深入分析专业评级机构出具的评级结果，对标找差距，持续提升公司 ESG 管理水平。公司自 2016 年起连续 5 年发布《环境、社会及管治报告》，充分体现了公司作为国内一流上市发电公司在环境、社会及治理方面作出的努力和贡献，为公司在资本市场上赢得了良好的声誉。

70. 金盘科技：

行于敬畏　成于热爱

董事会办公室（以下简称“董办”）是协助董事会秘书处理上市公司推动公司治理、信息披露、投资者关系管理、资本运作、做好内部控制等工作的重要部门。董办团队的专业性及充分履职保障，某种程度上展现了上市公司的治理结构水平、投资者关系管理及信息披露透明度，决定了上市公司的资本市场形象。承担了上市公司规范运作、市值管理、资本运营等重要工作，是上市公司不可或缺的配置。

一、规范运作

（一）公司治理

规范运作是资本市场发展的基石，同时，规范运作对于董办团队来说是最具专业性和公正性的工作。董办作为金盘科技规范运作的把关者，需要从公司治理、内部控制、信息披露等方面不断地去梳理、去引导、去推动公司的规范运作。日常董办团队结合相关法律法规和公司治理制度的规定，每周定期对公司的规范运作进行检查，若发现有问题就及时提出整改意见、跟进整改完成情况。

（二）信息披露

信息披露是公司对外的重要窗口，各部门及时、完整的信息输入是董办做好信息披露的基础。董办在每个部门设置信息联络员，负责根据规则和各部门工作职责，有针对性地收集负责部门的重大信息，内容涵盖了临时、月度、季度、半年度和年度各个时点应上报的信息，保证信息的对称及有效传递。加强各部门负责人规范运作观念，从而让各项规则真正落到实处，使公司的法人治理结构做到形神兼备，成为规范、诚信、透明的公众公司。

二、市值管理

随着监管层、上市公司、投资者对于市值管理的重视程度逐渐加强，市值管理已进入上市公司的新战略体。这方面需要董办根据公司自身的需求和阶段的不同做好市值规划，并综合运用多种科学、合规的市值经营方法和手段，使公司的市值与公司的价值相对一致。2021 年 9 月公司实施了股权激励计划，并于 10 月完成首次授予工作。

公司 2021 年发布了自愿性披露公告，内容上严守“真实、准确、完整”的要求，在程序上秉持“及时、公平”的立场，保证充分披露原则，传递与投资者作出价值判断和投资决策有关的信息。

三、投资者关系

投资者关系管理是改善公司治理、保护投资者利益的有效工具，公司也不断努力，意在建立稳定和优质的投资者基础，获得长期的市场支持；建立公司与投资者之间的良性关系，传递公司的价值，增加企业在资本市场的声誉，形成服务投资者、尊重投资者的企业文化。公司 2021 年积极响应证监局组织的投资者保护宣传工作，参与了“股东来了”知识竞赛及走进上市公司等相关投资者关系活动，并在活动中获得了“最佳组织奖”。

董办团队除了要将上述工作做好外，还有很重要的一点就是沟通力。因为董办团队是公司产业平台和资本市场的连接者，是公司和监管机关、证券交易所之间的桥梁，公司与投资者之间的桥梁，公司与媒体之际的桥梁。哪一项工作哪一个环节都少不了沟通，沟通有助于问题的解决和效率的提升。董办会通过不断学习深入了解资本市场的规范运作，充分施展董办的创新力来助力公司规范运作、持续发展和创造价值的大空间。

作为海南第一家科创板上市企业，金盘科技虽刚刚踏入资本市场舞台，但我们一直致力于提高上市公司质量，切实保护投资者合法权益，以良好业绩回馈了投资者，不断提升公司价值。未来，金盘科技将持续坚守主业，聚焦核心竞争力提升，坚持以良好业绩回报投资者，同时不断优化公司治理结构，提高信息披露质量，探索和实践投资者关系管理工作的创新模式，积极履行社会责任，进一步提升公司品牌及投资价值，持续赢得投资者的认可与肯定。

71. 安迪苏：

谈安迪苏董办的国际化管理实践

蓝星安迪苏股份有限公司（以下简称“安迪苏”）是中国中化生命科学板块的核心企业和专注动物营养的唯一企业。自2015年登陆A股市场以来，即秉承“与中国投资者共同分享未来投资价值”的初心，严格遵守证券市场相关法律法规，把握中国资本市场发展脉搏和最佳投资者关系实践，不断强化投资者关系管理，持续全面提升安迪苏资本市场的专业形象，合规、有效地向国内投资者乃至国际投资者传递发展战略和长期价值，从而为上市公司所有利益相关方创造价值，实现价值。

安迪苏的投资者关系管理和资本市场管理工作充分考虑安迪苏央企股东背景、全球化运营模式、中法背景的管理团队等独特的企业特性，全面对标投资者关系管理最佳实践、充分挖掘市值管理机会点，全方位向资本市场展现管理团队风采、安迪苏国际化的管治水平。

投资者关系管理工作的目标以传递公司战略为核心，强化投资者关系的价值管理。坚持以战略为核心沟通，持续通过对运营亮点、核心竞争力和长期战略的传递，深化投资者对公司基本面的理解，增强对公司发展前景的信心，进而提升其对公司投资价值的认同。基于该目标，安迪苏董秘办充分参与日常生产经营，加深业务理解；紧密跟踪生产经营分析，了解经营现状；保持与法国和中国两地的高管团队密切沟通，深入参与战略制定工作，把握战略导向。董秘办通过充分参与各相关利益方的沟通，切实把握各方的关注点，适时回应主要资本市场主要关切的同时，强化公司战略的传递，实现资本市场价值认同感。

通过整合的IR + PR（投资者关系 + 公共关系）管理来放大企业资本

市场价值。随着市场波动性不断加大，资本市场监管日趋严格，投资者情绪发生了深刻的变化。安迪苏董秘办秉承从投资者角度编辑和传递资本市场故事，从公司的战略规划和竞争力出发强化投资者信心。针对不同投资者，如个人、机构、境内和境外投资者的投资风格、逻辑和喜好，充分理解投资者的类型特点和关注重点，坚持分类精准沟通。在考虑不同受众的同时，兼顾不同的受众渠道，如线上渠道和线下直接沟通渠道，安迪苏采用全面最优的方案来触达不同的受众群体，将“安迪苏”的资本市场故事在有限的预算范围之内有效地触达受众群体。

基于此，安迪苏建立了以下主要的沟通平台和信息传播方式：

中英文官网：安迪苏保持所有重大新闻动态一律以中英文双语的形式发布在官网上。

中英文业绩发布和业绩说明会：自上市以来，安迪苏持续强化投资者沟通交流，多次举办业绩后投资者沟通会，而2020年年度业绩说明会更是以举办投资者日活动的形式组织大型年度业绩说明会，覆盖线上线下、境内外投资者，并在线全程连线巴黎高管，全面展现国际化管理团队风采。这种持续创新、深入投资者面对面交流的多元化形式也获得了市场好评，并获得中国上市公司协会评选的“2020年报业绩说明会最佳实践案例”。

e互动平台：董秘办通过e互动平台坚持及时、高质量回应投资者问题。

除了临时公告、定期公告、业绩推介材料，安迪苏还推出了创新披露形式：如录制中英文双语的业绩短视频、管理层宣介视频，以生动有趣、简洁易懂、直观可视化的形式帮助国内外投资者快捷了解报告期业绩情况以及公司发展战略。

作为与资本市场沟通的“窗口”部门，董秘办在信息披露和投资者沟通工作上，确保资本市场信息沟通渠道畅通的同时，还注意确保不同渠道传递的信息一致且准确，并且根据不同受众对问题点的不同关注程度，适时调整沟通方式和内容细节，帮助投资者更好地理解为什么要投资公司：公司的长期发展目标和愿景；实现目标的关键商业发展战略；核心业绩驱动力和关键财务指标，从而最大程度地创造价值、实现价值。

通过长效的信息披露和高质量的机构投资者接待和会议沟通，以及切实回应资本市场关注热点，安迪苏的国际化股东结构明显提升。以港股通持股比例为例，安迪苏的港股通持股比例从 2019 年年底的 0. 12% 提升至 2020 年年底的 0. 33% 。

基于合规有效的信息披露、积极的投资者关系管理，安迪苏董秘办团队推动董事会运作更加专业尽责、规范高效，积极维护投资者合法权益，推动公司治理能力现代化，持续提升公司和股东价值，并不断提升股东回报，进一步实现企业价值最大化。

72. 三棵树：

“六位一体”助推企业高质量发展

三棵树创立于2003年，始终关注人类美好生活和家居健康，致力于打造内外墙涂料、防水、保温、地坪、辅材、施工“六位一体”的绿色建材一站式集成系统，打造以高品质涂料为主和家居新材料为辅、基辅材全配套、健康、色彩、品位、服务一体的美好生活解决方案。三棵树致力于实施高标准的公司治理，严格遵守中国证监会及上海证券交易所有关规范治理、运作的相关法律规定和监管要求，完善治理架构，以高质量经营保障股东权益，使股东与公司共享公司发展经营成果。公司对内制定健全的制度规范，开展严格的内部控制、内部监察；对外积极维护与投资者的关系，并真实、准确、完整地进行信息披露。在董办工作方面，三棵树通过“六位一体”助推企业高质量发展。

一、治理结构方面

三棵树确保所有股东充分行使合法权利，特别是中小股东享有平等地位和行使自己的权利，保证全体股东的信息对称。公司股东大会的召集、召开符合有关规定，并有律师现场见证，表决程序合法、有效。公司董事会的召集、召开、议事程序符合法律规定，涉及关联交易议案时，均事前提交独立董事审核，在表决涉及关联交易的议案时，关联董事均回避表决，表决程序合法、合规，同时公司积极发挥专业委员会的作用。公司监事会认真履行职责，本着从股东利益出发的原则，认真审议各项议案，对公司董事会、高级管理人员履行职责的合法合规性进行监督，对重大事项发表独立意见。

二、信息披露方面

三棵树高度重视信息披露工作，严格按照信息披露相关法律法规，通过中国证监会指定媒体及上海证券交易所网站，真实、准确、完整、及时、公平地披露公司信息并持续提升信息披露的质量和透明度。公司董事长作为信息披露第一责任人，公司董事、监事、高级管理人员及相关业务部门支持、配合信息披露工作，保障公司依法合规履行信息披露义务。同时，定期组织公司董事、监事、高级管理人员及相关工作人员参加证券市场法律法规及专业知识培训。

三、投资者关系管理方面

三棵树坚持把投资者关系管理工作放在重要位置，规范信息披露保障知情权，畅通投资者沟通渠道。公司在官方网站设置"投资者专区"，定期披露公司治理情况等信息，让投资者充分了解公司情况，为其投资决策提供参考；秉承尊重与坦诚的态度，为投资者消除疑惑，公司为此特别设立投资者关系专岗，并与公司投资者关系管理团队协同配合；积极与机构投资者、中小投资者以及市场参与方沟通，了解市场步调，感知投资者需求。公司提供丰富便捷的沟通渠道，通过电话、电子邮箱、投资者关系互动平台、公司官方网站"投资者专区"、媒体采访、业绩说明会等渠道积极与投资者进行沟通交流，建立并维护良好的投资者关系，与投资者实现良性互动，为投资者了解公司情况搭建平等畅通的平台，传递公司价值，获取投资者更多的信任和支持。

四、股东权益保护方面

三棵树高度重视保护股东，特别是中小股东的合法权益。公司持续完善股东大会召开及参会流程相关内容，充分保障投资者参与股东大会行使合法股东权利。公司股东大会采用现场会议与网络投票相结合的方式召开，尤其鼓励中小股东积极参与股东大会。我们充分发挥独立董事作用。2021年度，公司独立董事对提交董事会的各项议案均进行认真审议，积极参与讨论并以专业能力和经验作出独立的、合理的表决意见，充分保障全体股东尤其是中小股东的利益。同时，为与股东共享公司发展成果，公司在结合企业经营发展实际需求、保证公司业绩稳定，盈利持续提升的基础上，坚定维护股东合法权益，实施稳健的利润分配政策，为股东提供稳定、持久的回报，与股东共享公司发展成果。

五、资本运作助力公司发展方面

三棵树在2020年完成了非公开发行股票发行8188331股普通股，募集资金4亿元，有效提高了公司的资金实力，有力支持公司主营业务开拓优化公司资本结构，有效降低公司资产负债率和财务成本，提高公司财务的抗风险能力，助力公司主营业务的快速发展。目前，公司正在推进2021年非公开发行股票项目。

六、管理实践方面

三棵树坚持“合法合规走向高质量”，致力于建立符合公司经营发展需要以及涂料行业最佳实践的合规管理体系，落实各项业务活动及流程。公司开展合规管理，建立全面的风险管理体系，以应对公司运营和业务发展面临的风险和挑战，严格把控运营中各项潜在的风险，提升公司风险管理能力、免疫力和韧性，制订并落实服务于公司战略的应对计划，实施科学决策以实现高质量的可持续发展。公司党委积极发挥党组织的政治引领作用，建立党企联席会议制度，有效参与企业重大问题决策。同时，公司设立风险管控委员会，旨在将风险管理的各项要求融入企业日常管理和各项业务流程中，在委员会的统筹领导下，各中心、各部门及时有效地对自身可能面对的风险进行预防并反馈，以此组成企业坚实的风险管控防线。我们已制定并施行适用于公司及下属子公司的《全面风险管理制度》，制度已明确风险管理组织职责、流程、机制、工具模版。此外，公司进一步完善并规范的内部控制体系，坚持守法合规的经营理念。以现有制度为抓手，优化流程，控制风险，通过"以评促建"方式，全面推动内部控制体系的建立和实施工作，实现内部控制制度流程管理步入自我检查、自我改进、不断完善的运行机制。同时，全覆盖式开展制度流程有效性评价，自上而下地推动公司内部控制制度流程的优化及相关缺陷整改，有效地提升内部控制制度的执行力。

73. 大众公用：

创新驱动管理　共建和谐大众

上海大众公用事业（集团）股份有限公司（以下简称“大众公用”）董事会秘书办公室团队（以下简称“董办团队”）严格遵照《公司法》《证券法》《上海证券交易所上市规则》《香港联交所上市规则》等法律法规以及《公司章程》的规定，本着向公司负责、向“三会”负责的态度，恪尽职守，勤勉尽责，维护公司股东利益，严格做好公司治理、信息披露及投资者关系等相关工作，充分发挥了在公司证券事务方面的作用。

一、公司治理不断优化

大众公用已按照上市公司规范要求建立了权责明确、相互制衡的公司治理结构和监督有效的内部控制制度，并严格依法规范运作。目前，公司董事会由9名董事组成，其中独立董事3名。公司全体董事忠实履行职责，有效促进董事会规范运作和科学决策。公司加强董事会建设，设立了董事会下属4个专业委员会：薪酬与考核委员会、审计委员会、提名委员会、战略发展委员会。各专业委员会分工明确，各位董事勤勉尽责，为公司科学决策提供了强有力的支持。公司董事会是股东和管理层的连接纽带，既是股东的代理人，又是管理层的委托人和监督者，兼具监督和决策两项职能，在公司的重大决策方面发挥了至关重要的作用，是公司治理的核心。多年来，公司不断建立、健全治理制度，依法经营、诚实守信，持续推进公司规范化、程序化管理以提升公司治理水平。

二、信息披露规范保障

大众公用严格按照中国证监会、上海证券交易所、香港联交所发布的相关法律法规，遵循上海、香港上市两地监管要求，按照《公司法》《证券法》《上市公司治理准则》《香港上市规则》附录十四《企业管治守则》及《企业管治报告》等监管规则，持续完善法人治理结构，加强信息披露工作，切实维护公司及全体股东利益。公司董办团队严格履行信息披露义务，公司在上海证券交易所网站、香港联交所网站及《上海证券报》《中国证券报》《证券时报》进行法定信息披露，确保境内外所有股东平等地获得企业经营等信息，最大限度地保障其合法权益。自 2013 年下半年信息披露改为直通车以来，确保各类公告无一差错。通过信息披露使投资者得以全面了解公司情况，建立对公司发展的信心。

三、社会责任感使命担当

大众公用经营业绩的稳健增长，对公司声誉以及对社会和环境的积极影响，得到了社会广泛的认可，也为公司多元化经营和快速发展奠定了坚实的基础。公司将企业社会责任作为发展过程中不可分割的重要组成部分，坚持创新、协调的发展理念，不断完善社会责任体系和管理制度，从而为利益相关方持续创造价值，更好地服务大众、回馈社会，推动企业与社会的共同发展，实现“创造价值，回报社会”的企业使命。公司将社会责任理念根植于企业文化和日常经营中，以定期报告的形式向所有投资者及利益相关方披露了公司经营财务数据；完整披露股东大会信息，包括须经股东大会审议的董事会报告、监事会报告、财务预决算报告、独立董事履职报告、审计委员会履职报告等涉及董事会履职、公司治理、财务状况等相关信息；以《社会责任报告》及《ESG 报告》的形式向境内外投资者及利益相关方主动披露了公司经营管理的环境、经济与社会指标，展示了公司围绕“敬业担责，协作创新”的核心价值观，在经济发展、构建绿色工程、共建和谐社区方面付出了持续的努力并取得了积极的成效。

四、投资者关系有温度有信心

大众公用重视投资者关系管理，完善公司投资者的沟通、接待和服务工作机制。董办团队在公司网站设立投资者管理专栏并及时更新内容，设立专人负责投资者咨询电话、e互动平台、传真和电子邮箱，保证沟通渠道畅通。每年通过举行香港年度业绩说明会、参加“上海辖区上市公司投资者集体接待日”活动等方式直接向投资者传达了公司对于未来可持续发展和实现战略规划目标的信心，有效地提升投资者对公司的了解，维护公司与投资者之间的关系。公司从制度建设和经营的各业务环节确保将投资者的利益放在首位，做到充分考虑政府、股东、客户、员工、环境及社区等其他利益相关者的合法权益，保证公司持续和谐、健康规范地发展，以实现公司和各利益相关者共赢的格局，实现各方利益最大化。

2020年5月，中国证监会上海监管局下发《关于集中开展上海辖区2020年防范非法证券期货宣传月活动的通知》，要求组织开展以“理性投资，远离非法证券期货陷阱”为主题的全国防范非法证券期货宣传月活动，董办团队周密安排，制定详细方案，创新开展多层次、广覆盖的宣传活动，务求工作实效。

鉴于当时处于新冠肺炎疫情防控时期，尽量避免采用人对人接触式宣传方式，公司制作了一系列贴近生活、易于理解、喜闻乐见的宣传材料。内容既有资本市场基本知识、相关法律法规，也有《曹大妈被骗记》《认清非法机构警惕交易平台陷阱》《黑嘴“专家”莫轻信小心荐股套路深》《科创板“原始股”骗局》等生动的警示案例，并下发到下属主要子公司，形成上下联动，深入普及“高收益意味着高风险”“理性投资，风险自担”“主动参与非法证券期货活动不受保护”等理念。

在投资者关系管理工作中，公司董办团队通过各种方式加强与投资者的交流与沟通，形成服务投资者、尊重投资者的企业文化。近几年，公司投资者关系管理工作受到了来自监管机构、机构及个人投资者、券商、证券媒体等的一致肯定。

五、董监高合规履职

大众公用董办团队按照上海证监局、上证所、联交所的相关规定，认真组织、合理安排公司证券业务知识培训工作，督促公司董事、监事、高级管理人员、控股股东参加必要的培训，推动公司运作规范、治理结构更趋完善。近两年由于疫情，积极组织所有董监事参加中国上市公司协会、上市公司协会组织的网上培训，组织董监事参加香港上市规则培训。组织公司独立董事参加上证所举办的独董培训，组织相关工作人员参加业务培训。

董办团队按照相关法律、法规的规定，认真做好公司股权管理工作，妥善保管好公司股东持股的相关资料。并根据上证所下发的《关于督促上市公司董事、监事、高级管理人员和公司股东严格执行有关股份交易规定的通知》要求，督促公司董事、监事、高级管理人员及其他相关人员遵守公司股份买卖相关规定，严格规范其操作本公司股票的行为。

六、资本运作加快拓展

大众公用充分运用资本市场，积极进行融资，拓展了多元化的融资渠道，优化融资结构，降低财务成本。

债权融资方面，除了传统的银行贷款外，公司先后发行了公司债、中期票据、短期融资券和短期融资券、资产证券化 ABS 等融资方式，灵活进行融资组合，盘活存量资产，进一步打通了资本市场、证券市场、货币市场等融资渠道，融资规模进一步增加且有效降低融资成本，公司持续每年保持银行授信额度人民币 150 亿元以上。“十三五”期间，公司累计融资达到人民币 86 亿元，为项目投资发展提供了有力的支持。

股权融资方面，公司 H 股股票于 2016 年顺利在香港联交所上市挂牌交易，募集资金净额约为人民币 16. 19 亿元。

董办团队作为公司再融资工作小组主要成员，积极参与公司再融资相关工作，做好评级机构对公司存续期内公司主体及相关债项进行的跟踪评级，维持集团的主体信用和相关债项为AAA。积极与集团相关职能部门密切配合，每次发行的债券票面利率均低于同期发行利率水平。

董办团队积极配合下属控股子公司上海大众融资租赁公司首单资产证券化专项计划在上海证券交易所成功发行，2020年3月大众融资租赁公司“疫情防控ABS”成功发行。

七、市场开拓成效明显

大众公用按照董事会确定的经营目标，加强市场拓展力度，提升企业管理能级，全力推进公司战略发展。公司立足上海，拓展长三角，积极将投资区域布局在经济发达地区的优质项目。公司的投资业务团队以专业的业务精神及投融资管控等经验应对外部市场竞争，严格按照相关规定，较有成效地推动了公司在公用事业主业的业务拓展和金融创投产业的布局。公司充分发挥上市公司平台，通过股权收购等资本运作方式，实现主业的规模增量和业务领域的进入。公司择机进行财务性投资，入股拟上市公司，在所投企业上市后获得了高额收益。

大众公用秉承“以人为本，创新发展”的企业理念，坚持稳健经营、稳步发展，实现一次次的跨越。未来，大众公用将继续秉承“一切为大众”，顺应并把握新时代要求，继续践行企业社会责任理念，与社会、与环境共同发展，务实求变、稳步推进，成为长三角领先的城市公用事业服务为主业的集团公司。公司董办团队也将更加严格地按照监管机构的要求和有关法律法规、公司各项制度的规定，加强自身学习，刻苦钻研业务，不断提高自身的履职能力，真正成为连通上市公司、投资者、监管部门的不可或缺的桥梁。

74. 鄂尔多斯：

持续规范公司治理　打造高质量发展企业

内蒙古鄂尔多斯资源股份有限公司（以下简称“鄂尔多斯”）作为1995年在上交所挂牌的上市公司，一直坚持以为股东和社会创造价值为宗旨，以敬畏之心，谋划发展之道，积极践行规范运作下的高质量发展，坚持“走好自己的路，做好自己的事”，努力为投资者和社会创造更大的价值。公司董事会办公室（以下简称“董办”）团队也以此为目标，严格遵守、践行各项监管规则，结合公司具体实际情况，着力推进公司规范、高效、协同、专业化运作，致力于持续提升公司治理水平，使企业竞争力更加强劲。

一、立足公司持续改进，加强上市公司的规范治理

企业生存发展、基业长青的根基是规范有效的公司治理，无论是实控人、大股东、董事、监事和高级管理人员行使权利或是履行义务，无论是股东大会、董事会及其专门委员会、监事会的规范运行或者是关联交易、信息披露的具体程序履行和贯彻落实，接洽点、衔接点、落脚点都与董办息息相关。从相关会议的启动、筹划、召集，到各个审议事项的报告编写、审核、表决，再到公告的披露、资料归集、后续程序的督办等，董办团队每一步都要做到细致精准。对于公司内部控制制度的建立、修订、完善等，董办根据监管要求提出有针对性的意见和建议。此外，公司与机构投资者、中小投资者之间的有效交流，同时运用信息化、标准化、流程化的方法，规范公司的日常运作，降低合规风险，减少重复性工作，都离不开董办团

队的认真精细化履职。

自2020年4月开始，董办团队开始编制《董办半月报》，通过汇总半月内公司股票走势情况、上证指数、深证成指、沪深300期货等相关数据，并结合相关的融资政策、监管政策、相关案例汇总等资料，提供意见和建议，为公司相关领导提供各项决策支持。

为保障董监高能够有效履职，提高履职时间和效率，董办近年来为"三会"每次会议都准备了线上视频+线下现场两种方式，与会人员可以自选途径有效参与，为公司发展有效建言献策。

二、精益求精，持续改进上市公司的信息披露水平

信息披露是将公司的经营信息有效转变为资本市场价值信息，2020年9月至今，公司共发布67号公告（同时上网和报纸披露），真实、准确、完整、简明清晰、通俗易懂的进行信息披露，充分保障投资者的知情权。

董办团队通过对接公司信息上游（生产、销售、财务等业务部门和重要控股子公司），收集公司经营、行业动态信息，将公司的价值信息通过现场交流、电话、邮件、上证e互动等线上线下的多种方式，向投资者传导，并将投资者关注的事项反馈到业务部门当中，以实现价值的循环。

为了让投资者更好地了解公司生产经营状况，我们对于定期报告的内容认真进行梳理，逐字逐句斟酌，如增加各产品工艺流程图，联动公司相关部门对所涉及的每个行业的产业政策、行业情况等进行阐述，通过核心竞争力的再分析，让投资者清晰直观了解公司的现状和未来发展规划。

三、致力于投资者保护，持续提升投资者关系管理

对投资者关系进行管理，既能够提升企业的形象、价值，充分吸引投资者，也对企业市值提升有非常良好的促进作用。

公司董办团队专门设立投资者关系主管岗位，通过专人专岗确保公司电话、传真、电子邮箱畅通，保证了投资者来访、来电、来信的认真接待、

耐心接听，在合规基础上及时、公平地答复投资者的疑问，认真做好投资者问询记录，并在部门内部进行研讨，针对近期热点问题如何让投资者获得更满意的答复；及时安排投资者、分析师到公司进行实地调研，充分了解公司业务情况，主动听取他们对于公司发展的看法和建议。本着走出去、请进来的原则，保持和投资者的顺畅沟通，面对中小股东，董办团队还对他们进行积极的价值引导，要树立长期投资和价值投资的理念。

2021 年中国上市公司全国性年度评选中，公司有幸荣获“全景投资者关系金奖——中小投资者关系互动”奖项。

四、潜心学习，会勇担当

（一）加强自身业务学习，提高业务技能和素质

随着中国资本市场的不断发展，金融创新日益繁多，监管方式和方法不断提升，董办业务水平和自身素质的提升更显迫切和紧要，唯有不断学习，不断积累，才能有效防范风险，提高工作质量。工作学习化，学习工作化，是鄂尔多斯董办人应对资本市场不断出现新情况新问题的有效手段。

（二）编制业务工作手册，提高工作效率和质量

面对海量的法律法规，董办团队通过对具体工作进行讨论整理，将工作业务进行梳理，形成董办工作手册 1.0 版，内容涵盖了对外投资、关联交易、重大资产重组、对外担保等十七项工作细则，同时配套流程图，实现了像查字典一样的功能，大大提高了工作的准确性、便捷性。

（三）加强内部培训，增强各层级合规意识

在加强自身学习的同时，董办还根据实际情况，结合监管重点，每年组织开展形式多样的内部培训，认真组织公司实控人、大股东、董监高等关键少数以及相关重要岗位人员、重要子公司等关键人员进行培训学习；与此同时，董办还及时收集、整理最新法律法规的相关材料并及时分享，对于上市公司监管重点、董监高日常履职方面的要求做重点提示。

通过上述各类培训和不断宣传，上市公司内部乃至大股东、实控人都对合规运作、规范治理有了更进一步的理解和认识，增强了合规意识，特

别是在发生重大业务时候，都会主动与董办联系，咨询监管规定，避免违规，有效提升了公司规范治理水平。

五、建立良性沟通机制，赋能公司高质量发展

（一）与投资者沟通

公司上市26年来，借力资本市场的同时，董办在投资者关系管理方面做了诸多的探索和实践，与资本市场投资者建立起了双向互通的良性沟通机制。机构投资者偏好一对一来访，且比较关注行业政策、发展趋势等宏观因素；中小投资者偏好于通过券商组织来公司拜访，且比较关注公司当年经营情况和业绩预期等短期因素。针对上述情况，董办采取差异化的沟通方式和策略，尽可能满足不同投资者的不同需求，通过积极参加机构投资者组织的策略会、电话会议等、通过组织网上投资者见面会、走进公司等活动，形成与机构、中小投资者良好互动。

（二）与监管部门沟通

在面对出现新业务、新政策把握不清时，董办通过积极与监管机构沟通，主动到监管部门交流汇报，从而及时全面掌握最新监管要求，避免工作瑕疵，为公司长久发展、规范运作保驾护航。

（三）与同行沟通

在交流学习方面，董办秉承着“走出去，请进来”的工作思路，在与同行其他上市公司进行交流学习、互通有无的基础上，还邀请同行调研走访，共同在学习上推动创新，在工作中创新实践，为上市公司高质量发展出谋划策。2019年，在地方上市公司协会的组织下，成功承办了2019年内蒙古辖区上市公司及投资者“走进鄂尔多斯活动”。

（四）与内部沟通

董办经常与公司及大股东的相关领导和相关各部门、业务单元进行交流沟通，熟悉相关业务流程，打破部门界限，及时传达监管政策要求，对易产生瑕疵的业务及时提出意见和建议，从上到下牢固树立“监管红线不可碰”的意识。

发展是长期的，在规范下发展任重道远，鄂尔多斯董办在公司持续改进战略的指引下，将持续学习、拓展视野、提升职业能力融入董办日常的工作中。未来，我们将坚持立足本职工作、服务公司大局、主动谋事、积极干事，为公司高质量的发展作出应有贡献。

75. 丽珠集团：

做好信息披露和投资者关系管理工作
持续提升投资者获得感和公司价值

在信息披露与规范运作工作方面，丽珠集团严格履行上市公司信息披露义务，保证信息披露工作的及时、准确、完整，未出现证券违规的情形，连续两年获深交所信息披露最高考评“A”级。过去一年，公司共发布203份A股公告、236份H股公告，共计组织召开8次股东大会，23次董事会，9次监事会，确保了会议召开程序合法合规，会议决议有效执行。近年来，公司于年度报告中加入彩页图表，让投资者在快速了解各业务板块发展情况的同时，更直观地传递公司发展亮点和投资价值。

在投资者关系管理方面，公司和境内外研究与投资机构保持良好沟通。过去一年内，A股和H股分析师发布公司业绩及事件点评研报共71篇。公司内在价值及中长期投资价值得到了高质量有效传播，资本市场认可度进一步提高。目前公司A股市值约340亿元，居于医药行业市值前列。公司投资者关系团队始终坚持“企业如人”的理念，谨遵公平、公开的信息披露管理工作，规范治理，积极倡导理性投资文化，强化投资者保护意识，并不断完善投资者保护工作机制，从制度、人员、流程等方面保障投资者保护工作顺利开展。此外，公司还通过多元化的沟通方式与投资者进行深入互动，线上、线下相结合，不仅运用了远程视频、电话会议系统等新型沟通工具，还充分使用了互动易、投资者调研纪要、路演中在线交流、全景网线上沟通等产品。我们认为，投资者关系团队首先需要累积人与人之间的信任，其次才是传递我们所认可的价值。在平时的沟通中，更多地换位思考，分析了解各利益相关方的诉求，以客观、公正、换位及独立思考分析的方式去解读信息、传递价值，携手实现双方互利共赢。

在公司治理及 ESG 方面，公司已经连续 5 年发布了 ESG 报告，从公司责任管制、创新发展、绿色药企、以人为本等方面全方位向投资者、监管机构展示公司的绩效、管理、企业文化、社会责任等方面的卓越成果。丽珠董事会高度重视并持续完善 ESG 管治架构与管理机制，通过多层级联动统筹推动集团 ESG 管理工作目标的落实。2021 年 3 月，公司第十届董事会 ESG 委员会审议通过本集团 2021—2025 年环境管理目标，其中包括水、电、化学需氧量、二氧化硫及危废处置量五项指标。2020 年，丽珠集团 EHS 投入同比增长 7.46%，温室气体排放总量同比下降约 3%。同时，公司 ESG 委员会还会定期就年度节能减排报告及 ESG 管理提升建议报告进行审议。丽珠在 ESG 管治工作的努力为相关方创造了稳健的长期价值，也得到了资本市场的高度认可，2021 年 7 月，丽珠 MSCI - ESG 评级由 BB 级上调至 BBB 级。

在投融资工作方面，公司稳步推进各子公司对外投资建设及股权投资工作，积极寻找与公司相匹配并具备一定投资价值的项目，项目运作方式包括重组、兼并和收购等方面。在不断优化资产机构的同时，公司也在积极拓宽项目投融资渠道，提高公司产业整合能力和综合盈利能力。公司研究制订了集团中长期事业合伙人持股计划、未来三年股东回报规划及子公司股权整合与激励等重要事项方案，进一步完善公司多层次激励机制，将公司、股东、员工的中长期利益与责任有效捆绑，从而保证未来公司总体战略的有效执行及业绩目标的最终达成。

在社会责任方面，公司发布了《三年（2019—2021 年）股东回报规划》的公告，采用现金、股票、现金与股票相结合等分配方式回报股东，这也是公司积极履行上市公司责任，保障投资者合法权益的重要举措。此外，公司履行企业责任的行为不仅面向股东，更面向整个社会。近年来，公司坚持回馈社会的信念，多次组织员工走进敬老院、社会福利中心开展公益活动，在全国各地开展有针对性的慢性病扶贫工作，持续践行企业的社会责任。

76. 凌云股份：

坚守初心　扎实前行

一、坚定信心资本运作突破性发展

2020年至今，凌云工业股份有限公司（以下简称“凌云股份”）证券事务办公室在公司领导的指导下，围绕凌云股份紧跟汽车轻量化、电动化、智能化发展方向，打造轻量化车身结构件、汽车热成型产品、汽车管路系统、新能源电池壳等细分领域“单打冠军”，抓住行业复苏的窗口期加快启动并推进了2021年凌云股份非公开13.8亿元再融资项目。

凌云股份举办年度和半年度业绩交流会，先后参加北京、上海、深圳、杭州等地区券商策略会，参加中信证券、长江证券电话交流会，充分展示凌云股份本次非公开发行的战略规划和未来投资价值。面对突发事件时，调动各方资源，坚定不移地推进公司非公开发行再融资项目，向资本市场传达公司和大股东面对挑战坚持发展的决心和信心。

二、孜孜不倦信息披露成果优良

2020年9月1日至2021年9月1日，证券事务办公室发公告文件逾100份。在大量的信息处理之上，保证了信息传递的真实、准确和完整，未发生重大会计差错更正、重大遗漏信息补充等情形。

三、精益求精持续完善公司治理

公司治理方面：一是综合考虑市场变化情况，结合公司实际，增强对中小投资者的回报，2020年度进行了上市公司现金分红，增强了投资者的认同度，提升了公司市值管理水平。二是针对《证券法》于3月1日实施后对上市公司的影响加大，组织多期培训，印发新《证券法》制度对比及原文汇编，连续在《证券信息简报》对新《证券法》的热门问题进行了解读，通过学习和宣贯，使大家对新《证券法》的要求有了系统认知。安排董监事、高级管理人员通过线上培训、远程培训等方式提升证券合规意识。三是为做好新《证券法》实施后公司配套规章、规范性文件的完善工作，结合公司治理实际运行情况对《信息披露事务管理制度》《投资者关系管理制度》《内幕信息知情人管理制度》进行了修订。扩大了信息披露义务人范围，明确了定期报告及临时公告的具体内容，新增了重大事件的范围及披露标准，建立了与各渠道信息披露的沟通机制，增加了信息披露过程中内幕信息及涉密信息的管理。

更重要的是，无论是深化改革、股权资产转让，还是新业务开展、酝酿收购，证券事务办公室在项目开始之初就深度参与，使公司各项重要业务的开展在上市合规的框架内行稳致远。

四、合持续发展之势，工作获得社会认可

证券事务办公室充分发挥新闻媒体作用，合力提高市场透明度。制定了公司《关于做好资本市场宣传工作的方案》，先后同新华社、新华网、中国证券报、上海证券报、证券时报、证券日报、全景网等主流财经媒体建立良好关系，每年发布多篇专题报道，正面宣传公司市场开发和技术研发的成果，深度挖掘展现公司的投资价值。公司在官方网站增加了“投资者关系栏目”，方便投资者及时了解公司新闻、新产品动态等情况。

五、加班加点行业研究彰显引领者地位

“我们都在努力奔跑，我们都是追梦人。”这是证券事务办公室的信条。“奋斗者文化”营造着部门的生态。对待工作，他们一丝不苟，兢兢业业，不让工作留下任何的死角。他们用“绣花式打磨”和“钉钉子精神”力争将每一项工作做到尽善尽美。

夜幕降临，人声渐低，证券办公室的同事们在星夜踏上回家的路。当常规工作和项目工作交织在一起时，这样的节奏是重复迭起的主旋律。

公司证券事务办公室连同办公室主任一共只有3名员工，这3名员工负责着全公司的证券事务管理工作。上对监管部门、兵器工业集团，下对70多家分子公司，由于工作性质的全面性和复杂性的特点，任何项目不可能单打独斗完成，在公司领导的带领下，3位同志坚守初心，像一台精密仪器上的齿轮，扬长避短，团结协作，推动各项工作高效运转。他们在工作中常常能够打破职级，充分调动整合各种资源，发挥个人主观能动性和专业特长，明确结果导向，为结果服务。

77. 赣粤高速：

晨兢夕厉 守正出奇 助力公司高质量发展

一、信息披露：做上市公司价值的传递者

作为信息披露事务归口管理部门，赣粤高速董办深知信息披露的重要性，始终致力于信息披露质量的提升，关注监管要求新变化的同时认真学习其他上市公司的优秀信息披露案例，并结合高速公路行业特点和公司实际情况，字斟句酌，确保对外披露的各项信息均能真实、准确、完整和及时的同时，做到简明清晰、通俗易懂。

在临时报告方面，作为行业内仅有的 3 家自愿披露定期经营数据的上市公司，公司董办自 2009 年开始每月披露通行服务收入数据，切实提升公司主营业务日常经营的透明度和投资者知情权。

在定期报告方面，公司董办主动加入公司主要财务数据的行业横向对比和公司纵向对比，并通过多样化的图、表等方式向投资者直观展示报告期内公司的经营变化，提高定期报告的可读性。

此外，公司董办 2008 年起连续披露 13 年制作并披露《社会责任报告》，进一步全方位向投资者展示公司的情况。

2020 年 8 月至 2021 年 7 月，公司继续保持信息披露“无差错”，共披露定期报告 4 次，临时公告 65 次，其中“三会”相关公告 16 次、交易类公告 3 次、通行服务收入公告 12 次、再融资公告 13 次、公司治理与规范运作类公告 12 次。

二、公司治理：做上市公司合规的守护者

在公司现有的治理架构上，公司董办始终致力于如何结合公司实际情况来进一步提高治理的有效性，将董办工作融入公司治理的每个重要环节。

对提交“三会”审议的议案，董办团队均会事先审核，确保议案内容的完整和规范，相关前置程序是否完备；同时，董办团队对现场会议均至少提前两周发出预通知，确保董事、监事和高管合理安排参会时间并审阅议案。

在董事会、监事会和股东大会以现场方式召开时，董办团队均全程录音，并详细记录会议中董事、监事和高管的发言要点。在董事会审议相关议案时，通过制作 PPT 的方式向全体参会董事、监事和高级管理人员对议案的要点进行详细汇报和展示；在以通信方式召开董事会、监事会时，董办团队在发出会议资料后，会就议案相关要点与董事、监事进行面对面或电话沟通，对董事、监事的疑问予以及时的解答，切实提高“三会”的工作效率和工作质量。

在“三会”召开后，董办团队密切关注、跟踪审议通过的相关议案进展，并适时向公司董事会反馈。

2020 年 8 月至 2021 年 7 月，公司董办共筹备 2 次股东大会，审议通过 14 项议案；11 次董事会，审议通过 43 项议案；3 次董事会提名委员会，审议通过 3 项议案；7 次监事会，审议通过 12 项议案。

三、投资者关系管理：做全体股东利益的捍卫者

2020 年 8 月至 2021 年 7 月，公司董办累计接听投资者来电逾 200 人次，回复上证 e 互动提问 73 条；召开公司网络业绩说明会 1 次，回答投资者提问 14 条；参加江西辖区上市公司投资者集体接待日 2 次，累计回答投资者提问 68 条。

除与投资者的交流互动外，公司董办还注重保护投资者的合法权益和

投资者教育。2021年年初，公司董办牵头草拟了《赣粤高速分红回报规划（2021—2023年）》，并通过2020年度股东大会审议，明确在满足现金分红条件时，2021—2023年度内公司分配的现金红利总额（包括中期已分配的现金红利）占当年度合并报表中归属于上市公司股东的净利润之比将不低于60%，为公司全体股东获得合理的股东回报提供了保障。此外，为向投资者普及金融知识，传递理性投资理念，公司董办还积极配合上海证券交易所、江西证监局、江西省上市公司协会等监管部门和行业自律性组织开展投资者教育宣传活动十余次。

四、资本运作：做上市公司发展的助推者

公司董办积极开展资本运作层面的创新研究，进行系统性课题研究和培训，努力建立市值管理理念和体系，推动公司在资本运作方面实现高质量发展。

（一）顺利取得优质发行人资格，为融资打通便捷通道

2020年10月，公司董办密切关注最新债券融资政策，与证券交易所和中介机构反复沟通，抢抓有利时机，帮助公司顺利获得上海证券交易所优质发行人资格，为公司融资取得了快速审核的路径。

（二）确保存续债券回售与付息，为融资建立诚信档案

公司董办一方面密切关注存续公司债回售支付日前的债券市场动态和利率走势变化，对是否上调债券票面利率及上调幅度向公司董事会提出合理化建议，另一方面及时与中介机构、相关部门保持沟通，并提前与债券持有人进行预沟通，确保公司债券的回售兑付工作准时完成。此外，每年均按时完成存续债券的兑付、兑息工作，在资本市场上频频出现延期兑付情形下，维护了公司优质发行人形象。

78. 中国化学：

全方位做好董办工作　促进国有资产保值增值

为切实做好投资者交流沟通工作，增进投资者对公司的了解认同，同时强化信息披露义务，促进国有资产增值保值，中国化学工程股份有限公司（以下简称“中国化学”）深入贯彻落实2021年度投资者沟通工作方案。

中国化学是一家集研发、投资、勘察、设计、采购、建造和运营一体化的知识密集型企业，是目前行业内资质最齐全、功能最完备、业务链最完整、知识技术相对密集的工程公司之一。公司多年来持续推进技术创新工作，努力打造企业的核心竞争力，在众多化工新材料领域掌握多项核心技术。近一年来，公司股票在资本市场表现优异，股价稳定增长，给广大投资者带来足额的投资回报。公司与投资者之间的交流愈加密切，相应的投资者关系工作受到市场的一致好评。

2021年3月，国资委发文要求中央企业集团寻找对标、分析短板、结合实际、形成专案，指导旗下控股上市公司高质量召开2020年度业绩说明会，消除信息不对称，稳定市场预期，同时鼓励通过多平台、多方式、多渠道积极主动开展投资者沟通工作，及时传递公司价值，倾听机构投资者意见建议，确保上市企业行稳致远。

2021年4月29日，在公司董事会办公室的积极筹备下，2020年度业绩说明会正式召开，中国化学董事、总经理刘家强在业绩说明会上表示，中国化学在打造具有全球竞争力的世界一流工程公司方面取得实质性进展，将继续以服务国家战略为己任，让化学创造更加美好的生活，为股东、投资者等创造更大价值。现场交流环节中，与会领导对资本市场关注的热点问题进行解答。

在此之后，董办还组织筹备了2021年半年度网络业绩说明会，并参加了北京辖区上市公司投资者集体接待日活动，先后多次通过网络在线互动的方式与投资者进行沟通，及时向其传递公司治理、发展战略、经营状况和可持续发展等最新动态，为广大投资者答疑解惑。

此外，中国化学董事会办公室积极配合并协助重大事项的落地工作，主动筹办召开相关事项的董事会会议。2020年4月23日，在董事会办公室的统筹协调下，公司董事会通过非公开发行股票的相关议案。2021年6月份，董事会办公室组织各类投资机构近200人赴山东淄博，参加新材料实业项目参观考察的反向路演活动并开展相关会议。会议开始之前，带领投资者前往天辰齐翔己二腈尼龙新材料项目施工现场进行实地考察；会议上，天辰公司、华陆公司、东华公司和中化学科学技术研究院等单位主要负责人分别对天辰齐翔己二腈尼龙新材料、华陆硅基气凝胶复合材料、东华PBAT新材料等在建项目和技术研发储备的情况进行了具体介绍，投资者与公司领导针对新材料实业发展进行了热烈的交流。会后，中国化学董事会办公室积极同参加会议的机构征询反馈，并向所其他未参会但感兴趣的机构展示并阐述中国化学及项目的优势亮点，经过众多工作人员以及董办日以继夜的共同努力下，此次非公开发行圆满完成，募资总额达到100亿元，成为2018年以来我国规模最大的建筑行业股权融资项目。

媒体是公司与公众双向沟通的桥梁，公司建立并完善全面的舆情监测，做到及时、直观、全面反映我司媒体舆情及市场最新动态，并起到危机预警的作用；根据舆情及时、快速制定应对策略建议，从而加深公司对自身形象的客观认知，帮助公司做好重大危机事件的预知与防范工作。

此外，在日常工作中，公司定期收集卖方分析师的研究报告，以便随时掌握市场对于公司的价值判断，及时了解其投资疑虑及价值评估标准，增强其对公司的关注度和理解度，从而增加公司投资亮点的推广，不断强化公司在资本市场的领导力和影响力；同时，公司积极做好可比公司的追踪研究工作，及时了解可比上市公司接受调研情况，以便公司了解自身以及可比公司在资本市场的定位和市场看法，将好的意见反馈到公司管理层。

除上述的沟通方式外，公司还建立了投资者日常关系维护机制，公司建立投资者数据库并及时维护，持续完善机构投资者名单，并不定期地通过邮件、信息等方式及时向其传递公司最新公告以及其他重大事项。

中小股东作为资本市场中相对弱势的一方，公司向来重视其权益保护，并将中小股东权益保护放在首位，通过多种方式积极与中小投资者展开沟通。为加强信息披露事务管理，利用上证 e 互动等互联网新媒体平台，及时同中小股东保持沟通，收集中小投资者反馈并进行答复。

未来，公司将继续积极响应上级监管部门以及自律组织开展的各项投资者保护工作，加强投资者关系管理，不断提高投资者保护工作的能力和水平。踏踏实实做好日常经营工作，不断提升自身发展质量，努力提升公司业绩，回报广大资者，提升投资者获得感和认可度。同时，公司还将一如既往地做好信息披露和投资者关系管理，及时、准确地做好与投资者的交流沟通，为投资者打造一个公开、透明的决策环境。